Regelungsimmanente Vollzugselemente
bei den sogenannten Standardmaßnahmen
im nordrhein-westfälischen Polizeigesetz

Europäische Hochschulschriften

Publications Universitaires Européennes
European University Studies

Reihe II
Rechtswissenschaft

Série II Series II
Droit
Law

Bd./Vol. 3265

PETER LANG
Frankfurt am Main · Berlin · Bern · Bruxelles · New York · Oxford · Wien

Claudius Berger

Regelungsimmanente Vollzugselemente bei den sogenannten Standardmaßnahmen im nordrhein-westfälischen Polizeigesetz

PETER LANG
Europäischer Verlag der Wissenschaften

Die Deutsche Bibliothek - CIP-Einheitsaufnahme

Berger, Claudius:

Regelungsimmanente Vollzugselemente bei den sogenannten Standardmaßnahmen im nordrhein-westfälischen Polizeigesetz / Claudius Berger. - Frankfurt am Main ; Berlin ; Bern ; Bruxelles ; New York ; Oxford ; Wien : Lang, 2001

(Europäische Hochschulschriften : Reihe 2, Rechtswissenschaft ; Bd. 3265)

Zugl.: Bochum, Univ., Diss., 2001

ISBN 3-631-38334-7

D 294

ISSN 0531-7312

ISBN 3-631-38334-7

www.peterlang.de

Vorwort

Die vorliegende Arbeit wurde im Wintersemester 2000/01 von der Juristischen Fakultät der Ruhr-Universität Bochum als Dissertation angenommen. Die mündliche Prüfung fand am 23. Januar 2001 statt.

Zu großem Dank bin ich meinem Doktorvater, Herrn Prof. Dr. Peter J. Tettinger, verpflichtet. Er hat schon zur Studienzeit mein Interesse am öffentlichen Recht, insbesondere am Polizei- und Ordnungsrecht, geweckt und mich während der Promotion in jeder Weise fachlich und persönlich gefördert.

Herrn Privatdozent Dr. Hermann Butzer danke ich für die Erstellung des Zweitgutachtens.

Diese Arbeit widme ich meiner gesamten Familie, die mich während des Studiums und der Promotion stets unterstützt hat.

Mülheim, im Mai 2001 — Claudius Berger

Inhaltsverzeichnis

Literaturverzeichnis

Alberts, Hans-Werner: Staatsfreiheit von Versammlungen, NVwZ 1989, S. 839 f.

–: Das neue Bremische Polizeigesetz, NVwZ 1983, S. 585 ff.

Bäumler, Helmut: Das neue Geheimdienstrecht des Bundes, NVwZ 1991, S. 643 ff.

Battis, Ulrich: Schutz der Gewerberäume durch Art. 13 GG und Wirtschafts-, Arbeits- und Steueraufsicht - BVerfGE 32, 54, JuS 1973, S. 25 ff.

Berg, Hans: Hauptprobleme der Geschäftsführung ohne Auftrag, JuS 1975, S. 681 ff.

Berner, Georg/Köhler, Michael: Polizeiaufgabengesetz, 16. Auflage, München/ Berlin 2000

Biletzki, Gregor C.: Rechtsprobleme beim Abschleppen unerlaubt geparkter Kraftfahrzeuge, NZV 1996, S. 303 ff.

Bleckmann, Albert: Begründung und Anwendung des Verhältnismäßigkeitsprinzips, JuS 1994, S. 177 ff.

Bork, Gundolf/Köster, Wolf: Landesbauordnung Nordrhein-Westfalen, 2. Auflage, Köln 1988

Bouska, Wolfgang: Abschleppen von Kraftfahrzeugen auf Veranlassung der Polizei, DAR 1983, S. 147 ff.

Brohm, Winfried: Öffentliches Baurecht, 2. Auflage, München 1999

Brandt, Edmund/Smeddinck, Ulrich: Der Gefahrenverdacht im Polizeirecht, Jura 1994, S. 225 ff.

Bull, Hans Peter: Allgemeines Verwaltungsrecht, 6. Auflage, Heidelberg 2000

Bydlinski, Franz: Juristische Methodenlehre und Rechtsbegriff, 2. Auflage, Wien/New York 1991

Dagtoglou, Prodromos: Das Grundrecht der Unverletzlichkeit der Wohnung (Art. 13), JuS 1975, S. 753 ff.

Degenhart, Christoph: Staatsrecht I, Staatsorganisationsrecht, 16. Auflage, Heidelberg 2000

Denninger, Erhard: Alternativentwurf einheitlicher Polizeigesetze des Bundes und der Länder, vorgelegt vom „Arbeitskreis Polizeirecht" (Denninger, Erhard u.a.), Neuwied/Darmstadt 1979

–: Verfassungsrechtliche Grenzen polizeilicher Datenverarbeitung insbesondere durch das Bundeskriminalamt, CR 1988, S. 51 ff.

–: Polizeirecht, in: Meyer, Hans/Stolleis, Michael (Hrsg.), Staats- und Verwaltungsrecht für Hessen, 4. Auflage, Baden-Baden 1996, S. 243 ff.

Di Fabio, Udo: Information als hoheitliches Gestaltungsmittel, JuS 1997, S. 1 ff.

Dietel, Alfred/Gintzel, Kurt/Kniesel, Michael: Demonstrations- und Versammlungsfreiheit, 12. Auflage, Köln/Berlin/Bonn/München 2000

Dietlein, Johannes: Verwaltungszwang gegen Unbekannt, NWVBl. 1991, S. 81 ff.

Dittmann, Armin (Hrsg.): Polizeirecht, in: Maurer, Hartmut/Hendler, Reinhard, Baden-Württembergisches Staats- und Verwaltungsrecht, Frankfurt am Main 1990, S. 264 ff.

Drews, Bill/Wacke, Gerhard/Vogel, Klaus/Martens, Wolfgang: Gefahrenabwehr: Allgemeines Polizeirecht (Ordnungsrecht) des Bundes und der Länder, 9. Auflage, Köln/Berlin/Bonn/München 1986

Dronsch, Gerhard: Anmerkung zum Urteil des VGH Baden-Württemberg vom 26.5.1992, DVBl. 1992, S. 1314 f.

Drosdzol, Wolf-Dietrich: Grundprobleme des Demonstrationsrechts, JuS 1983, S. 409 ff.

Dünchheim, Thomas: Besondere Probleme des Verwaltungszwangs, VR 1994, S. 123 ff.

Ehlers, Dirk: Öffentliches Recht: Die polizeiliche Wegnahme eines Films, JuS 1983, S. 869 ff.

Einem, Hans-Jörg von: Geschäftsführung ohne Auftrag im Sozialrecht, NWVBl. 1992, S. 384 ff.

Engelhardt, Hanns/App, Michael: Verwaltungs-Vollstreckungsgesetz, Verwaltungszustellungsgesetz, Kommentar, 4. Auflage, München 1996

Engisch, Karl: Einführung in das juristische Denken, 9. Auflage, Stuttgart/Berlin/Köln 1997

Erichsen, Hans Uwe (Hrsg.): Polizeiliche Standardmaßnahmen, Jura 1993, S. 45 ff.

–: Allgemeines Verwaltungsrecht, 11. Auflage, Berlin/New York 1998

Esser, Sabine: Das Polizeirecht in den neuen Bundesländern, - Ein Vergleich -, Würzburg 1997 (zugleich Diss. Würzburg 1998)

Feldhaus, Gerhard: Der Vorsorgegrundsatz des Bundes-Immissionsschutzgesetzes, DVBl. 1980, S. 133 ff.

Finkelnburg, Klaus/Ortloff, Karsten-Michael: Öffentliches Baurecht, Bd. 2: Bauordnungsrecht, Nachbarschutz, Rechtsschutz, 4. Auflage, München 1998

Fischer, Gerhard/Hitz, Fredi/Laskowski, Rainer/Walter, Bernd: Bundesgrenzschutzgesetz (BGSG), Zwangsanwendung nach Bundesrecht (VwVG/UZwG), 2. Auflage, Stuttgart/München/Berlin/Weimar/Dresden 1996

Fleiner, Fritz: Institutionen des Deutschen Verwaltungsrechts, 8. Auflage, Tübingen 1928, Neudruck: Aalen 1963

Forsthoff, Ernst: Lehrbuch des Verwaltungsrechts, Erster Bd.: Allgemeiner Teil, 6. Auflage, München/Berlin 1956, 10. Auflage, München 1973

Friauf, Karl Heinrich: Polizei- und Ordnungsrecht, in: Schmidt-Aßmann, Eberhard (Hrsg.), Besonderes Verwaltungsrecht, 11. Auflage, Berlin/New York 1999, S. 105 ff.

Friedrichs, Karl: Polizeiverwaltungsgesetz vom 1. Juni 1931, 2. Auflage des Kommentars zum Polizeigesetz vom 11. März 1850, Berlin 1932

Frings, Wolfgang/Spahlholz, Lothar: Das Recht der Gefahrenabwehr in Nordrhein-Westfalen, Hamburg 1996

Gädtke, Horst/Böckenförde, Dieter/Temme, Heinz-Georg/Heintz, Detlef: Landesbauordnung Nordrhein-Westfalen, Kommentar, 9. Auflage, Düsseldorf 1998

Gallwas, Hans-Ulrich: Das Grundrecht der Versammlungsfreiheit, Art. 8 GG - Eine Problemskizze zur Einführung -, JA 1986, S. 484 ff.

Gaul, Jens-Peter: Die Rechtsgrundlage für das Abschleppen von Kraftfahrzeugen, VBl.BW 1996, S. 1 ff.

Geiger, Harald: Die Haftung des KFZ-Halters für polizeiliche Abschleppkosten, BayVBl. 1983, S. 10 ff.

Geppert, Klaus: Polizeiliche Sicherstellung von Kraftfahrzeugen im Rahmen der Verkehrsüberwachung?, DAR 1988, S. 12 ff.

Gerhardt, Hans-Jürgen: Anscheinsgefahr, Gefahrenverdacht und Putativgefahr im Polizei- und Ordnungsrecht, Jura 1987, S. 521 ff.

Götz, Volkmar: Die Entwicklung des allgemeinen Polizei- und Ordnungsrechts (1987-1989), NVwZ 1990, S. 725 ff.

–: Allgemeines Polizei- und Ordnungsrecht, 12. Auflage, Göttingen 1995

–: Die Entwicklung des allgemeinen Polizei- und Ordnungsrechts (1994-1997), NVwZ 1998, S. 679 ff.

Gornig, Gilbert-Hanno/Jahn, Ralf: Fälle zum Sicherheits- und Polizeirecht, 2. Auflage, München 1999

Greiner, August: Über den „Verbringungsgewahrsam“ als unkonventionelle Maßnahme der Gefahrenabwehr, Die Polizei 1979, S. 92 ff.

Grünning, Klaus/Großmann, Herbert: Aktuelle Rechtsfragen zum Abschleppkostenrecht, VR 1985, S. 37 ff.

Grünning, Klaus/Möller, Manfred: Aktuelle Rechtsfragen zum Abschleppen von rechtswidrig geparkten Fahrzeugen, VR 1984, S. 156 ff.

Gusy, Christoph: Grundrechtsschutz gegen Wohnungsdurchsuchungen durch den Gerichtsvollzieher - BVerfGE 51, 97, JuS 1980, S. 718 ff.

–: Verwaltungsvollstreckungsrecht am Beispiel der Vollstreckung von Polizeiverfügungen (Teil 1), JA 1990, S. 296 ff., (Teil 2), JA 1990, S. 339 ff.

–: Freiheitsentziehung und Grundgesetz, NJW 1992, S. 457 ff.

–: Aktuelle Fragen des Versammlungsrechts, JuS 1993, S. 555 ff.

–: Polizeirecht, 4. Auflage, Tübingen 2000
Habermehl, Kai: Die Geschäftsführung ohne Auftrag im Öffentlichen Recht, Jura 1987, S. 199 ff.
–: Das neue Polizeirecht in Nordrhein-Westfalen, JA 1990, S. 331
–: Polizei- und Ordnungsrecht, 2. Auflage, Baden-Baden 1993
Hamann, Andreas: Die öffentlich-rechtliche Geschäftsführung ohne Auftrag, NJW 1955, S. 481 ff.
Hantel, Peter: Der Begriff der Freiheitsentziehung in Art. 104 Abs. 2 GG, Berlin 1988 (zugleich Diss. Berlin 1987/88)
Haueisen, Fritz: Die Rechtsgrundlage der Vollstreckung des Verwaltungsaktes, NJW 1956, S. 1457 ff.
Hecker, Wolfgang: Aufenthaltsverbote im Recht der Gefahrenabwehr, NVwZ 1999, S. 261 ff.
Heise, Gerd: Musterentwurf eines einheitlichen Polizeigesetzes, 1. Auflage, Stuttgart/München/Hannover 1976
Heise, Gerd/Riegel, Reinhard: Musterentwurf eines einheitlichen Polizeigesetzes, 2. Auflage, Stuttgart/München/Hannover, 1978
Herrnritt, Rudolf Hermann: Grundlehren des Verwaltungsrechts, Tübingen 1921
Hill, Hermann: Das fehlerhafte Verfahren und seine Folgen im Verwaltungsrecht, Schriftenreihe des Lorenz-von-Stein-Instituts für Verwaltungswissenschaften Kiel, Bd. 7, Heidelberg 1986 (zugleich Habil. Kiel 1984)
Hillmann, Bernd/Fritz, Roland (Hrsg.): Polizei- und Ordnungsrecht, in: Friauf, Karl Heinrich, Handbuch für die öffentliche Verwaltung (HÖV), Bd. 2, Neuwied/Darmstadt 1984, S. 81 ff.
Hiltl, Gerhard: Die Entfernung von Kraftfahrzeugen auf Veranlassung der Polizei nach dem Recht der Gefahrenabwehr in Bayern (Diss. Regensburg 1987)
Hoffmann-Riem, Wolfgang: Abbau von Rechtsstaatlichkeit durch Neubau des Polizeirechts?, JZ 1978, S. 335 ff.
–: Polizei- und Ordnungsrecht, in: Hoffmann-Riem, Wolfgang/Koch, Hans-Joachim (Hrsg.), Hamburgisches Staats- und Verwaltungsrecht, 2. Auflage, Baden-Baden 1998, S. 147 ff.
Hufen, Friedhelm: Verwaltungsprozeßrecht, 4. Auflage, München 2000
Hufnagel, Rainer: Die sicherheitsrechtlichen Befugnisse der Polizei- und Ordnungsbehörden im Vergleich mit ihren strafprozeßrechtlichen Zuständigkeiten (Diss. Würzburg 1979)
Jahn, Ralf: Präventiv-polizeiliche Abschleppmaßnahmen bei illegalem Gehwegparken - VG Würzburg, NVwZ-RR 1989, 138, JuS 1989, S. 969 ff.
–: Der praktische Fall - Öffentlichrechtliche Klausur: Der verhinderte Demonstrant, JuS 1997, S. 1027 ff.
Janssen, Bernhard: Abschleppen im öffentlichen Recht, JA 1996, S. 165 ff.

Jarass, Hans D./Pieroth, Bodo: Grundgesetz für die Bundesrepublik Deutschland, Kommentar, 5. Auflage, München 2000
Jellinek, Walter: Verwaltungsrecht, 3. Auflage, Berlin 1931
Kappeler, Ann-Marie: Der Verbringungsgewahrsam im System vollzugspolizeilicher Eingriffsbefugnisse, DÖV 2000, S. 227 ff.
Kay, Wolfgang/Böcking, Reinhold: Polizeirecht Nordrhein-Westfalen, 1. Auflage, München 1992
Kautz, Georg/Riewald, Alfred: Verwaltungszwangsverfahren zur Beitreibung von Geldbeträgen, Kommentar, 8. Auflage, Berlin/Köln 1955
Kilian, Michael/Meinel, Anja: Der praktische Fall - Öffentliches Recht: Das gestörte Maisingen, JuS 1997, S. 440 ff.
Kirchhof, Paul: Grundfälle zum Polizeirecht, JuS 1975, S. 509 ff.
Kleinknecht, Theodor/Meyer-Goßner, Lutz: Strafprozeßordnung, Gerichtsverfassungsgesetz, Nebengesetze und ergänzende Bestimmungen, 44. Auflage, München 1999
Klenke, Reiner: Rechtsfragen im Zusammenhang mit ordnungsbehördlichen Reaktionen auf das verbotswidrige Abstellen von Kraftfahrzeugen im öffentlichen Verkehrsraum, NWVBl. 1994, S. 288 ff.
Knack, Hans Joachim: Verwaltungsverfahrensgesetz (VwVfG), Kommentar, 7. Auflage, Köln/Berlin/Bonn/München 2000
Knemeyer, Franz-Ludwig: Deutsches Polizeirecht, DÖV 1975, S. 34 ff.
–: Polizeigewahrsam und Richterentscheid - Zur Neufassung der gesetzlichen Regelung in Bayern, NVwZ 1990, S. 138 ff.
–: Polizei- und Sicherheitsrecht, in: Berg, Wilfried/ Knemeyer, Franz-Ludwig/ Papier, Hans-Jürgen/Steiner, Udo (Hrsg.), Staats- und Verwaltungsrecht in Bayern, 6. Auflage, Stuttgart/München/Hannover/Berlin/Weimar/Dresden 1996, S. 213 ff.
–: Polizei- und Ordnungsrecht, 8. Auflage, München 2000
Kniesel, Michael: Adressatenfragen im Versammlungsrecht, DÖV 1992, S. 470 ff.
Kniesel, Michael/Vahle, Jürgen: Fortentwicklung des materiellen Polizeirechts, DÖV 1987, S. 953 ff.
–: Zum nordrhein-westfälischen Entwurf eines Gesetzes zur Fortentwicklung des Datenschutzes im Bereich der Polizei und der Ordnungsbehörden, DÖV 1989, S. 566 ff.
–: VE ME PolG: Musterentwurf eines einheitlichen Polizeigesetzes in der Fassung des Vorentwurfs zur Änderung des ME PolG (Schriftenreihe der Kriminalistik, Bd. 36), Heidelberg 1990
–: Zur Novellierung des nordrheinwestfälischen Polizeirechts, DÖV 1990, S. 646 ff.

Köhler, Ludwig von: Grundlehren des deutschen Verwaltungsrechts, Stuttgart/ Berlin 1935
Koenig, Christian: Öffentliches Recht, „Aufruhr im Verbindungshaus“, JA-Übbl. 1993, S. 10 ff.
König, Hans-Günther: Bayerisches Polizeirecht, Köln/Berlin/Bonn/München 1980
–: Anordnung, Vollzug, unmittelbarer Zugriff im Verwaltungsrecht, BayVBl. 1981, S. 359 ff.
Kohl, Jürgen/Schenk, Rainer: Polizeirecht, in: Stober, Rolf (Hrsg.), Handbuch des Sächsischen Staats- undVerwaltungsrechts, Stuttgart/München/ Hannover/Berlin/Weimar/Dresden 1996, S. 293 ff.
Kopp, Ferdinand O./Ramsauer, Ulrich: Verwaltungsverfahrensgesetz, 7. Auflage, München 2000
Kopp, Ferdinand O./Schenke, Wolf-Rüdiger: Verwaltungsgerichtsordnung, 12. Auflage, München 2000
Kottmann, Dietmar: Das Abschleppen von Fahrzeugen, DÖV 1983, S. 493 ff.
Krebs, Walter: Zum aktuellen Stand der Lehre vom Vorbehalt des Gesetzes, Jura 1979, S. 304 ff.
Krüger, Ralf: Rechtsgrundlage präventivpolizeilicher Maßnahmen bei nichtöffentlichen Versammlungen in geschlossenen Räumen, DÖV 1993, S. 658 ff.
Kugelmann, Dieter: Unmittelbare Ausführung von Maßnahmen und sofortige Anwendung von Verwaltungszwang durch die Polizei, DÖV 1997, S. 153 ff.
Lange, Andreas/Willhelm, Jürgen: Recht der Gefahrenabwehr unter schwerpunktmäßiger Berücksichtigung des nordrhein-westfälischen Rechts, Köln/ Stuttgart/Berlin/Hannover/Kiel/Mainz/München 1982
Larenz, Karl/Canaris, Claus-Wilhelm: Methodenlehre der Rechtswissenschaft, 3. Auflage, Berlin/Heidelberg/New York u.a. 1995
Leggereit, Rainer: Der Verbringungsgewahrsam – ein generell rechtswidriges Instrumentarium der Vollzugspolizei?, NVwZ 1999, S. 263 ff.
Lisken, Hans/Denninger, Erhard (Hrsg.): Handbuch des Polizeirechts, 2. Auflage, München 1996
Maaß, Rainald: Der Verbringungsgewahrsam nach dem geltenden Recht, NVwZ 1985, S. 151 ff.
Mangoldt, Hermann von/Klein, Friedrich/Starck, Christian (Hrsg.): Das Bonner Grundgesetz, Band 1: Präambel, Artikel 1 bis 19, 4. Auflage, München 1999
Martens, Wolfgang: Immissionsschutzrecht und Polizeirecht, DVBl. 1981, S. 597 ff.
Maunz, Theodor/Dürig, Günter: Grundgesetz, Kommentar, Band II: Art. 12-21, München, Stand: August 2000

Maunz, Theodor/Zippelius, Reinhold: Deutsches Staatsrecht, 30. Auflage, München 1998
Maurer, Hartmut: Polizei und Geschäftsführung ohne Auftrag, JuS 1970, S. 561 ff.
–: Staatsrecht, München 1999
–: Allgemeines Verwaltungsrecht, 13. Auflage, München 2000
Mayer, Otto: Deutsches Verwaltungsrecht, Erster Band, 3. Auflage, München/ Leipzig 1924, Neudruck: Berlin 1961
Meinicke, Dirk: Klausur Öffentliches Recht, „Jünger des Pedikan", JA-Übbl. 1994, S. 565 ff.
Meixner, Rüdiger: Gefahrenabwehr nach Polizeirecht bei immissionsschutzrechtlich anzeigepflichtigem Verhalten, NVwZ 1997, S. 127 ff.
Menger, Christian-Friedrich: Zu den Voraussetzungen des Aufwendungsersatzanspruchs eines privaten Geschäftsführers aus öffentlich-rechtlicher Geschäftsführung ohne Auftrag, VerwArch Bd. 69 (1978), S. 397 ff.
Meyer, Hans/Borgs-Maciejewski, Hermann: Verwaltungsverfahrensgesetz, Kommentar, 2. Auflage, Frankfurt am Main 1982
Michaelis, Lars Oliver: Der polizeiliche Platzverweis, JuS 1995, S. 1047
Möller, Manfred/Wilhelm, Jürgen: Allgemeines Polizei- und Ordnungsrecht, 4. Auflage, Köln 1995
Müller, Rolf-Georg: Polizeiliche Datenerhebung durch Befragung - Zugleich eine Analyse des § 9 nw.PolG, Berlin 1997 (zugleich Diss. Bochum 1996/97)
Münch, Ingo von/Kunig, Philip (Hrsg.): Grundgesetz-Kommentar, Band 1 (Präambel bis Art. 19), 5. Auflage, München 2000
Mutius, Albert von: Die Generalklausel im Polizei- und Ordnungsrecht, Jura 1986, S. 649 ff.
Nagel, Gisela: Probleme der polizeilichen Sicherstellung unter besonderer Berücksichtigung des öffentlich-rechtlichen Zurückbehaltungsrechts (Diss. Köln 1988)
Neumann, Franz L./Nipperdey, Hans Carl/Scheuner, Ulrich (Hrsg.): Die Grundrechte, Zweiter Band, Berlin 1954
Obermayer, Klaus: Kommentar zum Verwaltungsverfahrensgesetz, hrsg. von Fritz, Roland, 3. Auflage, Neuwied/Kriftel 1999
Oldiges, Martin: Polizei- und Ordnungsrecht, in: Grimm, Dieter/Papier, Hans-Jürgen (Hrsg.), Nordrhein-westfälisches Staats- und Verwaltungsrecht (StVwR NW), Frankfurt am Main 1986, S. 236 ff.
–: Kostenerstattung einer Gemeinde für polizeiliche Gefahrenabwehr - OVG Münster, NJW 1986, 2526, JuS 1989, S. 616 ff.
Ossenbühl, Fritz: Vorsorge als Rechtsprinzip im Gesundheits-, Arbeits- und Umweltschutz, NVwZ 1986, S. 161 ff.

Osterloh, Lerke: Erfordernis gesetzlicher Ermächtigung für Verwaltungshandeln in Form des Verwaltungsakts?, JuS 1983, S. 280 ff.
Palandt: Bürgerliches Gesetzbuch, 59. Auflage, München 2000
Papier, Hans-Jürgen: Polizeiliche Aufgabenverteilung zwischen Bund und Ländern, DVBl. 1992, S. 1 ff.
Peine, Franz-Joseph: Allgemeines Verwaltungsrecht, 5. Auflage, Heidelberg 2000
Peters, Karl: Strafprozeß, Ein Lehrbuch, 4. Auflage, Heidelberg 1985
Pfeiffer, Gerd (Hrsg.): Karlsruher Kommentar zur Strafprozeßordnung, 4. Auflage, München 1999
Pieroth, Bodo/Schlink, Bernhard: Grundrechte, Staatsrecht II, 16. Auflage, Heidelberg 2000
Pietzcker, Jost: Vorrang und Vorbehalt des Gesetzes, JuS 1979, S. 710 ff.
Pietzner, Rainer: Unmittelbare Ausführung als fiktiver Verwaltungsakt, VerwArch Bd. 82 (1991), S. 291 ff.
–: Rechtsschutz in der Verwaltungsvollstreckung, VerwArch Bd. 84 (1993), S. 261 ff.
Prümm, Hans Paul: Polizeirecht, in: Ley, Richard/Prümm, Hans Paul, Staats- und Verwaltungsrecht für Rheinland-Pfalz, 2. Auflage, Baden-Baden 1990, S. 381 ff.
Prümm, Hans Paul/Thieß, Uwe: Allgemeines Polizei- und Ordnungsrecht - Fälle mit Lösungen, Neuwied/Kriftel 1993
Quilisch, Martin: Die demokratische Versammlung (Diss. Berlin 1970)
Rasch, Ernst: Allgemeines Polizei- und Ordnungsrecht, in: Ule, Carl Hermann (Hrsg.), Verwaltungsgesetze des Bundes und der Länder, Bd. III, Erster Halbband, 2. Auflage, Köln/Berlin/Bonn/München 1982
–: Die zwangsweise Durchsetzung von baurechtlichen Beseitigungsanordnungen, BauR 1988, S. 266 ff.
–: Der Realakt insbesondere im Polizeirecht, DVBl. 1992, S. 207 ff.
Redeker, Konrad/Oertzen, Hans-Joachim von: Verwaltungsgerichtsordnung, Kommentar, 13. Auflage, Stuttgart/Berlin/Köln 2000
Reiff, Hermann/Wöhrle, Günter: Kommentar zum Polizeigesetz für Baden-Württemberg, 2. Auflage, Stuttgart 1971
Remmert, Barbara: Rechtsdogmatische Probleme des Umsetzens verkehrszeichenwidrig geparkter Kraftfahrzeuge, NVwZ 2000, S. 642 ff.
Ridder, Helmut/Breitbach, Michael/Rühl, Ulli/Steinmeier, Frank: Versammlungsrecht, Kommentar, 1. Auflage, Baden-Baden 1992
Riegel, Reinhard: Neueste Entwicklungstendenzen im Polizei- und Strafverfahrensrecht, ZRP 1978, S. 14 ff.
–: Musterentwurf und Alternativentwurf für ein einheitliches Polizeigesetz: Ein Vergleich zweier Konzeptionen, DVBl. 1979, S. 709 ff.

–: Polizeiliche Personenkontrolle, Stuttgart/München/Hannover 1979
–: Zur polizeilichen Festnahmebefugnis gegenüber entwichenen Häftlingen, DÖV 1979, S. 201 ff.
–: Polizei- und Ordnungsrecht in der Bundesrepublik Deutschland, Heidelberg/Hamburg 1981
–: Anmerkung zum Urteil des OVG Münster vom 10.6.1981, DVBl. 1982, S. 1006 ff.
–: Informationelle Zusammenarbeit der Sicherheits- und Strafverfolgungsbehörden (I), CR 1986, S. 343 ff.
–: Das Gesetz zur Fortentwicklung des Datenschutzes im Bereich der Polizei und der Ordnungsbehörden (GFD Pol) in Nordrhein-Westfalen: Anspruch und Wirklichkeit, DÖV 1990, S. 651 ff.
Rietdorf, Fritz: Grenzen der Geschäftsführung ohne Auftrag im Ordnungsrecht, DÖV 1966, S. 253 ff.
Rietdorf, Fritz/Heise, Gerd/Böckenförde, Dieter/Strehlau, Bert: Ordnungs- und Polizeirecht in Nordrhein-Westfalen - Kommentar -, 2. Auflage, Stuttgart/München/Hannover 1972
Riotte, Wolfgang/Tegtmeyer, Henning: Das neue Polizeigesetz des Landes Nordrhein-Westfalen, NWVBl. 1990, S. 145 ff.
Robbers, Gerhard: Schlichtes Verwaltungshandeln, DÖV 1987, S. 272 ff.
Rödder, Dieter: Grundzüge der Geschäftsführung ohne Auftrag, JuS 1983, S. 930 ff.
Roller, Gerhard: Der Gefahrenbegriff im atomrechtlichen Aufsichtsverfahren, DVBl. 1993, S. 20 ff.
Roxin, Claus: Strafverfahrensrecht, 25. Auflage, München 1998
Ruthig, Josef: Die Unverletzlichkeit der Wohnung (Art. 13 GG n.F.), JuS 1998, S. 506 ff.
Sachs, Michael: Behördliche Nachschaubefugnisse und richterliche Durchsuchungsanordnung nach Art. 13 II GG, NVwZ 1987, S. 560 ff.
– (Hrsg.): Grundgesetz, Kommentar, 2. Auflage, München 1999
–: Verfassungsrecht II, Grundrechte, Berlin/Heidelberg/New York 2000
Sadler, Gerhard: Verwaltungs-Vollstreckungsgesetz, Kommentar, 4. Auflage, Heidelberg 2000
Saipa, Axel: Polizeirecht, in: Faber, Heiko/Schneider, Hans-Peter (Hrsg.), Niedersächsisches Staats- und Verwaltungsrecht, Frankfurt am Main 1985, S. 350 ff.
Schenke, Wolf-Rüdiger: Der vermeintliche Terrorist, Jura 1988, S. 257 ff.
–: Polizei- und Ordnungsrecht, in: Steiner, Udo (Hrsg.), Besonderes Verwaltungsrecht, 3. Auflage, Heidelberg 1988; 6. Auflage, Heidelberg 1999, S. 173 ff.

–: Verwaltungsprozeßrecht, 7. Auflage, Heidelberg 2000

Schieferdecker, Bernd: Die Entfernung von Kraftfahrzeugen als Maßnahme staatlicher Gefahrenabwehr, Berlin 1998 (zugleich Diss. Mannheim 1997)

Schild, Hans-Hermann: Die unmittelbare Ausführung einer polizeilichen Maßnahme (sofortiger Vollzug) in Hessen, NVwZ 1985, S. 170 ff.

Schleberger, Erwin: Ordnungs- und Polizeirecht des Landes Nordrhein-Westfalen, 4. Auflage, Siegburg 1976

Schliesky, Utz/Hansen, Frank: Der praktische Fall - Öffentliches Recht: Der strahlende Dünger, JuS 1998, S. 49 ff.

Schloer, Bernhard: Der Adressat des polizeilichen Platzverweises, DÖV 1990, S. 955 ff.

Schmalz, Dieter: Methodenlehre für das juristische Studium, 4. Auflage, Baden-Baden 1998

Schmidbauer, Wilhelm/Steiner, Udo/Roese, Eberhard: Bayerisches Polizeiaufgabengesetz und Bayerisches Polizeiorganisationsgesetz, München 1999

Schmidt, Dieter: Der Verwaltungsakt und Verwaltungs-Realakt als Rechtsformen des Verwaltungshandelns und die rechtliche Qualifizierung polizeilicher (Eingriffs-) Maßnahmen, Die Polizei 1983, S. 365 ff.

Schmidt-Bleibtreu, Bruno/Klein, Franz: Kommentar zum Grundgesetz, 9. Auflage, Neuwied/Kriftel 1999

Schmitt Glaeser, Walter: Verwaltungsprozeßrecht, 15. Auflage, Stuttgart/München/Hannover/Berlin/Weimar/Dresden 2000

Schmitt-Kammler, Arnulf: Die Sofortbefugnisse im Polizei- und Ordnungsbehördenrecht, NWVBl. 1989, S. 389 ff.

–: Zur Handhabung polizeilicher Standardermächtigungen, NWVBl. 1995, S. 166 ff.

Schnapp, Friedrich E.: Die Nichtigkeit des Verwaltungsakts - Qualität oder Qualifikation, DVBl. 2000, S. 247 ff.

Schnapp, Friedrich E./Cordewener, Axel: Welche Rechtsfolgen hat die Fehlerhaftigkeit eines Verwaltungsaktes?, JuS 1999, S. 39 ff.

Schnapp, Friedrich E./Henkenötter, Sandra: Wann ist ein Verwaltungsakt fehlerhaft?, JuS 1998, S. 524 ff.

Schoch, Friedrich: Geschäftsführung ohne Auftrag im Öffentlichen Recht, Jura 1994, S. 241 ff.

–: Grundfälle zum Polizei- und Ordnungsrecht, JuS 1994, S. 391 ff., 479 ff., 570 ff., 667 ff.

–: Grundfälle zum Polizei- und Ordnungsrecht, JuS 1995, S. 215 ff., 307 ff.

Scholler, Heinrich/Schloer, Bernhard: Grundzüge des Polizei- und Ordnungsrechts in der Bundesrepublik Deutschland, 4. Auflage, Heidelberg 1993

Schreiber, Wolfgang: Der Bundesgrenzschutz mit erweitertem Aufgabenspektrum, DVBl. 1992, S. 589 ff.
Schubert, Werner: Grenzen der Geschäftsführung ohne Auftrag, NJW 1978, S. 687 ff.
Schumann, Karl-Heinz: Grundriß des Polizei- und Ordnungsrechts, Berlin/New York 1978
Schwabe, Jürgen: Anmerkung zum Urteil des OVG Münster vom 10.6.1981, DVBl. 1982, S. 655 ff.
–: Rechtsfragen zum Abschleppen verbotswidrig abgestellter Fahrzeuge, NJW 1983, S. 369 ff.
–: Verfassungsmäßigkeit des Betretens und Durchsuchens von Wohnungen durch die Polizei, NVwZ 1993, S. 1173 f.
Schwan, Eggert: Artikel 13 GG und die gefahrenabwehrenden Eingriffe in die Wohnungsfreiheit, DÖV 1975, S. 661 ff.
Schwark, Eberhard: Der Fremdgeschäftsführungswille bei der Geschäftsführung ohne Auftrag, JuS 1984, S. 321 ff.
Seibert, Max-Jürgen: Öffentliches Recht: Verbotswidriges Parken, JuS 1985, S. 625 ff.
Selmer, Peter/Gersdorf, Hubertus: Verwaltungsvollstreckungsverfahren, Berlin 1996
Siekmann, Helmut: Die Aufsichtsarbeit im Öffentlichen Recht - Hundefänger -, NWVBl. 1996, S. 316 ff.
Soiné, Michael: Vorbereitung für die Hilfeleistung und das Handeln in Gefahrenfällen, DÖV 2000, S. 173 ff.
Steiner, Udo: Die allgemeine Leistungsklage im Verwaltungsprozeß, JuS 1984, S. 853 ff.
Steinhilber, Reinhold: Sicherstellung verbotswidrig abgestellter Fahrzeuge?, NJW 1983, S. 2429 ff.
Stelkens, Paul/Bonk, Heinz Joachim/Sachs, Michael: Verwaltungsverfahrensgesetz, Kommentar, 5. Auflage, München 1998
Stephan, Ulrich: Polizeirecht, in: Bretzinger, Otto (Hrsg.), Staats- und Verwaltungsrecht für Baden-Württemberg, 1. Auflage, Baden-Baden 1991
Stoermer, Christian: Der polizeirechtliche Gewahrsam unter besonderer Berücksichtigung des Unterbindungsgewahrsams, Berlin 1998 (zugleich Diss. Heidelberg 1998)
Tegtmeyer, Henning: Gesetzesentwurf zur Fortentwicklung des Datenschutzes im Bereich der Polizei und der Ordnungsbehörden (GFD Pol) - Auswirkungen auf die Ordnungsverwaltung, NWVBl. 1989, S. 196 ff.
–: Polizeigesetz Nordrhein-Westfalen mit Erläuterungen, 8. Auflage, Stuttgart/München/Hannover/Berlin/Weimar/Dresden 1995

Tettinger, Peter J.: Besonderes Verwaltungsrecht/1, 5. Auflage, Heidelberg 1998

Tröndle, Herbert/Fischer, Thomas: Strafgesetzbuch und Nebengesetze, 49. Auflage, München 1999

Tünnesen-Harmes, Christian: Examensklausur Öffentliches Recht, Der Frauenparkplatz, Jura 1992, S. 45 ff.

Vahle, Jürgen: Die Sicherstellung von Fahrzeugen durch die Polizei zum Zweck der Gefahrenabwehr, Die Polizei 1981, S. 101 ff.

–: Freiheitsbeschränkung und Freiheitsentziehung nach neuem Polizeirecht, Die Polizei 1984, S. 277 ff.

Voßkuhle, Andreas: Behördliche Betretungs- und Nachschaurechte, DVBl. 1994, S. 611 ff.

Waechter, Kay: Die Schutzgüter des Polizeirechts, NVwZ 1997, S. 729 ff.

Wagner, Heinz: Kommentar zum Polizeigesetz von Nordrhein-Westfalen und zum Musterentwurf eines einheitlichen Polizeigesetzes des Bundes und der Länder, Reihe Alternativkommentar, Neuwied/Darmstadt 1987

Walter, Bernd: Die unmittelbare Ausführung einer polizeilichen Maßnahme - absichtsvolles Handeln des Gesetzgebers oder unbeabsichtigte Begriffsverwirrung?, VR 1998, S. 397 ff.

Weber, Hermann: Anmerkung zum Urteil des BVerwG vom 26.6.1974, JuS 1975, S. 183 f.

Werbke, Axel: Das Dilemma der Anmeldepflicht im Versammlungsgesetz, NJW 1970, S. 1 ff.

Wittern, Andreas: Grundriß des Verwaltungsrechts, 10. Auflage, Köln/ Stuttgart/ Berlin/Mainz 1975

Wolff, Hans J./Bachof, Otto: Verwaltungsrecht, Band III, 4. Auflage, München 1978

Wolffgang, Hans-Michael/Hendricks, Michael/Merz, Matthias: Polizei- und Ordnungsrecht in Nordrhein-Westfalen, München 1998

Wollschläger, Christian: Geschäftsführung ohne Auftrag im öffentlichen Recht und Erstattungsanspruch, Berlin 1977

Würtenberger, Thomas: Polizei- und Ordnungsrecht, in: Achterberg, Norbert/ Püttner, Günter (Hrsg.), Besonderes Verwaltungsrecht, Bd. II, Heidelberg 1992, S. 329 ff.

Würtenberger, Thomas/Görs, Hartmut: Öffentliches Recht: Der abgeschleppte PKW, JuS 1981, S. 596 ff.

Würtenberger, Thomas/Heckmann, Dirk/Riggert, Rainer: Polizeirecht in Baden-Württemberg, 4. Auflage, Heidelberg 1999

Wüstenbecker, Horst: Rechtsschutz in der Verwaltungsvollstreckung, JA-Übbl. 1987, S. 33 ff.

Zahn, Karl-Christian: Anmerkung zum Urteil des VG Münster vom 27.10.1961, DVBl. 1962, S. 795 ff.
Zeitler, Stefan: Versammlungsrecht, Stuttgart/Berlin/Köln 1994
Zippelius, Reinhold: Juristische Methodenlehre, 7. Auflage, München 1999

Abkürzungsverzeichnis

a.A.	andere(r) Ansicht
aaO	am angegebenen Ort
AbfG	Abfallgesetz
Abg.	Abgeordneter
ABl.	Amtsblatt
Abs.	Absatz, Absätze
Abschn.	Abschnitt(e)
a.E.	am Ende
AE PolG	Alternativentwurf einheitlicher Polizeigesetze des Bundes und der Länder
a.F.	alte Fassung
a.M.	andere(r) Meinung
Allg. POR	Allgemeines Polizei- und Ordnungsrecht
Allg. VerwR	Allgemeines Verwaltungsrecht
ALR	Allgemeines Landrecht von 1794 (Preußen)
Alt.	Alternative
AltKomm	Alternativkommentar
Anm.	Anmerkung(en)
AO	Abgabenordnung
Art.	Artikel
ASOG	Allgemeines Gesetz zum Schutz der öffentlichen Sicherheit und Ordnung (Berlin)
AtG	Atomgesetz
AuslG	Ausländergesetz
BAGE	Sammlung der Entscheidungen des Bundesarbeitsgerichts
BauO	Bauordnung
BauR	Baurecht
Bay.	Bayern
BayObLG	Bayerisches Oberstes Landesgericht
BayVBl.	Bayerische Verwaltungsblätter
Bd.	Band, Bände
Bek.	Bekanntmachung

ber.	berichtigt
Berl.	Berlin
Bes.VerwR	Besonderes Verwaltungsrecht
Beschl.	Beschluß
BGB	Bürgerliches Gesetzbuch
BGBl.	Bundesgesetzblatt
BGH	Bundesgerichtshof
BGHZ	Sammlung der Entscheidungen des Bundesgerichtshofs in Zivilsachen
BGS	Bundesgrenzschutz
BGSG	Bundesgrenzschutzgesetz
BImmSchG	Bundes-Immissionsschutzgesetz
BKA	Bundeskriminalamt
BKAG	Gesetz über die Einrichtung eines Bundeskriminalpolizeiamtes
BNatSchG	Bundes-Naturschutzgesetz
Brand.	Brandenburg
BRD	Bundesrepublik Deutschland
Brem.	Bremen
BSG	Bundessozialgericht
BSGE	Entscheidungen des Bundessozialgerichts
BtMG	Betäubungsmittelgesetz
BVerfG	Bundesverfassungsgericht
BVerfGE	Sammlung der Entscheidungen des Bundesverfassungsgerichts
BVerfSchG	Bundesverfassungsschutzgesetz
BVerwG	Bundesverwaltungsgericht
BVerwGE	Sammlung der Entscheidungen des Bundesverwaltungsgerichts
BW.	Baden-Württemberg
bzw.	beziehungsweise
CR	Computer und Recht
d.	des; durch
DAR	Deutsches Autorecht
ders.	derselbe
d.h.	das heißt
Diss.	Dissertation
DÖV	Die öffentliche Verwaltung

Dt. VerwR	Deutsches Verwaltungsrecht
DVBl.	Deutsches Verwaltungsblatt
DVPolG	Gesetz über die Datenverarbeitung der Polizei (Hamburg)
DVR	Datenverarbeitung im Recht
EGMR	Europäischer Gerichtshof für Menschenrechte
EichG	Eichgesetz
Einl.	Einleitung
EMRK	Europäische Menschenrechtskonvention
etc.	et cetera
EuGH	Gerichtshof der Europäischen Gemeinschaften
EuGRZ	Europäische Grundrechte-Zeitschrift
f.	folgende Seite
FeiertG	Feiertagsgesetz
ff.	folgende Seiten
Fn.	Fußnote(n)
GastG	Gaststättengesetz
GBl.	Gesetzesblatt
geänd.	geändert
GefAG	Gefahrenabwehrgesetz (Niedersachsen)
gem.	gemäß
GerSiG	Gerätesicherheitsgesetz
Ges.	Gesetz
GewO	Gewerbeordnung
GFDPol	Gesetz zur Fortentwicklung des Datenschutzes im Bereich der Polizei und der Ordnungsbehörden
GG	Grundgesetz
Grundz.	Grundzüge
GS.NRW	Sammlung des bereinigten Landesrechts Nordrhein-Westfalen 1945 bis 1.1.1957
GV.NRW	Gesetz- und Verordnungsblatt für das Land Nordrhein-Westfalen
GVBl.	Gesetz- und Verordnungsblatt
GVOBl.	Gesetz- und Verordnungsblatt
Habil.	Habilitation
Hamb.	Hamburg
HandwerksO	Handwerksordnung
Hdb.	Handbuch

Hess.	Hessen
Hlbs.	Halbsatz
h.M.	herrschende Meinung
HÖV	Handbuch für die öffentliche Verwaltung
hrsg.	herausgegeben
HSOG	Hessisches Gesetz über die öffentliche Sicherheit und Ordnung
i.d.F.	in der Fassung
IMK	Innenministerkonferenz
ImmSchG	Immissionsschutzgesetz
i.S.d.	im Sinne des, im Sinne der
i.S.v.	im Sinne von
i.V.m.	in Verbindung mit
JA	Juristische Arbeitsblätter
JA-Übbl.	JA-Übungsblätter
Jura	Juristische Ausbildung
JuS	Juristische Schulung
JZ	Juristenzeitung
KostO	Kostenordnung zum Verwaltungsvollstreckungsgesetz
KrW-/AbfG	Kreislaufwirtschafts- und Abfallgesetz
LMBG	Lebensmittel- und Bedarfsgegenständegesetz
LT-Dr.	Landtags-Drucksache
LT-Prot.	Landtags-Protokoll
LuftVG	Luftverkehrsgesetz
m.	mit
ME PolG	Musterentwurf eines einheitlichen Polizeigesetzes des Bundes und der Länder
MeldG	Meldegesetz
MRRG	Melderechtsrahmengesetz
MV.	Mecklenburg-Vorpommern
m.v.N.	mit vielen Nachweisen
m.w.N.	mit weiteren Nachweisen
Nds.	Niedersachsen
NJW	Neue Juristische Wochenschrift
Nr.	Nummer(n)
NRW	Nordrhein-Westfalen
NuR	Natur und Recht
NVwZ	Neue Zeitschrift für Verwaltungsrecht

NVwZ-RR	NVwZ-Rechtsprechungs-Report Verwaltungsrecht
NWVBl.	Nordrhein-Westfälische Verwaltungsblätter
NZV	Neue Zeitschrift für Verkehrsrecht
OBG	Gesetz über den Aufbau und die Befugnisse der Ordnungsbehörden (Ordnungsbehördengesetz)
Öff.BauR	Öffentliches Baurecht
OLG	Oberlandesgericht
OVG	Oberverwaltungsgericht
OWiG	Gesetz über Ordnungswidrigkeiten
PAG	Polizeiaufgabengesetz (Bayern, Thüringen)
PaßG	Paßgesetz
PBefG	Personenbeförderungsgesetz
PflSchG	Gesetz zum Schutz der Kulturpflanzen (Pflanzenschutzgesetz)
POG	Gesetz über die Organisation und Zuständigkeit der Polizei im Lande Nordrhein-Westfalen (Polizeiorganisationsgesetz)/Polizei- und Ordnungsbehördengesetz (Rheinland-Pfalz)
PolG	Polizeigesetz (Baden-Württemberg, Brandenburg, Bremen, Nordrhein-Westfalen, Saarland, Sachsen)
PolR	Polizeirecht
POR	Polizei- und Ordnungsrecht
Pr.GS.	Preußische Gesetzessammlung
Pr.OVGE	Sammlung der Entscheidungen des Preußischen Oberverwaltungsgerichts
PrLVG	Preußisches Landesverwaltungsgesetz
PsychKG	Gesetz über Hilfen und Schutzmaßnahmen bei psychischen Krankheiten
PVG	Polizeiverwaltungsgesetz (Preußen)
RGBl.	Reichsgesetzblatt
Rn.	Randnummer(n)
RP.	Rheinland-Pfalz
Rspr.	Rechtsprechung
S.	Seite(n); Satz, Sätze
S.Anh.	Sachsen-Anhalt
Saarl.	Saarland
Sachs.	Sachsen

SGV.NRW	Sammlung des fortlaufend bereinigten Gesetz- und Verordnungsblattes für das Land Nordrhein-Westfalen
SH.	Schleswig-Holstein
SOG	Gesetz über die öffentliche Sicherheit und Ordnung (Hessen, Mecklenburg-Vorpommern, Sachsen-Anhalt)
sog.	sogenannte(r)
StGB	Strafgesetzbuch
StPO	Strafprozeßordnung
StrafverfahrensR	Strafverfahrensrecht
StVG	Straßenverkehrsgesetz
StVO	Straßenverkehrsordnung
StVollzG	Gesetz über den Vollzug der Freiheitsstrafe und der freiheitsentziehenden Maßregeln der Besserung und Sicherung
StVwR	Staats- und Verwaltungsrecht
Thür.	Thüringen
u.a.	und andere; unter anderem
UZwG	Gesetz über die Anwendung unmittelbaren Zwanges
v.	von; vom
VBl.BW	Verwaltungsblätter für Baden-Württemberg
VE ME PolG	Vorentwurf zur Änderung des Musterentwurfs eines einheitlichen Polizeigesetzes des Bundes und der Länder
VereinsG	Vereinsgesetz
VerfGH	Verfassungsgerichtshof
VerfSchG	Verfassungsschutzgesetz
VersG	Versammlungsgesetz
VersR	Versammlungsrecht
VerwaltungsprozeßR	Verwaltungsprozeßrecht
VerwArch	Verwaltungsarchiv
VerwR	Verwaltungsrecht
VerwRspr.	Verwaltungsrechtsprechung
VG	Verwaltungsgericht
VGH	Verwaltungsgerichtshof
vgl.	vergleiche
VO	Rechtsverordnung

Vorbem.	Vorbemerkung(en)
VR	Verwaltungsrundschau
VV	Verwaltungsvorschrift(en)
VwGO	Verwaltungsgerichtsordnung
VwVfG	Verwaltungsverfahrensgesetz
VwVG	Verwaltungsvollstreckungsgesetz
VwZG	Verwaltungszustellungsgesetz
WaffG	Waffengesetz
WassG	Wassergesetz
WHG	Wasserhaushaltsgesetz
z.B.	zum Beispiel
ZRP	Zeitschrift für Rechtspolitik
zul.	zuletzt

1. Teil: Einleitung und Vorfragen

Die sogenannten Standardmaßnahmen[1] stellen einen in praktischer und dogmatischer Hinsicht sehr bedeutsamen Regelungskomplex im Polizeigesetz von Nordrhein-Westfalen[2] und in den entsprechenden Gesetzen der anderen Bundesländer[3] dar. Dies beruht nicht zuletzt auf dem Umstand, daß es sich bei den meisten Standardermächtigungen um die Normierung relativ häufig vorkommender Sachverhalte und äußerst empfindlicher Grundrechtseingriffe gegenüber dem Bürger handelt, die im polizeilichen Alltag eine große Rolle spielen. Gerade deswegen überrascht der recht spärliche Befund im Bereich der Ausarbeitungen, die sich speziell mit der rechtlichen Struktur dieser Maßnahmen auseinandersetzen. Die meisten Darstellungen beschränken sich darauf, einzelne Standardermächtigungen individuell im Hinblick auf Tatbestand und Rechtsfolge zu untersuchen und anhand von Fallbeispielen zu erläutern[4]. Nach schriftlichen Arbeiten, die darum

---

1 Zum Begriff siehe S. 40 ff.

2 Nrw.PolG i.d.F. d. Bek. v. 24.2.1990 (GV.NRW S. 70), zul. geänd. d. Ges. v. 9.5.2000 (GV.NRW S. 452).

3 Bw.PolG i.d.F. v. 13.1.1992 (GBl. S. 1, ber. S. 596, ber. GBl. 1993 S. 155), zul. geänd. d. Ges. v. 19.12.2000 (GBl. S. 752); bay.PAG i.d.F. d. Bek. v. 14.9.1990 (GVBl. S. 397), zul. geänd. d. Ges. v. 25.10.2000 (GVBl. S. 752); berl.ASOG v. 14.4.1992 (GVBl. S. 119), zul. geänd. d. Ges. v. 11.5.1999 (GVBl. S. 164); brand.PolG v. 19.3.1996 (GVBl. I S. 74), zul. geänd. d. Ges. v. 19.12.2000 (GVBl. S. 179); brem.PolG v. 21.3.1983 (GBl. S. 141, ber. S. 301), zul. geänd. d. Ges. v. 22.12.1998 (GBl. S. 361); hamb.DVPolG v.2.5.1991 (GVBl. S. 187), zul. geänd. d. Ges. v. 19.7.2000 (GVBl. S. 155); hamb.SOG v.14.3.1966 (GVBl. S. 77), zul. geänd. d. Ges. v. 14.7.2000 (GVBl. S. 146); hess.SOG i.d.F. v. 31.3.1994 (GVBl. I S. 174, ber. S. 284), zul. geänd. d. Ges. v. 22.12.2000 (GVBl. I S. 577); mv.SOG i.d.F. d. Bek. v. 25.3.1998 (GVOBl. S. 335); nds.GefAG i.d.F. v. 20.2.1998 (GVBl. S. 101); rp.POG i.d.F. v. 10.11.1993 (GVBl. S. 595), zul. geänd. d. Ges. v. 9.11.1999 (GVBl. S. 407); saarl.PolG i.d.F. d. Bek. v. 10.5.1996 (Abl. S. 685), zul. geänd. d. Ges. v. 25.10.2000 (Abl. S. 146); sächs.PolG i.d.F. d. Bek. v. 13.8.1999 (GVBl. S. 466); s.anh.SOG i.d.F. d. Bek. v. 1.1.1996 (GVBl. S. 2), zul. geänd. d. Ges. v. 20.7.2000 (GVBl. S. 444); sh.LVwG i.d.F. d. Bek. v. 2.6.1992 (GVOBl. S. 243, ber. S. 534), zul. geänd. d. Ges. v. 1.12.1999 (GVOBl. S. 468); thür.PAG v. 4.6.1992 (GVBl. S. 199), zul. geänd. d. Ges. v. 27.7.1999 (GVBl. S. 454).

4 Siehe etwa *H. U. Erichsen*, Jura 1993, S. 45 ff.; zur eingehenden Analyse einzelner Standardmaßnahmen siehe z.B. *R.-G. Müller*, Polizeiliche Datenerhebung durch Befragung; *G. Nagel*, Probleme der polizeilichen Sicherstellung; *C. Stoermer*, Der polizeirechtliche Gewahrsam.

bemüht sind, strukturelle Gemeinsamkeiten und Unterschiede hinsichtlich der Tatbestandsvoraussetzungen und Rechtsfolgenanordnungen bei den Standardmaßnahmen aufzuzeigen und ihre Systematik näher zu beleuchten, sucht man nahezu vergeblich[5].

A. Einführung in das Problemfeld

In der folgenden Untersuchung soll eine Strukturbestimmung im Hinblick auf die Rechtsfolgenanordnungen der Standardmaßnahmen im nrw.PolG vorgenommen werden, um auf diese Weise herauszustellen, zu welchen Maßnahmen die Polizei durch die einzelnen Befugnisnormen ermächtigt wird.

Die Determinierung des Ermächtigungsumfangs bei den Standardmaßnahmen gestaltet sich deswegen besonders schwierig, weil die divergierenden Formulierungen der in den §§ 9 ff. nrw.PolG geregelten Vorschriften nicht nur auf inhaltlich unterschiedliche Gefahrenabwehrmaßnahmen, sondern auch auf eine unterschiedliche Reichweite der Ermächtigungen hindeuten.

Wenn z.B. § 34 nrw.PolG als Rechtsfolge die *Platzverweisung* anordnet, § 43 nrw.PolG der Polizei das Recht einräumt, eine Sache unter bestimmten Voraussetzungen *sicherzustellen* oder § 16 I nrw.PolG die Datenerhebung durch eine planmäßig angelegte *Beobachtung* zuläßt, wird dadurch die Annahme begründet, daß mit den auf Rechtsfolgenseite verwendeten Begriffen nicht nur die unterschiedliche Zielrichtung der Maßnahmen zum Ausdruck gebracht, sondern auch auf ganz unterschiedliche Arten polizeilichen Handelns Bezug genommen werden soll. Daraus ergeben sich folgende grundsätzliche Fragen:

- Beinhalten die Standardmaßnahmen im nrw.PolG lediglich die Befugnis, Verfügungen an den Bürger zu richten, oder räumt zumindest ein Teil der Standardmaßnahmen der Polizei - neben der Ermächtigung zum Erlaß von Verfügungen - das Recht zum eigenen unmittelbaren Handeln ein?
- Geben ihr bestimmte Standardermächtigungen darüber hinaus das Recht, zur Durchsetzung der Maßnahmen Zwangsmittel anzuwenden, ohne daß es insoweit noch eines Rückgriffs auf die vollstreckungsrechtlichen Vorschriften (§§ 50 ff. nrw.PolG) bedarf?

Besonders problematisch wird die Bestimmung des Ermächtigungsumfangs bei solchen Vorschriften, die, zumindest nach dem Wortlaut der auf Rechtsfolgenseite verwendeten Formulierungen, die Polizei gerade nicht zum Erlaß von Verfügungen, sondern zur Vornahme von Tathandlungen und darüber hinaus zur

---

5 Eine Ausnahme bildet insoweit die später noch genauer zu betrachtende Untersuchung von *A. Schmitt-Kammler*, NWVBl. 1995, S. 166 ff.

damit verbundenen Zwangsanwendung berechtigen, da hierdurch ein systematischer Konflikt mit den allgemeinen vollstreckungsrechtlichen Vorschriften erzeugt wird. Zu diesen Vorschriften gehören neben der oben erwähnten Sicherstellung nach § 43 nrw.PolG die Durchsuchungsmaßnahmen nach den §§ 39 ff. nrw.PolG, die Ingewahrsamnahme gemäß § 35 nrw.PolG und die erkennungsdienstliche Behandlung nach § 14 nrw.PolG. Stellt man auf den Wortlaut ab, wird man auch die Identitätsfeststellung gemäß § 12 II nrw.PolG bzw. die in diesem Zusammenhang geregelten Maßnahmen des Anhaltens (§ 12 II 2 nrw.PolG und dementsprechend auch das Anhalten gemäß § 9 I 2 nrw.PolG), Festhaltens (§ 12 II 3 nrw.PolG) und Durchsuchens miteinzubeziehen haben.

In der Literatur werden diese Befugnisnormen teilweise als Standardmaßnahmen im engeren Sinne bezeichnet[6], wobei diese Terminologie zur besseren Darstellung im folgenden übernommen wird[7].

Diese Standardermächtigungen sollen den Mittelpunkt der Betrachtung bilden, wobei die Problematik der Vollzugselemente bei ihnen sowohl abstrakt[8] als auch anhand einer Einzelanalyse der einschlägigen Vorschriften[9] skizziert werden soll. Durch Ausführungen innerhalb der Einzelanalyse zu Begriffsinhalten, Zulässigkeitsvoraussetzungen etc. der konkreten Standardmaßnahme soll ein Überblick über den gesamten Regelungsgehalt der Vorschrift vermittelt und dadurch die Bestimmung von Art und Umfang der Vollzugselemente vereinfacht werden. Ein wichtiges Ziel in diesem Zusammenhang besteht darin, den Ermächtigungsumfang der Standardbefugnisse im engeren Sinne einerseits von dem der vollstreckungsrechtlichen Vorschriften andererseits abzugrenzen.

Bei dieser Darstellung werden ferner Standardermächtigungen in anderen (Spezial-) Gesetzen, die Regelungen in den Polizeigesetzen der anderen Bundesländer und schließlich die vergleichbaren Vorschriften innerhalb der Strafprozeßordnung[10] berücksichtigt.

---

6 *K. Habermehl*, POR, Rn. 512, der allerdings die Sicherstellung gemäß § 43 nrw.PolG nicht dieser Gruppe zuordnet, obwohl diese Vorschrift dem Wortlaut nach ebenfalls die Befugnis der Polizei zu unmittelbarem eigenen Handeln umfaßt; vgl. in diesem Sinne *A. Schmitt-Kammler*, NWVBl. 1995, S. 166 (170); siehe auch *P. J. Tettinger*, Bes. VerwR/1, Rn. 388.

7 Die Bezeichnung als Standardmaßnahme im engeren Sinne ist dabei von der später S. 58 ff. noch vorzunehmenden Einteilung in Vollzugselemente im engeren und Vollzugselemente im weiteren Sinne zu unterscheiden.

8 Vgl. dazu S. 95 ff.

9 Siehe S. 125 ff.

10 StPO i.d.F. d. Bek. v. 7.4.1987 (BGBl. I S. 1074, ber. S. 1319), zul. geänd. d. Ges. v. 27.12.2000 (BGBl. I S. 2043).

B. Bedeutung der Standardmaßnahmen im Geflecht gefahrenabwehrrechtlicher Befugnisse

Vor dem Einstieg in das eigentliche Problemfeld erscheint es notwendig, die allgemeine Bedeutung der polizeilichen Standardmaßnahmen offenzulegen, d.h. die Frage nach der Begrifflichkeit, der Entstehung und nach dem Verhältnis dieser besonderen Ermächtigungsnormen zur polizeirechtlichen Generalklausel zu beantworten.

I. Erläuterung der Terminologie „Standardmaßnahmen"

Unter dem Begriff der Standardmaßnahmen[11] werden üblicherweise die polizeilichen Eingriffsmaßnahmen zusammengefaßt, die in der polizeilichen Praxis häufig vorkommen und aufgrund der Intensität der mit ihnen verbundenen Eingriffe in die (Grund-)Rechte des Bürgers nur unter besonderen, engeren Voraussetzungen zulässig sind[12]. Da der Eingriff in Grundrechte oft nur unter den Voraussetzungen eines qualifizierten Gesetzesvorbehaltes zulässig ist, handelt es sich bei den Standardmaßnahmen insoweit um Konkretisierungen der verfassungsrechtlichen Vorgaben[13].

Strenggenommen könnte man dabei die Maßnahmen an sich als Standardmaßnahmen und die zugrundeliegenden Befugnisnormen als Standardermächtigungen bzw. Standardbefugnisse bezeichnen[14]. Sinnvoller ist es jedoch, die Begriffe synonym zu verwenden und die genaue Inhaltsbestimmung dem jeweiligen Sinnzusammenhang zu entnehmen, zumal oftmals, im Rahmen von Beiträgen aus Literatur und Rechtsprechung, sowohl die Ermächtigungsvorschrift als auch die darauf gestützte Maßnahme selbst gemeint sind.

Zu den polizeilichen Standardmaßnahmen zählen:

---

11 Es handelt sich dabei um einen Terminus, der im Gesetzestext des nrw.PolG nicht auftaucht.

12 *K. H. Friauf*, POR, in: E. Schmidt-Aßmann, Bes. VerwR, Rn. 119; *K. Habermehl*, POR, Rn. 522; *H. P. Prümm*, PolR, in: Ley/Prümm, StVwR für RP., Rn. 58 f.; *P. J. Tettinger*, Bes. VerwR/1, Rn. 387; *Würtenberger/Heckmann/Riggert*, PolR in BW., Rn. 202 f.; vgl. die Übersicht zu den Standardmaßnahmen bei *H. U. Erichsen*, Jura 1993, S. 45 ff; siehe außerdem zu den neueren Standardbefugnissen *K. Habermehl*, JA 1990, S. 331 ff.; *Kniesel/Vahle*, DÖV 1990, S. 646 ff.; *Riotte/Tegtmeyer*, NWVBl. 1990, S. 145 ff.

13 *F. Schoch*, JuS 1994, S. 479 (483 f.); *Wolffgang/Hendricks/Merz*, POR in NRW, Rn. 101; dazu ausführlich sogleich S. 42 ff.

14 Vgl. in diesem Sinne *Wolffgang/Hendricks/Merz*, POR in NRW, Rn. 101.

- Maßnahmen der offenen Datenerhebung;
- Maßnahmen der verdeckten Datenerhebung;
- sonstige Standardmaßnahmen[15].

Eine andere mögliche Einteilung läßt sich dergestalt vornehmen, daß man zwischen Standardmaßnahmen der Gefahraufklärung - also polizeilichen Handlungen, welche zentral darauf gerichtet sind, potentiell gefährliche Sachverhalte durch Beschaffung von Informationen aufzuklären - und zwischen Standardmaßnahmen der Gefahrbeseitigung - d.h. polizeilichen Handlungen, die darauf abzielen, auf gefährliche Sachverhalte so einzuwirken, daß der hinreichend wahrscheinliche Schadenseintritt verhindert wird - unterscheidet[16].

Zum Teil wird für den Bereich der Standardbefugnisse auch differenziert zwischen den Standardmaßnahmen im klassischen Sinne (nämlich Identitätsfeststellung, erkennungsdienstliche Behandlung, Vorladung, Platzverweisung, Ingewahrsamnahme, Durchsuchung von Personen, Sachen und Wohnungen sowie Sicherstellung und Verwahrung von Sachen) und zwischen den neueren Regeln der Datenerhebung und -verarbeitung[17]. Im Ergebnis dürfte es sich dabei allerdings lediglich um eine terminologische Differenzierung handeln, die in der Sache zu keinen anderen Schlußfolgerungen bezüglich der Bedeutung und Struktur dieser Maßnahmen führt.

In Nordrhein-Westfalen sind diese Standardmaßnahmen in den §§ 9-46 nrw. PolG geregelt, wobei darauf hinzuweisen ist, daß einige Vorschriften aus diesem Komplex keine Standardermächtigungen im eigentlichen Sinne sind, sondern das Verfahren vor, bei oder nach Durchführung dieser Maßnahmen regeln[18].

Standardmaßnahmen finden sich allerdings nicht nur in den Polizei- bzw. Ordnungsgesetzen[19] der einzelnen Bundesländer, sondern auch in bereichsspezifischen Bundes- oder Landesgesetzen. Auf Bundesebene verfügt dabei nur das Bundesgrenzschutzgesetz über einen den Gesetzen zum allgemeinen Polizei- und Ordnungsrecht vergleichbaren Katalog in den §§ 17-32 BGSG[20].

---

15 *H. U. Erichsen*, Jura 1993, S. 45.

16 Vgl. *C. Gusy*, PolR, Rn. 179.

17 *K. Habermehl*, POR, Rn. 522.

18 Vgl. etwa § 46 I nrw.PolG, der das weitere Verfahren nach Wegfall der Sicherstellungsvoraussetzungen regelt; siehe allgemein dazu *H. P. Prümm*, PolR, in: Ley/ Prümm, StVwR für RP., Rn. 61.

19 In Nordrhein-Westfalen beansprucht ein großer Teil der Standardbefugnisse des nrw.PolG über § 24 nrw.OBG, i.d.F. d. Bek. v. 13.5.1980 (GV.NRW S. 528/SGV.NRW 2060), zul. geänd. d. Ges. v. 20.12.1994 (GV.NRW S. 1115), auch Geltung für die Gefahrenabwehr durch die Ordnungsbehörden.

20 BGSG v. 19.10.1994 (BGBl. I S. 2978), zul. geänd. d. Ges. v. 22.12.1999 (BGBl. I S. 2534); über die Verweisungsnorm des § 9 III 1 BKAG v. 7.7.1997 (BGBl. I S. 1650), zul. geänd. d. Ges. v. 2.8.2000 (BGBl. I S. 1253) stehen diese Befugnisse auch dem BKA zur Verfügung.

- Sicherstellung und Beschlagnahme von Sachen (Bezug: Art. 14 GG)[37];
- Verwertung, Einziehung und Vernichtung von Sachen (Bezug: Art. 14 GG);
- Informationsverschaffung und -verarbeitung (Bezug: Art. 2 I i.V.m. Art. 1 I GG)[38].

Da Standardmaßnahmen somit in aller Regel Grundrechtseingriffe darstellen, müssen gesetzliche Ermächtigungen vorhanden sein, die den grundrechtlichen Gesetzesvorbehalten entsprechen bzw. diese in rechtmäßiger Weise konkretisieren[39].

Welche Anforderungen dabei an die inhaltliche Ausgestaltung der jeweiligen Standardermächtigung zu stellen sind, ergibt sich zum einen aus dem – soweit vorhanden - explizit geregelten grundrechtlichen Gesetzesvorbehalt und zum anderen aus dem allgemeinen Grundsatz des Vorbehalts des Gesetzes[40]. Ausgangspunkt dieses Grundsatzes ist zunächst, daß die Verwaltung allgemein nur tätig werden darf, wenn sie im konkreten Fall durch oder aufgrund eines Gesetzes dazu ermächtigt ist[41].

Grundlagen bzw. Reichweite und Intensität des allgemeinen Grundsatzes vom Vorbehalt des Gesetzes sind allerdings im einzelnen äußerst umstritten[42]. Es geht dabei vor allem darum, welche Bereiche vom Gesetzesvorbehalt erfasst werden und auch darum, wie intensiv bzw. dicht die Regelung sein muß.

Das *BVerfG* versucht, diese Fragen mit Hilfe der Wesentlichkeitstheorie[43] zu beantworten. Wesentlich sind danach alle Angelegenheiten, die für die Verwirklichung von Grundrechten von Bedeutung sind[44], aber auch solche Angelegenheiten, die erhebliche Auswirkungen für die Allgemeinheit haben oder kontroverse Fragen betreffen[45]. Je nach dem Grad der Wesentlichkeit besteht

---

37 Grundsätzlich dazu OVG Münster, DVBl. 1991, S. 1373 f.; zur Beschlagnahme vgl. VGH Mannheim, NVwZ-RR 1992, S. 184 f.

38 Vgl. VGH Mannheim, DVBl. 1992, S. 1309 ff. m. Anm. *G. Dronsch*, S. 1314 ff.

39 Vgl. *F. Schoch*, JuS 1994, S. 479 (483); Wolffgang/Hendricks/Merz, POR in NRW, Rn. 131.

40 Zur Unterscheidung der Begriffe „Gesetzesvorbehalt“ und „Vorbehalt des Gesetzes“ vgl. *M. Sachs*, VerfassungsR II, A 9 Rn. 6.

41 Vgl. BVerfGE 40, S. 237 (248 f.); 49, S. 89 (126); *C. Degenhart*, Staatsrecht I, Rn. 319; *Maunz/Zippelius*, Dt. Staatsrecht, § 13 III 4.; *H. Maurer*, Staatsrecht, § 8 Rn. 19; *M. Sachs*, in: Sachs, GG, Art. 20 Rn. 113.

42 Vgl. dazu *H. Maurer*, Staatsrecht, § 8 Rn. 20 ff.

43 Zur Wesentlichkeitstheorie vgl. BVerfGE 47, S. 46 (78 ff.); 49, S. 89 (126 f.); 88, S. 103 (116); siehe auch *C. Degenhart*, Staatsrecht I, Rn. 335 ff.; *Pieroth/Schlink*, Grundrechte, Rn. 261 ff.; *J. Pietzcker*, JuS 1979, S. 710 (712 ff.).

44 Vgl. BVerfGE 47, S. 46 (78); 49, S. 89 (126); 88, S. 103 (116).

45 Etwa bei institutionell bedeutsamen Fragen, vgl. dazu *M. Sachs*, in: Sachs, GG, Art. 20 Rn. 117 m.w.N. in Fn. 336, 337.

eine Stufenfolge von ganz wesentlichen Angelegenheiten, die der parlamentarische Gesetzgeber selbst regeln muß[46] (sog. Parlamentsvorbehalt[47]), über weniger, aber doch noch wesentliche Angelegenheiten, die aufgrund einer gesetzlichen Ermächtigung durch Rechtsverordnung (Art. 80 I 2 GG) geregelt werden können, bis zu den nicht mehr wesentlichen Angelegenheiten, die von der Verwaltung selbst (etwa durch Verwaltungsvorschriften) geregelt werden können[48].

Nach dem zuvor Dargestellten gilt der Gesetzesvorbehalt jedenfalls für den Bereich der Eingriffsverwaltung. Das ergibt sich allerdings in der Regel bereits aus den Grundrechtsregelungen selbst[49].

Besonders schwerwiegende Eingriffe der Polizei gegenüber dem Bürger, wie die Standardmaßnahmen, bedürfen zudem Regelungen durch den parlamentarischen Gesetzgeber selbst, in denen dieser Voraussetzungen und Grenzen der Eingriffe im einzelnen festlegt[50].

Die Wesentlichkeit entscheidet aber nicht nur über die Reichweite des Gesetzesvorbehalts, sondern auch über die Regelungsdichte; je wesentlicher eine Angelegenheit ist, desto präziser und differenzierter muß die jeweilige Regelung sein[51].

Für gezielte Grundrechtseingriffe, wie sie die Standardmaßnahmen vorsehen, erweist sich die polizeirechtliche Generalklausel mit ihrem weiten Maßnahmebegriff damit als zu unbestimmt[52]. Dafür bedarf es vielmehr differenzierter, auf die jeweiligen Eingriffe zugeschnittener gesetzlicher Spezialvorschriften, eben in Form der einzelnen Standardermächtigungen.

2. Entstehungsgeschichtliche Hinweise

Die Entstehungsgeschichte des Polizeirechts bzw. der heutigen modernen Polizeigesetze zeigt, daß die Schaffung von Standardermächtigungen – nicht zuletzt mit Rücksicht auf die zuvor beschriebene Notwendigkeit - schon recht früh Gegenstand polizeirechtlicher Erwägungen war.

---

46 Siehe BVerfGE 33, S. 125 (158 f.); 49, S. 89 (126 f.); 88, S. 103 (116).

47 Vgl. zu diesem Begriff *C. Degenhart*, Staatsrecht I, Rn. 340.

48 *H. Maurer*, Staatsrecht, § 8 Rn. 21; zur Kritik an der Wesentlichkeitstheorie vgl. *W. Krebs*, Jura 1979, S. 304 (308 f.); siehe auch *M. Sachs*, in: Sachs, GG, Art. 20 Rn. 116, der den Begriff „Wesentlichkeit" als recht vages Abgrenzungskriterium bezeichnet.

49 *H. Maurer*, Staatsrecht, § 8 Rn. 22; siehe auch *C. Degenhart*, Staatsrecht I, Rn. 319; *Pieroth/Schlink*, Grundrechte, Rn. 263.

50 *H. U. Erichsen*, Jura 1993, S. 45; *K. H. Friauf*, POR, in: E. Schmidt-Aßmann, Bes. VerwR, Rn. 119; *R. Riegel*, POR in der BRD, S. 119 f.

51 *H. Maurer*, Staatsrecht, § 8 Rn. 21.

52 *K. Habermehl*, POR, Rn. 523.

Das Bestreben, spezielle Rechtgrundlagen für spezielle polizeiliche Maßnahmen zu schaffen, war allerdings erst erkennbar, als die Aufgabe der Polizei auf den Bereich der Gefahrenabwehr beschränkt wurde. Diese Aufgabenbeschränkung fand ihren gesetzlichen Niederschlag erstmals im Preußischen Allgemeinen Landrecht von 1794. § 10 Teil II Titel 17 ALR weist dabei eine gewisse Ähnlichkeit mit der heutigen Beschreibung der Aufgabe der Polizei auf[53].

Zusammen mit der Beschränkung der polizeilichen Tätigkeit auf den Gefahrenabwehrbereich setzten sich auch hinsichtlich der Befugnisse der Polizei Vorstellungen durch, die für den heutigen Rechtsstaat selbstverständlich sind. Unter dem Einfluß der staatsrechtlichen Gewaltenteilungslehre wurden Gesetzgebung, Verwaltung und Justiz getrennt und weitgehend voneinander unabhängig. An die Stelle der absoluten Herrschaftsmacht trat ferner die Regelung, daß in die Rechte des einzelnen Staatsbürgers, insbesondere in Leben, Freiheit und Eigentum, nur aufgrund vom Parlament beschlossener Gesetze eingegriffen werden durfte[54]. Der Schutz dieser „Grundrechte" wurde den Gerichten übertragen. Im Jahre 1863 wurde in Baden der erste Verwaltungsgerichtshof eingerichtet[55].

Das zu dieser Zeit hierzulande geltende Preußische ALR enthielt mit § 10 Teil II Titel 17 eine Vorschrift, die zum einen eine Aufgabenzuweisung, zugleich aber auch eine Befugnisnorm in Form einer Generalklausel für die Polizei darstellte[56]. Spezielle, auf bestimmte empfindliche Rechtseingriffe gegenüber dem Bürger abgestimmte Ermächtigungsgrundlagen, die den heutigen Standardmaßnahmen vergleichbar wären, gab es demgegenüber noch nicht.

Am 14. Juni 1882 konkretisierte das Preußische Oberverwaltungsgericht in seinem sog. Kreuzbergurteil[57] den in § 10 Teil II Titel 17 ALR zum Ausdruck kommenden Grundgedanken, die Tätigkeit der Polizeibehörden auf den Bereich der Gefahrenabwehr zu beschränken, indem es eine Polizeiverordnung, die aufgrund ästhetischer Gesichtspunkte am Kreuzberg in Berlin Bauverbote aussprach, für nichtig erklärte. Das Gericht sah dabei in dem ausgesprochenen Bauverbot eine der allgemeinen Polizeigewalt entzogene Maßnahme der „Wohlfahrtspflege"[58]. Es beurteilte die polizeiliche Befugnis zum Erlaß der Verordnung ausschließlich nach § 10 Teil II Titel 17 ALR[59] und setzte sich damit sowohl über den Wortlaut des § 3 der Verordnung über die verbesserte Einrichtung der

53 Vgl. § 1 nrw.PolG.
54 *H. Tegtmeyer*, PolG NRW, Einführung, S. 16.
55 *H. Tegtmeyer*, PolG NRW, Einführung, S. 16.
56 Vgl. *H. Heuer*, Die Generalklausel des preussischen Rechts, S. 25.
57 Pr.OVGE 9, S. 353 (370 ff.).
58 Vgl. Pr.OVGE 9, S. 353 (373).
59 Pr.OVGE 9, S. 353 (370).

Provinzial-Polizei- und Finanzbehörden vom 26. Dezember 1808[60] als auch über den Wortlaut des § 6 i) des Gesetzes vom 11. März über die Polizeiverwaltung[61] hinweg, obwohl diese Vorschriften zeitlich nach dem ALR verabschiedet worden sind [62]. Dem § 3 der Verordnung von 1808 unterstellte das Gericht eine weitergehende, auch sonstige innere Verwaltung erfassende Beschreibung des Begriffs „Polizei“[63], den § 6 i) des PVG von 1850 faßte es als Bestimmung zur Erläuterung und näheren Ausführung des § 10 Teil II Titel 17 ALR auf[64].

An dieser Rechtsprechung hielt das Gericht auch in der Folgezeit fest[65].

Den Anschluß an diese Entwicklung bildet das Preußische Polizeiverwaltungsgesetz vom 1. Juni 1931[66]. § 14 PVG brachte dabei zumindest ansatzweise schon die Unterscheidung zwischen Aufgabe einerseits und Eingriffsermächtigung andererseits dadurch zum Ausdruck, daß er der Polizei die Aufgabe zuwies, „von der Allgemeinheit oder dem einzelnen Gefahren abzuwenden“, und sie zu diesem Zweck ermächtigte, „im Rahmen der geltenden Gesetze die nach pflichtgemäßem Ermessen notwendigen Maßnahmen zu treffen“[67]. Neben der Vorschrift des § 14 PVG tauchten zudem erstmals Vorschriften für bestimmte typische und vor allem empfindliche Eingriffe gegenüber dem Bürger auf.

So enthielten die §§ 15 bis 17 PVG folgende Regelungen:

§ 15

(1) Personen in polizeiliche Verwahrung zu nehmen, sind die Polizeibehörden nur dann befugt, wenn diese Maßnahme erforderlich ist:

a) zum Schutze dieser Personen,

b) zur Beseitigung einer bereits eingetretenen Störung der öffentlichen Sicherheit oder Ordnung oder zur Abwehr einer unmittelbar bevorstehenden polizeilichen Gefahr, falls die Beseitigung der Störung oder die Abwehr der Gefahr auf andere Weise nicht möglich ist.

---

60 Rabes Sammlung Preußischer Gesetze Bd. IX S. 467.

61 Pr.GS S. 265; nach § 6 i) wurde zu „den Gegenständen der ortspolizeilichen Vorschriften“ ausdrücklich auch „alles andere, was im besonderen Interesse der Gemeinden und ihrer Angehörigen polizeilich geordnet werden muß“, gezählt. Es wurde also die allgemeine „Wohlfahrtspflege“, anders als in § 10 Teil II Titel 17 ALR, einbezogen.

62 Vgl. *H. Heuer*, Die Generalklausel des preussischen Polizeirechts, S. 15 f.

63 Pr.OVGE 9, S. 353 (372 f.).

64 Pr.OVGE 9, S. 353 (373 f.) ; vgl. auch *H. Heuer*, Die Generalklausel des preussischen Polizeirechts, S. 16.

65 Pr.OVGE 12, S. 382 (384) ; 15, S. 427 (434) ; 20, S. 403 (406) ; 23, S. 393 (396) ; 38, S. 291 (299) ; 39, S. 278 (280) ; 39, S. 415 (418 f.) ; 44, S. 388 (391) ; 46, S. 318 (321) ; 53, S. 345 (350) ; 54, S. 385 (389) ; 57, S. 402 (404 f.).

66 Pr.GS. S. 77.

67 Vgl. *Drews/Wacke/Vogel/Martens*, Gefahrenabwehr, S. 407.

(2) Die in polizeiliche Verwahrung genommenen Personen müssen, soweit es sich nicht um gemeingefährliche Geisteskranke handelt, spätestens im Laufe des folgenden Tages aus der polizeilichen Verwahrung entlassen werden.

(3) Die vorstehenden Bestimmungen gelten nicht für Auslieferungs- und Ausweisungsangelegenheiten.

§ 16

(1) In eine Wohnung wider den Willen des Inhabers während der Nachtzeit einzudringen, ist den Polizeibeamten nur gestattet:

a) soweit diese Maßnahme erforderlich ist zur Abwehr einer gemeinen Gefahr oder einer Lebensgefahr für einzelne Personen,

b) auf ein Ersuchen, das aus der Wohnung hervorgegangen ist.

(2) Diese Beschränkung bezieht sich nicht auf Räume, die während der Nachtzeit dem Publikum zugänglich sind oder dem vorhandenen Publikum zum ferneren Aufenthalt zur Verfügung stehen.

(3) Als Nachtzeit im Sinne des Abs. 1 gelten die jeweils in der Strafprozeßordnung als Nachtzeit bezeichneten Stunden.

§ 17

(1) Die Vorladung von Personen im Zwangswege durchzuführen, sind die Polizeibehörden nur befugt, soweit diese Maßnahme zur Ermittlung oder Aufklärung einer Handlung oder Unterlassung erforderlich ist, die den Verdacht eines Verbrechens oder Vergehens rechtfertigt.

(2) Bei Festsetzung des Termins der polizeilichen Vorladung soll, soweit es tunlich ist, auf den Beruf und die sonstigen Lebensverhältnisse des Vorzuladenden Rücksicht genommen werden.

Die Schaffung dieser speziellen Eingriffsermächtigungen zeigt erstmalig die Anerkennung eines durch die Grundrechte der Weimarer Reichsverfassung geschützten Bereiches[68], in welchen nicht einfach aufgrund der polizeilichen Generalermächtigung eingegriffen werden durfte[69]. Es wurde zunehmend deutlich, daß der Schutz einzelner Grundrechte nur durch individuell auf das jeweilige Grundrecht zugeschnittene Ermächtigungsgrundlagen zu gewährleisten ist, wobei das PVG freilich diesem Anspruch erst unvollständig gerecht wurde. Damaligen Er-

---

68 Vgl. speziell im Zusammenhang mit den zuvor aufgeführten §§ 15-17 PVG die Art. 114, 115 der Weimarer Reichsverfassung v. 11.8.1919.

69 Vgl. dazu den Entwurf (Landesregierung) eines Gesetzes zur Änderung des Gesetzes über die Organisation und die Zuständigkeit der Polizei im Lande Nordrhein-Westfalen, LT-Dr. 285, Allgemeine Begründung A.2.2, S. 14 mit Verweis auf die seinerzeitige Begründung zum PVG.

läuterungen zu den §§ 15-17 PVG kann man entnehmen, daß man bereits erkannte, daß diese Vorschriften in gewisser Weise die Anwendung von Zwangsmitteln selbst implizieren, wobei diese Erkenntnis allerdings noch nicht weiter konkretisiert wurde:

„Die §§ 15-17 hätten nach Meinung einiger Schriftsteller ihren Platz besser in Abschn. VIII finden können, weil sie in der Hauptsache das Recht der polizeilichen Verfügungen berühren. Aber das ist nicht ganz richtig, denn die §§ 15-17 betreffen auch die Zwangsmittel (Abschn. IX), ...“[70]

Das PVG galt in Nordrhein-Westfalen als materielles Polizeirecht auch nach dem Zusammenbruch des Dritten Reiches, also seit 1945, weiter[71]. Organisation und Zuständigkeit der Polizei wurden hingegen nach einiger Zeit gesondert im Gesetz über die Organisation und Zuständigkeit der Polizei im Lande Nordrhein-Westfalen vom 11. August 1953[72] geregelt.

Als 1956 dann das nordrhein-westfälische Ordnungsbehördengesetz (OBG)[73] Organisation, Aufgaben und Befugnisse der Ordnungsbehörden geregelt hatte, wurden im Jahre 1969 die gleichen Fragen zusammenfassend für die Polizei in Nordrhein-Westfalen normiert[74].

Sinn und Zweck der Schaffung eines einheitlichen Polizeigesetzes war es, die Unübersichtlichkeit und Zersplitterung des geltenden Rechts zu beseitigen[75]. Neben dem PVG waren nämlich zu diesem Zeitpunkt die für die Polizei einschlägigen Vorschriften dem oben genannten OBG[76], dem Verwaltungsvollstreckungsgesetz vom 23. Juli 1957[77] und dem Gesetz über Ausübung und Grenzen des unmittelbaren Zwanges vom 22. Mai 1962[78] zu entnehmen[79].

---

70 *K. Friedrichs*, PVG, § 15 Erl. 1.

71 So wurde das Gesetz nach 1945 noch geändert, siehe etwa das Änderungsgesetz vom 15. Dezember 1952, GV.NRW S. 423; zum Fortbestand des PVG vgl. auch den Entwurf (Landesregierung) eines Gesetzes zur Änderung des Gesetzes über die Organisation und die Zuständigkeit der Polizei im Lande Nordrhein-Westfalen, LT-Dr. 285, Allgemeine Begründung A.2.1, S. 13.

72 GS.NRW S. 148; Fassung vom 8. Dezember 1964 in GV.NRW S. 411.

73 GV.NRW S. 289; SGV.NRW 2060.

74 Polizeigesetz (PolG) i.d.F. d Bek. v. 28. Oktober 1969 (GV. NRW S. 740).

75 Vgl. den Entwurf (Landesregierung) eines Gesetzes zur Änderung des Gesetzes über die Organisation und die Zuständigkeit der Polizei im Lande Nordrhein-Westfalen, LT-Dr. 285, Allgemeine Begründung A.2.1, S. 13.

76 Siehe Fn. 73; nach der dort geregelten Vorschrift des § 2 hatte die Polizei zur Gefahrenabwehr in eigener Zuständigkeit nach pflichtgemäßem Ermessen die notwendigen unaufschiebbaren Maßnahmen zu treffen; vgl. den jetzigen § 1 I 3 nrw.PolG.

77 GV.NRW S. 216, ber. S. 236; SGV.NRW 2010.

78 GV.NRW S. 260; SGV.NRW 2010.

79 Vgl. den Entwurf (Landesregierung) eines Gesetzes zur Änderung des Gesetzes über die Organisation und Zuständigkeit der Polizei im Lande Nordrhein-Westfalen, LT-Dr- 285, Allgemeine Begründung A.2.1, S. 13.

Während nun durch das Polizeigesetz von 1969 das Organisationsrecht kaum Änderungen erfuhr, wurden vor allem die polizeilichen Befugnisse in Anpassung an die rechtsstaatliche Entwicklung der Nachkriegszeit neu geregelt. In den §§ 23-37[80] enthielt dieses Gesetz schon einen recht umfassenden Katalog von Standardermächtigungen. Dabei war explizit betont worden, daß durch diesen Katalog der schon beim PVG sichtbar gewordenen Tendenz Rechnung getragen wurde, nicht mehr alle Maßnahmen allein auf eine Generalklausel zu stützen, sondern typische und grundrechtsintensive Maßnahmen herauszunehmen und an besonderen Vorschriften zu messen. Diese Tendenz habe sich unter Geltung des Grundgesetzes verstärkt und entspreche nunmehr der Struktur fast aller nach 1945 erlassener Polizeigesetze[81].

Um über die Landesgrenzen hinaus eine größere Einheitlichkeit auf dem Gebiet des Gefahrenabwehrrechts zu erreichen, erteilte im Jahre 1972 die Innenministerkonferenz (IMK) den Auftrag, einen Musterentwurf eines einheitlichen Polizeigesetzes des Bundes und der Länder[82] zu erarbeiten. Der daraus resultierende Kommissionsentwurf des Ausschusses „Recht der Polizei" des Arbeitskreises II „Öffentliche Sicherheit und Ordnung" der IMK wurde 1976 gebilligt mit der Maßgabe, noch eine Harmonisierung mit der StPO durchzuführen[83].

Am 25. November 1977 wurde der ME PolG von der IMK beschlossen[84]. In den §§ 9 ff. dieses Entwurfes waren die einzelnen Standardermächtigungen geregelt, die zum größten Teil schon in den nach 1945 erlassenen Polizeigesetzen enthalten waren.

An den ME PolG anknüpfend erhielt Nordrhein-Westfalen mit dem Polizeigesetz des Landes Nordrhein-Westfalen vom 25. März 1980[85] ein neues Polizeirecht. Das nrw.PolG sollte den ME PolG im wesentlichen rezipieren, um eine Rechtsvereinheitlichung durch inhaltliche Angleichung der verschiedenen Poli-

---

80 Vgl. auch die §§ 16 d bis 16 u des Entwurfes (Landesregierung) eines Gesetzes zur Änderung des Gesetzes über die Organisation und die Zuständigkeit der Polizei im Lande Nordrhein-Westfalen, LT-Dr. 285, S. 19 ff.

81 Vgl. den Entwurf (Landesregierung) eines Gesetzes zur Änderung des Gesetzes über die Organisation und die Zuständigkeit der Polizei im Lande Nordrhein-Westfalen, LT-Dr. 285, Allgemeine Begründung A.2.2, S. 14.

82 ME PolG gem. Beschluß der IMK v. 25.11.1977; abgedruckt mit Begründung und Anmerkungen bei *Heise/Riegel*, ME PolG, 2. Auflage; vgl. dazu *W. Hoffmann-Riem*, JZ 1978, S. 335 ff.; *F.-L. Knemeyer*, DÖV 1975, S. 34 ff.; *R. Riegel*, ZRP 1978, S. 14 ff.

83 Den Vorsitz in diesem ad-hoc-Ausschuß führte Ministerialrat *Heise* (Innenministerium Nordrhein-Westfalen); vgl. *G. Heise*, ME PolG, 1. Auflage, A. Allgemeine Begründung, 1.3.

84 siehe dazu *Heise/Riegel*, ME PolG, 2. Auflage, Vorwort.

85 GV.NRW S. 234.

zeigesetze des Bundes und der Länder zu schaffen[86]. Einige Neuerungen betrafen auch den Bereich der Standardmaßnahmen[87]. Dabei war das Bestreben erkennbar, neuen Gefahrensituationen wirksam zu begegnen. So wurden bestimmte Regelungen im Verhältnis zum Polizeigesetz von 1969 in tatbestandlicher Hinsicht umfangreicher formuliert, etwa die Vorschriften über die Identitätsfeststellung[88], über die Durchsuchung von Personen oder Sachen, über das Betreten und Durchsuchen von Wohnungen etc[89]. Neue Standardmaßnahmen, wie etwa die heute in der Praxis besonders bedeutsame Regelung der Platzverweisung, wurden eingefügt[90].

Speziell im Hinblick auf die Änderungen der Vorschriften über die Identitätsfeststellung und über Durchsuchungshandlungen zeigte sich dabei eine neue Tendenz seitens des Gesetzgebers, die polizeilichen Befugnisse auf den Bereich der Gefahrenvorsorge auszudehnen[91].

Unter diesem Begriff werden allgemein solche Maßnahmen verstanden, die nicht zur Abwehr eines konkret befürchteten Schadens ergehen, sondern um Gefahren bereits im Vorfeld, quasi als Prophylaxe, zu begegnen[92]. Auch Gefahrenvorsorge ist „Gefahrenabwehr" im Sinne der den Gefahrenabwehrbehörden nach Maßgabe spezieller Gesetze oder des allgemeinen Polizei- und Ordnungsrechts

---

86 Vgl. den Gesetzesentwurf (Landesregierung) „Gesetz zur Neuordnung des Polizei-, Ordnungs-, Verwaltungsvollstreckungs- und Melderechts", LT-Dr. 8/4080, B.

87 Problemschwerpunkte bei den Beratungen im Plenum und im Ausschuß für Innere Verwaltung bildeten allerdings andere Themenkomplexe, wie z.B. die Frage nach einer Regelung des „finalen Rettungsschusses", vgl. die Berichterstattung des *Abg. Eberich* (SPD) zur zweiten Lesung vor dem Plenum, LT-Prot. 8/130, S. 8831 A ff., speziell zum „finalen Rettungsschuß" siehe S. 8832 C, D.

88 Im Polizeigesetz von 1969 noch Personenfeststellung genannt.

89 Vgl. dazu die Einzelbegründungen zu §§ 9 ff. im Gesetzesentwurf (Landesregierung) „Gesetz zur Neuordnung des Polizei- Ordnungs-, Verwaltungsvollstreckungs- und Melderechts", LT-Dr. 8/4080, S. 54 ff.

90 Zuvor mußte diese Maßnahme auf die Generalklausel gestützt werden, vgl. dazu die Einzelbegründung zu § 12 im Gesetzesentwurf (Landesregierung) „Gesetz zur Neuordnung des Polizei-, Ordnungs-, Verwaltungsvollstreckungs- und Melderechts", LT-Dr. 8/4080, S. 58; durch Einfügung von spezifischen Vorschriften (Standardmaßnahmen) sollte insgesamt verdeutlicht werden, „daß willkürliches Handeln ausgeschlossen und der Grundsatz der Verhältnismäßigkeit als oberstes Gebot bei allen Maßnahmen zu beachten bleiben", vgl. *Abg. Eberich* (SPD) bei seiner Berichterstattung zur 2. Lesung vor dem Plenum, LT-Prot. 8/130, S. 8833 A.

91 Siehe dazu *E. Denninger*, in: Lisken/Denninger, Hdb. D. PolR, E Rn. 31, der auf die in Verbindung mit dem Begriff Gefahrenvorsorge notwendige Unterscheidung zwischen Gefahrenabwehr einerseits und der nicht zum polizeilichen Aufgabenbereich gehörenden Wohlfahrtspflege andererseits hinweist.

92 Vgl. dazu *E. Denninger*, CR 1988, S. 51 (53); *K. Habermehl*, POR, Rn. 85; *F. Ossenbühl*, NVwZ 1986, S. 161 (162); *E. Rasch*, Allg. POR, in: C.H. Ule, Verwaltungsgesetze des Bundes und der Länder, Bd. III, Erster Halbband, § 1 ME Rn. 24.

obliegenden Aufgabe. Denn auch sie dient letztlich der Verhinderung von Schäden[93]. Der Begriff der Gefahrenvorsorge wird vor allem in zwei Bereichen verwandt.

Im technischen Sicherheitsrecht wird mittels der Gefahrenvorsorge die Eingriffsschwelle vorverlagert. Hier bezieht sich die Gefahrenvorsorge auf Sachverhalte, die sich zwar zu Gefahren entwickeln können (Risiko), deren Schadensträchtigkeit im Zeitpunkt des behördlichen Handelns aber (noch) nicht mit der für eine Gefahr begrifflich erforderlichen Wahrscheinlichkeit feststeht[94]. Aufgrund der mit modernen Großtechnologien (z.B. immittierenden Großanlagen) verbundenen Risiken soll eine entsprechende Vorsorge schon unterhalb der Gefahrenschwelle aufgrund entsprechender Spezialvorschriften möglich sein[95].

Der zweite Schwerpunkt der Gefahrenvorsorge liegt im hier vor allem interessierenden Polizeirecht im engeren Sinne.

Werden hier Maßnahmen mit Eingriffsqualität im Vorfeld einer konkreten Gefahrenlage vorgenommen, können sie nicht auf die polizeirechtliche Generalklausel gestützt werden, da diese Norm polizeiliches Handeln nur bei Vorliegen einer im einzelnen Falle bestehenden Gefahr (vgl. § 8 I nrw.PolG) und nur gegenüber Störern (vgl. §§ 4-6 nrw.PolG) zuläßt. Erforderlich sind daher wiederum Spezialermächtigungen[96].

Durch Einfügung neuer Tatbestände in einigen Standardbefugnissen sorgte der Gesetzgeber dementsprechend für die aufgrund des Grundrechtsschutzes erforderlichen[97] Ermächtigungsgrundlagen.

Zu nennen sind dabei die §§ 12 I Nr. 2, 3, 39 I Nr. 4, 5 und 40 I Nr. 4, 5 nrw.PolG, also Vorschriften, die eine Identitätsfeststellung bzw. eine Durchsuchung von Personen oder Sachen an bestimmten gefährlichen oder gefährdeten Orten gegenüber jedermann zulassen[98].

Eine neue wichtige Entwicklung, speziell im Hinblick auf den Katalog der Standardmaßnahmen, begann mit dem Urteil des *BVerfG* vom 15. Dezember 1983 zum Volkszählungsgesetz[99]. In diesem Urteil erkannte das höchste deutsche Gericht das Recht auf informationelle Selbstbestimmung als Teil des allgemeinen Persönlichkeitsrechts nach Art. 2 I i.V.m. Art. 1 I GG an. Diese Rechtsposition

---

93 Vgl. *K. Habermehl*, POR, Rn. 85.

94 *K. Habermehl*, POR, Rn. 86.

95 Vgl. BVerwGE 69, S. 37; *K. Habermehl*, POR, Rn. 86; zum Vorsorgegrundsatz des BImmSchG siehe *G. Feldhaus*, DVBl. 1980, S. 133 ff..

96 Vgl. *K. Habermehl*, POR, Rn. 85.

97 Siehe dazu S. 42 ff.

98 Zu Einzelheiten bezüglich der Tatbestände dieser Vorschriften vgl. die Einzelanalyse unten S. 125 ff.

99 BVerfG, NJW 1984, S. 419 ff.

ermöglicht es dem einzelnen, grundsätzlich selbst über die Preisgabe und Verwendung seiner personenbezogenen Daten zu bestimmen. Eine Einschränkung dieses Rechts soll lediglich im überwiegenden Allgemeininteresse möglich sein, und es bedarf dazu eindeutiger Rechtsgrundlagen, an die, so das *BVerfG*[100], eine Reihe von Anforderungen zu stellen sind[101].

Als Reaktion auf das „Volkszählungsurteil" beauftragte die IMK den Arbeitskreis II „Öffentliche Sicherheit und Ordnung", die Auswirkungen des Urteils auf die bisher praktizierte polizeiliche Informationsverarbeitung zu überprüfen. Der Ausschuß „Recht der Polizei" verfaßte in diesem Zusammenhang Vorschriften zur Ergänzung des ME PolG, die in den Vorentwurf zur Änderung des ME PolG[102] einflossen.

In diesem Zusammenhang ist darauf hinzuweisen, daß es nach dem „Volkszählungsurteil" in Bund und Ländern eine Vielzahl von Gesetzgebungsinitiativen in ganz unterschiedlichen Bereichen gegeben hat und noch gibt, die zum großen Teil auch Auswirkungen auf die polizeiliche Aufgabenwahrnehmung haben. Zu denken ist dabei z.B. an das allgemeine Datenschutzrecht, das Melde-, Paß- und Ausweiswesen, das Recht der Nachrichtendienste, die StPO, das Straßenverkehrsrecht oder das Archivrecht[103].

In Nordrhein-Westfalen wurde das nrw.PolG durch das Gesetz zur Fortentwicklung des Datenschutzes im Bereich der Polizei und der Ordnungsbehörden (GFD Pol) vom 7. Februar 1990[104] um umfangreiche bereichsspezifische Regelungen zur Datenverarbeitung ergänzt, die über § 24 nrw.OBG auch Auswirkungen für die Ordnungsbehörden haben[105]. So wurde der Katalog der polizeilichen Standardmaßnahmen in großem Umfang erweitert, um den durch das Volkszählungsurteil aufgestellten Anforderungen an Eingriffe in das Recht auf informationelle Selbstbestimmung gerecht zu werden[106].

---

100 Vgl. BVerfG, Fn. 99.

101 Vgl. dazu *Riotte/Tegtmeyer*, NWVBl. 1990, S. 145 ff.

102 VE ME PolG i.d.F. v. 12.3.1986 gem. Beschluß der IMK v.18.4.1986; Text und amtliche Begründung bei *Kniesel/Vahle*, VE ME PolG; vgl. dazu *K. Habermehl*, JA 1990, S. 331 (332); *Kniesel/Vahle*, DÖV 1987, S. 953 ff.; *R. Riegel*, DÖV 1990, S. 651 (652); *ders.*, CR 1986, S. 343 (346); *Riotte/Tegtmeyer*, NWVBl. 1990, S. 145 (146).

103 *H. Tegtmeyer*, PolG NRW, Einführung, S. 20.

104 GV.NRW S. 46; vgl. dazu *Kniesel/Vahle*, DÖV 1989, S. 566 ff. und 1990, S. 646 ff.; *H. Tegtmeyer*, NWVBl. 1989, S. 196 ff.

105 Vgl. dazu auch *H. Tegtmeyer*, NWVBl. 1989, S. 196 (198).

106 Vgl. dazu den Gesetzesentwurf (Landesregierung) „Gesetz zur Fortentwicklung des Datenschutzes im Bereich der Polizei und der Ordnungsbehörden (GFDPol)", LT-Dr. 10/3997, A; siehe dort auch die Begründung zu § 8 a, S. 32 f.; vgl. ferner Innenminister *Dr. Schnoor*, LT-Prot. 10/102, S. 9324 B ff.

Die Bekanntmachung der Neufassung des Polizeigesetzes des Landes Nordrhein-Westfalen erfolgte am 24. Februar 1990[107].

In Zusammenhang mit den aufgrund des Volkszählungsurteils eingefügten Vorschriften spielt wiederum der Begriff der Gefahrenvorsorge eine wesentliche Rolle. Die Normen, die die polizeiliche Vorfeldarbeit in Gestalt des umfangreichen Erhebens und Verarbeitens von Daten unter Einsatz von Computern regeln, sind dabei einem Unterfall der Gefahrenvorsorge, nämlich der vorbeugenden Straftatbekämpfung, zuzurechnen[108].

Die letzte Novellierung des nrw.PolG durch Art. 6 des Dritten Gesetzes zur Änderung des Verwaltungsverfahrensgesetzes für das Land Nordrhein-Westfalen und zur Änderung anderer verwaltungsrechtlicher Vorschriften vom 24. November 1992[109] betraf den Bereich der Standardermächtigungen nur am Rande[110].

Es zeigt sich damit in der Entwicklung des Polizeirechts insgesamt eine immer stärkere Tendenz, den Individual- und Grundrechten des einzelnen durch Schaffung spezieller Vorschriften Rechnung zu tragen. Die mittlerweile umfangreiche Normierung von Standardermächtigungen im nrw.PolG und natürlich auch von speziellen Befugnisnormen in anderen Bundes- bzw. Landesgesetzen stellt letztlich die gesetzgeberische Umsetzung verfassungsrechtlicher, insbesondere grundrechtlicher Vorgaben dar.

Bei aller einhelligen Anerkennung der Notwendigkeit des polizeilichen Auftrags zur Gefahrenabwehr wird sich die Polizei allerdings immer wieder einer kritischen Öffentlichkeit ausgesetzt sehen, weil sie als einzige staatliche Institution legitimiert ist, Maßnahmen unter Anwendung unmittelbaren Zwangs durchzusetzen (Gewaltmonopol). Gerade das muß in einer freiheitlich-demokratisch konstituierten Gesellschaftsordnung, die es sich zum Ziel gesetzt hat, divergierende Auffassungen, so heftig sie auch aufeinander stoßen, gewaltfrei und nach demokratischen Grundsätzen auszutragen, Unbehagen hervorrufen[111].

Bei der Auslegung der Standardmaßnahmen muß daher der angesprochene starke Grundrechtsbezug stets im Auge behalten werden, d.h. auch bei der Frage, inwieweit zumindest einige Standardmaßnahmen bereits selbst Vollzugselemente (also auch unter Umständen die Befugnis zur Anwendung unmittelbaren Zwangs)

---

107 GV.NRW S. 70.

108 Vgl. *K. Habermehl*, POR, Rn. 87; siehe auch VG Frankfurt, DVR 1984, S. 273 (281); *M. Soiné*, DÖV 2000, S. 173 ff.; § 1 I 2 nrw.PolG zählt die Vorsorge für die Verfolgung künftiger Straftaten explizit zu den polizeilichen Aufgaben der Gefahrenabwehr; in diesem Sinne auch § 1 IV hess.SOG.

109 GV.NRW S. 446.

110 Vgl. etwa § 37 II nrw.PolG.

111 *Hillmann/Fritz*, POR, in: K. H. Friauf, HÖV, Bd. 2, Rn. 24.

beinhalten, muß die besondere zusätzliche Eingriffsintensität, die mit einem solchen Aspekt verbunden ist, berücksichtigt werden.

Wenn sich die vorliegende Untersuchung mit den polizeirechtlichen Standardmaßnahmen und deren Ermächtigungsumfang beschäftigt, so bedarf es schließlich in Zusammenhang mit entstehungsgeschichtlichen Erörterungen zwangsläufig der Darstellung einer alten verwaltungsrechtsdogmatischen Fragestellung, die die unauflösliche Verknüpfung zwischen der Rechtsnatur der Standardmaßnahmen und eben ihrem Ermächtigungsumfang betrifft. Dabei geht es darum, inwieweit in einer tatsächlichen polizeilichen Maßnahme konkludent das Gebot an den betroffenen Bürger enthalten ist, das polizeiliche Vorgehen zu dulden, ob also in der Maßnahme ein Verwaltungsakt zu sehen ist. Ohne die Klärung dieser Frage läßt sich auch die Frage nach Vollzugselementen, insbesondere bei den Standardmaßnahmen im engeren Sinne, nicht umfassend beantworten. Deutlich wird dies etwa am Beispiel einer Wohnungsdurchsuchung gemäß § 41 nrw.PolG. Betritt und durchsucht die Polizei die Wohnung eines Bürgers, so gilt es zu klären, ob sie dabei einen auf Duldung der Maßnahmen gerichteten Verwaltungsakt vollstreckt, oder ob sie lediglich die von der Standardermächtigung unmittelbar umfaßte Befugnis zum tatsächlichen Betreten und Durchsuchen umsetzt.

Allgemein reicht die Vorstellung von einer zugrundeliegenden (konkludenten) Duldungsverfügung und einer damit korrespondierenden Duldungspflicht bei tatsächlichem polizeilichen Handeln wie beim Einsatz von Zwangsmitteln, insbesondere bei Anwendung unmittelbaren Zwangs oder bei Vornahme eben jener Standardmaßnahmen im engeren Sinne historisch weit zurück[112].

Was bestimmte Eingriffe tatsächlicher Art zu Verwaltungsakten mache, so heißt es im Lehrbuch von *Walter Jellinek* aus dem Jahre 1931, sei „der in ihnen steckende Duldungsbefehl der Verwaltungsbehörde, den tatsächlichen Eingriff über sich ergehen zu lassen“[113].

Diese Sichtweise wurde unter anderem von *Ernst Forsthoff* auch nach 1949 noch in der modernen Verwaltungsrechtslehre aufrechterhalten[114].

Diese Konstruktion einer Duldungspflicht läßt sich aus einem früheren praktischen Bedürfnis heraus erklären. Nach den §§ 127 ff. PrLVG aus dem Jahre 1883[115] konnte man sich gerichtlich nur gegen polizeiliche Verfügungen, also

---

112 Vgl. dazu *F. Rachor*, in: Lisken/Denninger, Hdb. d. PolR, F Rn. 37 f.

113 *W. Jellinek*, VerwR, § 11 S. 258.

114 *E. Forsthoff*, Lehrbuch d. VerwR, Bd. I, 10. Auflage 1973, § 11 S. 199; kritisch dazu *Kopp/Ramsauer*, VwVfG, § 35 Rn. 24.

115 Pr.GS S. 195.

gegen Verwaltungsakte, zur Wehr setzen. Gegen tatsächliches Verwaltungshandeln, d.h. gegen polizeiliche Realakte, wurde kein Rechtsschutz gewährt[116].

Andererseits war durchaus das Bewußtsein vorhanden, daß auch und gerade tatsächliche Handlungen, wie etwa die Anwendung unmittelbaren Zwangs, Grundrechtseingriffe gegenüber dem Bürger beinhalten[117].

Um daher dem Betroffenen auch gegenüber derartigen Maßnahmen gerichtlichen Schutz zukommen zu lassen, konstruierte man die sogenannten Duldungsverfügungen, um auf diese Weise von einem gerichtlich überprüfbaren Verwaltungsakt ausgehen zu können[118]. Diesen Gedanken brachte Otto Mayer trefflich mit den Worten „Der anzufechtende Verwaltungsakt wird nötigenfalls erdichtet'" zum Ausdruck[119].

Inwieweit sich aus heutiger Sicht die Konstruktion von Duldungsverfügungen bei tatsächlichem polizeilichen Handeln als notwendig erweist, ist später, in Zusammenhang mit der für die Untersuchung zentralen Frage nach Vollzugselementen bei den Standardmaßnahmen im engeren Sinne, zu klären[120].

III. Verhältnis der Standardmaßnahmen zur polizeirechtlichen Generalklausel

Bei der Wahrnehmung ihrer Gefahrenabwehraufgaben sind die zuständigen Behörden vorrangig auf spezielle Rechtsgrundlagen[121] verwiesen[122]. Aufgrund der Unmöglichkeit, sämtliche denkbaren Maßnahmen der Gefahrenabwehr im einzelnen zu normieren, bedarf es einer Generalklausel, um der Polizei oder den Ordnungsbehörden die Befugnis einzuräumen, jeder Gefahrenlage durch Vornahme auch von nichtstandardisierten (atypischen) Maßnahmen entgegenwirken zu können. Nur so ist eine umfassende Wahrnehmung der Gefahrenabwehraufgaben durch die jeweiligen Behörden gewährleistet. In der Lebenswirklichkeit gibt es unzählige Gefahrensituationen, die nach Abwehrmaßnahmen verlangen, ohne

---

116 Vgl. dazu *O. Mayer*, Dt. VerwR, Erster Band, § 9 S. 97, Fn. 9.

117 Siehe *R. Pietzner*, VerwArch 82 (1991), S. 291 (298).

118 Vgl. dazu Pr.OVGE 58, S. 264 (265); 79, S. 400 (405); in diesem Sinne auch *L. v. Köhler*, Grundlehren des dt. VerwR, 1935, S. 368: „Für den Rechtsschutz ist es wichtig, daß die Anwendung des sofortigen Zwangs die Erlassung und Bekanntgabe einer polizeilichen Verfügung sowie die Androhung des Zwangsvollzugs vertritt und ersetzt." *R. Pietzner*, VerwArch 82 (1991), S. 291 (298) spricht in diesem Zusammenhang von einer implizierten polizeilichen Anordnung.

119 *O. Mayer*, Dt. VerwR, Erster Band, § 9 S. 97, Fn. 9.

120 Siehe S. 95 ff.

121 Sondergesetzliche Ermächtigungen, Standardbefugnisse nach Polizei- und Ordnungsrecht.

122 *K. Habermehl*, POR, Rn. 113; *F. Schoch*, JuS 1994, S. 570.

daß solche speziell für die im konkreten Fall gegebene Konstellation vorgesehen wären. Da das eigentlich schon recht umfassende System von Einzelermächtigungen nicht in der Lage ist, den zukünftigen Gefahren Rechnung zu tragen, andererseits die mit einem Rechtseingriff verbundenen Gefahrenabwehrmaßnahmen wegen des Vorbehalts des Gesetzes einer Ermächtigungsgrundlage bedürfen, steht die Notwendigkeit einer generalklauselartigen Eingriffsbefugnis für die Polizei- und Ordnungsbehörden außer Frage[123].

In Nordrhein-Westfalen ist diese Generalklausel für die Ordnungsbehörden in § 14 I nrw.OBG, für die Polizei in § 8 I nrw.PolG normiert. Entsprechend ihrem Charakter als Generalklausel weisen diese Vorschriften auf Tatbestandsseite unbestimmte Rechtsbegriffe auf, die eine erschöpfende Erfassung aller rechtserheblichen Gefahrensituationen gewährleisten. Auf Rechtsfolgenseite räumen sie der jeweiligen Behörde Ermessen hinsichtlich der Entscheidung ein, welche Maßnahme im konkreten Fall zu ergreifen ist (Auswahlermessen)[124].

Was nun das Verhältnis zu den Standardbefugnissen betrifft, so stellen letztere abschließende Regelungen dar, die den Rückgriff auf die Generalklausel auch und gerade dann ausschließen, wenn im konkreten Fall die Voraussetzungen für ein Vorgehen nach der Standardbefugnis nicht erfüllt sind[125]. Dies ist insofern von Bedeutung, als die speziellen Befugnisnormen im Vergleich zur Generalklausel vielfach engere Eingriffsvoraussetzungen aufweisen, vor allem gesteigerte Anforderungen an die Gefahr stellen (z.B. „gegenwärtige", „dringende", „gemeine" Gefahr)[126].

Die sondergesetzlichen Eingriffsbefugnisse und die Standardbefugnisse besitzen dementsprechend gegenüber der Generalklausel einen Anwendungsvorrang. Umgekehrt bedeutet dies, daß die Generalklausel nur subsidiär anwendbar ist[127].

Die Generalklausel kann dabei wegen abschließender spezialgesetzlicher Regelungen völlig verdrängt sein. Denkbar ist aber auch, daß Spezialgesetze den Rückgriff auf die Generalklausel nicht ausnahmslos ausschließen. Außerdem

---

123 *K. H. Friauf*, POR, in: E. Schmidt-Aßmann, Bes. VerwR, Rn. 25; *F. Schoch*, JuS 1994, S. 479 (485).

124 Vgl. dazu *F. Schoch*, JuS 1994, S. 570.

125 *R. Riegel*, POR in der BRD, S. 120; *Schmidbauer/Steiner/Roese*, Bay. PAG, Art. 11 Rn. 2; *F. Schoch*, JuS 1994, S. 479 (483); *Selmer/Gersdorf*, Verwaltungsvollstreckungsverfahren, S. 26 f.; *H. Tegtmeyer*, PolG NRW, § 8 Rn. 2.

126 *K. H. Friauf*, POR, in: E. Schmidt-Aßmann, Bes. VerwR, Rn. 27; *F. Schoch*, JuS 1994, S. 479 (483).

127 *F.-L. Knemeyer*, Polizei- und Sicherheitsrecht, in: Berg/Knemeyer/Papier/Steiner, StVwR in Bay., Rn. 36; *Kohl/Schenk*, PolR, in: R. Stober, Hdb. d. sächs. StVwR, Rn. 27, 59; *Schmidbauer/Steiner/Roese*, Bay. PAG, Art. 11 Rn. 2; *F. Schoch*, JuS 1994, S. 479 (485); siehe auch *P. J. Tettinger*, Bes. VerwR/1, Rn. 298; *Wolff/Bachof*, VerwR III, § 125 Rn. 1.

kann die Generalermächtigung für einen –„zerlegbaren“- einheitlichen Lebensvorgang neben Spezialermächtigungen subsidiär zur Anwendung kommen[128].

Letztere Konstellation kann für die der Arbeit zugrundeliegende Problemstellung insbesondere dann relevant werden, wenn nach sogenannten Begleitverfügungen im Zusammenhang mit Maßnahmen auf der Grundlage der Standardermächtigungen gefragt wird[129].

C. Begriff des Vollzugselementes

Um die dieser Untersuchung zugrundeliegende Fragestellung genau nachvollziehen zu können, ist es schließlich notwendig, den Begriff des Vollzugselementes einzuordnen und zu konkretisieren.

Zunächst untechnisch formuliert läßt sich „Vollzug“ als die Vornahme oder Durchführung einer beliebigen Handlung zur Erreichung eines bestimmten Ziels/Zwecks umschreiben.

Begibt man sich sodann auf das juristische Arbeitsfeld, taucht der Begriff Vollzug in vielen Variationen auf, man denke etwa an Begriffe wie Strafvollzug, Sofortvollzug, sofortige Vollziehbarkeit, Vollzugshilfe etc.

Bei der Frage, inwieweit den einzelnen Standardmaßnahmen des nrw.PolG Vollzugselemente immanent sind, erfolgt primär eine Assoziation mit dem Bereich des Vollstreckungsrechts und der dort gebräuchlichen Terminologie.

I. Vollzug im vollstreckungsrechtlichen Sinne (Vollzug im engeren Sinne)

Den Ablauf für das polizeiliche Vollstreckungsverfahren regeln in Nordrhein-Westfalen die §§ 50 ff. nrw.PolG.

Zunächst mündet polizeiliches Handeln als Verwaltungsverfahren in eine polizeiliche Verordnung oder Verfügung. Damit geht die Rechtsordnung grundsätzlich von einer zweistufigen Beseitigung polizeirechtswidriger Zustände aus:

Zunächst erfolgt der Erlaß einer Verfügung an den Verpflichteten, die einen Ge- oder Verbotsinhalt aufweist; sodann soll die gebotene Handlung vom Pflichtigen selbst ausgeführt werden[130].

---

128 *F. Schoch*, JuS 1994, S. 479 (485).

129 Vgl. dazu später S. 101.

130 *C. Gusy*, JA 1990, S. 296 mit Hinweis darauf, daß in Fällen, in welchen die Polizei die Gefahr durch eigene Vollzugskräfte unmittelbar zu beseitigen habe, weil entweder kein Verantwortlicher vorhanden oder weil dessen Inanspruchnahme unzulässig sei, diese Zweispurigkeit entfalle.

Das Vollstreckungsrecht befaßt sich nun damit, was zu geschehen hat, wenn der Verpflichtete das von ihm geforderte Verhalten nicht umsetzt. In solchen Fällen sind die zuständigen Behörden unter bestimmten Voraussetzungen berechtigt, die geforderte Maßnahme an seiner Stelle durchzuführen oder aber ihn zu zwingen, die Verfügung zu befolgen. Solcher Verwaltungszwang ist deshalb unverzichtbar, weil eine Vielzahl polizeilicher Verfügungen belastender Art ist und daher ohne bzw. gar gegen den Willen des Betroffenen ergeht. Der Verwaltungszwang soll den rechtlich zulässigen Erfolg, der durch die Polizei angeordnet werden kann, auch tatsächlich herbeiführen[131].

Diese Durchsetzung von vorangegangenen polizeilichen Verfügungen durch Einsatz von Verwaltungszwang (Ersatzvornahme[132], Zwangsgeld[133], unmittelbarer Zwang[134]) soll im folgenden als Vollzug im engeren Sinne verstanden werden, wobei Maßnahmen des Sofortvollzuges nach § 50 II nrw.PolG miteinbezogen sind.

II. Vollzug im weiteren Sinne

Unter Vollzug im weiteren Sinne soll demgegenüber die Vornahme von Tathandlungen zum Zwecke der Gefahrenabwehr durch die Polizei verstanden werden, ohne daß es dabei zur Anwendung von Verwaltungszwang kommt, der dem zuvor dargestellten Vollzug im engeren Sinne unterfällt. Die Formulierung „im weiteren Sinne“ sollte allerdings nicht zu der Annahme verleiten, es gehe hier um ein wesentlich breiteres polizeiliches Handlungsspektrum. Durch diese Terminologie soll lediglich die Abgrenzung zum polizeilichen Vollstreckungsverfahren zum Ausdruck gebracht werden.

Andererseits läßt sich der Vollzug im weiteren Sinne von dem im engeren Sinne nicht immer ohne weiteres trennen. Zu einer Überschneidung kommt es jedenfalls dann, wenn eine Vorschrift die Polizei zu Maßnahmen ermächtigt, die sowohl als Tathandlungen zu bewerten als auch mit der Anwendung von Zwang verbunden sind.

---

131 *C. Gusy*, JA 1990, S. 296.
132 Siehe §§ 51 I Nr. 1, 52 nrw.PolG.
133 Siehe §§ 51 I Nr. 2, 53 nrw.PolG.
134 Siehe §§ 51 I Nr. 3, 55 nrw.PolG.

Beide Begriffe, nämlich „Vollzugselemente im engeren Sinne“ und „Vollzugselemente im weiteren Sinne“, sind für die dieser Untersuchung zugrundeliegende Problematik von zentraler Bedeutung.

Unter ihrer Berücksichtigung gilt es, die Verbindung zu den bereits oben angesprochenen Grundsatzfragen[135] herzustellen. Es ist also zu klären, ob gewisse Standardmaßnahmen Vollzugselemente im weiteren Sinne beinhalten, d.h., ob sie der Polizei das Recht zur Vornahme eigener Tathandlungen einräumen, und ob darüber hinaus bestimmten Standardermächtigungen Vollzugselemente im engeren Sinne immanent sind, d.h., ob sie der Polizei sogar unmittelbar das Recht zur Zwangsanwendung einräumen.

D. Praktische und dogmatische Relevanz der Problemstellung

Anknüpfend an die zuvor getroffenen Feststellungen werden im folgenden die Bereiche im nordrhein-westfälischen Polizeirecht aufgezeigt, in denen sich, abhängig von der Reichweite des Ermächtigungsumfangs bei den Standardmaßnahmen, besondere Auswirkungen ergeben können.

So kann es, je nach dem, wie weit man den Ermächtigungsrahmen einzelner Standardbefugnisse steckt, zu einer Überschneidung mit dem Anwendungsbereich der Vorschriften über die Zulässigkeit von Verwaltungszwang gemäß §§ 50 ff. nrw.PolG kommen, so daß es insoweit einer systematischen Abgrenzung bedarf[136].

Praktische Relevanz erlangt die Frage nach immanenten Vollzugselementen unter Umständen auch vor dem Hintergrund der Kostenerstattung für polizeiliche Maßnahmen, wobei es auch hierbei letztlich um die zuvor angesprochene Abgrenzung des Ermächtigungsumfangs der Standardmaßnahmen von den Vorschriften der §§ 50 ff. nrw.PolG geht[137].

Schließlich hat die Klärung der Ausgangsfragen möglicherweise Auswirkungen auf das Verständnis hinsichtlich der Rechtsnatur der auf die §§ 9 ff. nrw.PolG gestützten Maßnahmen, wobei die Klärung der Rechtsnatur von Gefahrenabwehrmaßnahmen ohnehin ein insbesondere die polizeirechtliche Dogmatik prägendes Problem darstellt[138].

---

135 Vgl. oben S. 38.
136 Siehe dazu sogleich S. 61 ff.
137 Vgl. diesbezüglich S. 68 ff.
138 Siehe insoweit S. 72 ff.; ausführlich dazu unten S. 107 ff.

I. Bedeutung für das Verwaltungsvollstreckungsverfahren

Angesichts der Frage, inwieweit bestimmten Standardmaßnahmen im nrw.PolG Vollzugselemente immanent sind, ergibt sich wohl an erster Stelle ein Zusammenhang mit dem in §§ 50 ff. nrw.PolG geregelten Verfahren. Einige Anmerkungen zum allgemeinen Ablauf des Vollstreckungsverfahrens im Polizeirecht wurden bereits zuvor gemacht[139].

Bei den Auswirkungen in diesem Bereich muß sodann unterschieden werden zwischen dem Verfahren nach § 50 I nrw.PolG und dem nach § 50 II nrw.PolG.

1. Verfahren nach § 50 I nrw.PolG

In § 50 I sind die Zulässigkeitsvoraussetzungen des sogenannten „gestreckten" Vollstreckungsverfahrens für die nordrhein-westfälischen Polizeibehörden festgelegt.

Danach kann ein Verwaltungsakt, der auf eine Handlung, ein Dulden oder ein Unterlassen gerichtet ist, dann durchgesetzt werden, wenn er unanfechtbar ist oder wenn ein Rechtsmittel keine aufschiebende Wirkung hat.

Es muß also zunächst ein wirksamer, d.h. nicht nichtiger Verwaltungsakt[140] als Vollstreckungstitel vorliegen, der auch einen vollstreckbaren Inhalt in Form eines hinreichend bestimmten Ge- oder Verbots aufweist, also auf die Vornahme einer Handlung, Duldung oder Unterlassung gerichtet ist[141].

Der Verwaltungsakt ist unanfechtbar, wenn er mit förmlichen Rechtsmitteln nicht mehr angegriffen werden kann. Zu diesen Rechtsmitteln gehören der Widerspruch nach §§ 68 ff. VwGO[142] und die Anfechtungsklage gemäß §§ 42, 74 ff. VwGO sowie die Berufung gemäß § 124 ff. VwGO und die Revision nach §§ 132 ff. VwGO. Es müssen entweder die Fristen für die Einlegung der Rechtsmittel verstrichen sein oder nicht mehr anfechtbare Entscheidungen bezüglich der Wirksamkeit des Verwaltungsaktes vorliegen[143].

---

139 Siehe oben S. 58 ff.

140 Vgl. § 43 III VwVfG i.d.F. d. Bek. v. 21.9.1998 (BGBl. I S. 3050) bzw. § 43 III nrw.VwVfG i.d.F. d. Bek. v. 12.11.1999 (GV.NRW S. 602/SGV.NRW 2010); zu den Begriffen „Rechtswirksamkeit" bzw. „Nichtigkeit" eines Verwaltungsaktes vgl. *F. E. Schnapp*, DVBl. 2000, S. 247 ff.; *Schnapp/Henkenötter*, JuS 1998, S. 525 (525 f.); *Schnapp/Cordewener*, JuS 1999, S. 39 (40 f.).

141 Vgl. *T. Dünchheim*, VR 1994, S. 123 (124); *C. Gusy*, JA 1990, S. 296; ders., PolR, Rn. 350; *Kohl/Schenk*, PolR, in: R. Stober, Hdb. d. sächs. StVwR, Rn. 152; *F. Schoch*, JuS 1995, S. 307 (309); *H. Tegtmeyer*, PolG NRW, § 50 Rn. 2.

142 VwGO i.d.F. d. Bek. v. 19.3.1991 (BGBl. I S. 686), zul. geänd. d. Ges. v. 3.5.2000 (BGBl. I S. 632).

143 Vgl. *H. Tegtmeyer*, PolG NRW, § 50 Rn. 4; siehe auch *Engelhardt/App*, VwVG/VwZG, § 6 VwVG Rn. 76 ff.; *F. Schoch*, JuS 1995, S. 307 (309) mit ausführlicher

Auch wenn der Verwaltungsakt noch anfechtbar ist, kann er zwangsweise durchgesetzt werden, wenn Rechtsmittel keine aufschiebende Wirkung haben. Grundsätzlich haben sowohl Widerspruch als auch Anfechtungsklage aufschiebende Wirkung. Einen Ausnahmekatalog enthält jedoch insoweit § 80 II VwGO, wobei für das Handeln der Polizei vor allem § 80 II Nr. 2 VwGO von Bedeutung ist. Danach entfällt die aufschiebende Wirkung bei unaufschiebbaren Anordnungen und Maßnahmen von Polizeivollzugsbeamten[144].

2. Verfahren nach § 50 II nrw.PolG

In § 50 II nrw.PolG ist der sogenannte Sofortvollzug geregelt.

Von dem zuvor dargestellten „gestreckten" Verfahren kann abgewichen werden, insbesondere um dem im Einzelfall bestehenden Bedürfnis nach einer beschleunigten Herbeiführung des Gefahrenabwehrerfolges zu entsprechen. Manche Gefahrensituationen erfordern ein behördliches Einschreiten, ohne daß zuvor eine entsprechende Verfügung gegen einen Pflichtigen erlassen wird.

Hierbei kann es sich z.B. handeln:

- um Fälle mit einem an sich vorhandenen, aber derzeit unbekannten (oder nicht rechtzeitig erreichbaren) Pflichtigen;
- um Fälle höchster Dringlichkeit, bei denen sich eine Verfügung gegenüber dem an sich erreichbaren Pflichtigen aus Zeitgründen verbietet;
- um Situationen, in denen eine Verfügung erfolglos bleiben müßte oder den Gefahrenabwehrerfolg sogar vereiteln könnte[145].

Die terminologische Vielfalt und Unsicherheit bei der Erfassung dieser Fälle ist groß[146].

Der Gesetzgeber versucht - im Bund und in den Ländern unterschiedlich -, diese Fälle entweder mit Hilfe zweier Normierungen zu bewältigen (vergleichbar mit den beiden Regelungen über die unmittelbare Ausführung und den sofortigen Vollzug in §§ 5 a und 28 II ME)[147] oder er begnügt sich mit einer der beiden

---

Darstellung der weiteren Rechtmäßigkeitsvoraussetzungen für das „gestreckte Verfahren".

144 Vgl. dazu *H. Tegtmeyer*, PolG NRW, § 50 Rn. 5, 6; siehe auch *C. Gusy*, JA 1990, S. 296; ders., PolR, Rn. 350; *G. Sadler*, VwVG, § 6 Rn. 77.

145 *A. Schmitt-Kammler*, NWVBl. 1989, S. 389.

146 *A. Schmitt-Kammler*, NWVBl. 1989, S. 389.

147 Vgl. Art. 9 bzw. 53 II bay.PAG; §§ 8 bzw. 47 II hess.SOG; §§ 6 bzw. 50 II rp.POG; §§ 9 bzw. 53 II s.anh.SOG; §§ 9 bzw. 51 II thür.PAG.

Normierungen, indem also entweder die unmittelbare Ausführung[148] oder der sofortige Vollzug[149] geregelt wird.

Bestehen zwei Regelungen, zum einen über die unmittelbare Ausführung, zum anderen über den sofortigen Vollzug, so wird die Auffassung vertreten, daß erstere die Fallgruppen erfasse, in denen ein Pflichtiger noch nicht bekannt oder nicht erreichbar, also abwesend sei, oder ein entgegenstehender Wille zunächst nicht festgestellt werden könne, die zweitgenannte die Fälle, in denen der Pflichtige zwar anwesend sei, der Erlaß einer vorhergehenden Verfügung aber den Gefahrenabwehrerfolg verhindern bzw. beeinträchtigen könnte[150].

Die in diesem Zusammenhang bestehenden Diskussionen hinsichtlich der Notwendigkeit für zwei Normierungen zur Erfassung der genannten Konstellationen, hinsichtlich der Möglichkeit einer trennscharfen Unterscheidung zwischen unmittelbarer Ausführung und sofortigem Vollzug und hinsichtlich der Frage, ob der Sofortvollzug überhaupt systematisch zum Vollstreckungsrecht gehört, sind nicht Thema dieser Arbeit und sollen daher hier auch nicht weiter vertieft werden[151].

Existiert, wie in Nordrhein-Westfalen, lediglich eine Regelung über den Sofortvollzug im Abschnitt über das Vollstreckungsrecht, so erfaßt diese jedenfalls sämtliche oben aufgeführte Konstellationen[152]. Zur Begründung wird in diesem Zusammenhang angeführt, daß, wenn sogar eine zwangsweise Durchsetzung (bei Anwesenheit des Betroffenen) zulässig wäre, eine tatsächliche Ausführung ohne Beugung eines entgegenstehenden Willens (bei Abwesenheit des Betroffenen) um so eher zulässig sein müsse[153]. Dem liegt der sogenannte weite Vollstrek-

---

148 Vgl. § 19 BGSG; § 8 bw.PolG; § 15 berl.ASOG; § 7 hamb.SOG; § 6 sächs.PolG.

149 Vgl. § 53 II brand.PolG; § 80 II mv.SOG; § 64 II Nr. 1 nds.GefAG; § 55 II nrw.PolG; § 44 II saarl.PolG; § 229 II sh.LVwG.

150 *K. Habermehl*, POR, Rn. 737; *Würtenberger/Görs*, JuS 1981, S. 596 (598); anders aber z.B. *A. Schmitt-Kammler*, NWVBl. 1989, S. 389 (395), der in § 5 a ME eine „überflüssige ‚Zweit'-Normierung" sieht; *P. J. Tettinger*, Bes. VerwR/1, Rn. 477 hält eine gesonderte Regelung der unmittelbaren Ausführung ebenfalls für „verzichtbar"; im gleichen Sinne: *V. Götz*, Allg. POR, Rn. 417; *M. Oldiges*, JuS 1989, S. 616 (619); ähnlich auch *R. Riegel*, POR in der BRD, S. 100.

151 Vgl. zu diesen Themenkreisen u.a.: BVerwG, DÖV 1981, S. 798; VGH München, BayVBl. 1991, S. 433 (434 f.); *J. Dietlein*, NWVBl. 1991, S. 81 ff.; *V. Götz*, Allg. POR, Rn. 416 ff.; *D. Kugelmann*, DÖV 1997, S. 153 (156 ff.); *M. Oldiges*, JuS 1989, S. 616 (618 ff.); *R. Pietzner*, VerwArch 84 (1993), S. 261 (264, siehe dort insbesondere Fn. 12); *E. Rasch*, DVBl. 1992, S. 207 (209 f.); *H.-H. Schild*, NVwZ 1985, S. 170 ff.; *A. Schmitt-Kammler*, NWVBl. 1989, S. 389 ff.; *Würtenberger/Görs*, JuS 1981, S. 596 (598).

152 *K. Habermehl*, POR, Rn. 738.

153 *K. Habermehl*, POR, Rn. 738; im Ergebnis ebenso *Grünning/ Möller*, VR 1984, S. 156 (158).

kungsbegriff zugrunde[154], d.h. die Beugung eines aktuell entgegenstehenden Willens ist nicht mehr notwendiges Begriffsmerkmal für den Bereich des Vollstreckungsrechts[155].

In den Bundesländern, in denen demgegenüber nur die unmittelbare Ausführung normiert ist, müssen ebenfalls beide Konstellationen auf diese eine Vorschrift gestützt werden[156].

Maßstab in Nordrhein-Westfalen ist nun die Vorschrift des § 50 II nrw.PolG. Diese Bestimmung knüpft ein Vorgehen der Polizei im Wege des Sofortvollzuges an enge Voraussetzungen.

Die Polizei muß zunächst innerhalb ihrer Befugnisse handeln. Konkret bedeutet dies, daß gegen den Betroffenen im Zeitpunkt der Zwangsmaßnahme eine Grundverfügung rechtlich zulässig sein müßte. Es müssen also alle Voraussetzungen vorliegen, die die Polizei berechtigen würden, eine Verfügung gegen denjenigen zu erlassen, gegen den vollstreckt wird. Es kommt darauf an, ob ein Verwaltungsakt gegen den Betroffenen formell und materiell zulässig wäre („hypothetische Grundverfügung")[157].

Ferner muß der Sofortvollzug „zur Abwehr einer gegenwärtigen Gefahr notwendig" sein.

Mit dem Begriff „gegenwärtig" wird die gesteigerte Anforderung an die zeitliche Nähe der Gefahr zum Ausdruck gebracht. Es handelt sich um eine konkrete Gefahr mit zeitlicher Steigerung. Sie liegt vor, wenn der Eintritt des Schadens mit an Sicherheit grenzender Wahrscheinlichkeit jederzeit zu erwarten ist. Das schadenstiftende Ereignis muß also unmittelbar bevorstehen oder bereits begonnen haben[158].

Zur Abwehr einer gegenwärtigen Gefahr muß das Vorgehen im Wege des Sofortvollzuges auch „notwendig" sein.

Das Vorliegen einer Gefahr allein genügt nicht, wenn deren Beseitigung auch bei Durchführung des „gestreckten" Verfahrens gewährleistet ist. Die Notwendigkeit muß sich gerade auf die Abwehr der Gefahr im Verfahren des Sofortvollzuges beziehen. Das Merkmal der Notwendigkeit ist demnach nur bei dringender Gefahr oder Gefahr im Verzuge erfüllt, wenn die Einhaltung des „gestreckten" Verfahrens den Erfolg der Gefahrenabwehr beeinträchtigen oder verhindern

---

154 Vgl. zu diesem Terminus *K. Habermehl*, POR, Rn. 738.

155 So im Ergebnis OVG Münster, DVBl. 1975, S. 588 f.; a.A. *M. Oldiges*, JuS 1989, S. 616 f.

156 *K. Habermehl*, POR, Rn. 750.

157 *C. Gusy*, JA 1990, S. 296 (297); vgl. auch *Möller/Willhelm*, Allg. POR, S. 124 f.; *H. Wagner*, in: AltKomm, PolG NRW, § 28 Rn. 26.

158 *Kay/Böcking*, PolR NRW, B Rn. 90; *H. Tegtmeyer*, PolG NRW, § 8 Rn. 12; *P. J. Tettinger*, Bes. VerwR/1, Rn. 317.

könnte. Daraus resultiert die Subsidiarität des Sofortvollzuges gegenüber dem „gestreckten" Verfahren[159]. Durch den Begriff „notwendig" wird also letztlich die gesteigerte zeitliche Anforderung an die Gefahr untermauert, unterstützt durch die Formulierung „..., insbesondere weil Maßnahmen gegen Personen nach den §§ 4 bis 6 nicht oder nicht rechtzeitig möglich sind oder keinen Erfolg versprechen..." in § 50 II a.E. nrw.PolG. Letzterer Formulierung kommt dabei allerdings keine eigenständige Bedeutung zu, sondern sie ist vielmehr als Beispiel für die Eilbedürftigkeit zu verstehen[160].

In manchen Fällen treten Gefahrensituationen auf, in denen zwar eine Grundverfügung noch erlassen werden konnte (insoweit also dem „gestreckten" Verfahren entsprechend), anschließend aber eine Lage eintritt, die es nicht mehr erlaubt, im mehrphasigen Verfahren die Durchsetzung der Verfügung zu betreiben. Erforderlich wird vielmehr nun ein gefahrenabwehrendes Handeln der Behörde unter Wegfall aller in Betracht kommender Zwischenstufen (wie etwa der Androhung oder Festsetzung eines anzuwendenden Zwangsmittels), ein behördliches Vorgehen, das meist als „abgekürztes" oder „beschleunigtes" Verfahren bezeichnet wird[161]. Im Wege eines Erst-Recht-Schlusses wird für solche Konstellationen auf die Regelung über den Sofortvollzug verwiesen[162].

Zwar hat der sofortige Vollzug in erster Linie den Fall im Auge, in dem überhaupt keine Grundverfügung vorliegt, er greift jedoch auch dann ein, wenn das „gestreckte" Vollstreckungsverfahren aus einem der anderen Gründe (Wegfall der Androhung oder Festsetzung) scheitert[163].

3. Besonderheiten in Zusammenhang mit der Durchsetzung von Standardmaßnahmen

Die Beantwortung der Frage, ob und inwieweit gewisse Standardermächtigungen die Polizei zur Vornahme von Tathandlungen und darüber hinaus zum Einsatz von Zwangsmitteln ermächtigen, ist zur Bestimmung der normativen Basis für die Durchsetzung bzw. Vollstreckung von Standardmaßnahmen von entscheidender Bedeutung.

---

159 *C. Gusy*, JA 1990, S. 296 (297); vgl. zu diesem Merkmal auch *Kay/Böcking*, PolR NRW, B Rn. 365.

160 *K. Habermehl*, POR, Rn. 767, verbunden mit dem Hinweis, daß durch das Wiederaufgreifen dieser Formulierung, die bei der unmittelbaren Ausführung echtes Tatbestandsmerkmal sei, die begriffliche Abgrenzung des Sofortvollzuges von der unmittelbaren Ausführung verwischt werde, jedenfalls in den Bundesländern, in denen beide Rechtsinstitute geregelt seien.

161 *K. Habermehl*, POR, Rn. 749; *A. Schmitt-Kammler*, NWVBl. 1989, S. 389 (390).

162 *K. Habermehl*, POR, Rn. 749; *A. Schmitt-Kammler*, NWVBl. 1989, S. 389 (396).

163 OVG Münster, NJW 1982, S. 2277; *H. Wüstenbecker*, JA-Übbl. 1987, S. 33 (35).

Bei Anerkennung von Vollzugselementen im engeren Sinne[164] würde bei diesen Maßnahmen ein Rückgriff auf die Zwangsermächtigungsnorm für das „gestreckte" Verfahren nach § 50 I nrw.PolG entbehrlich; die zuvor aufgezeigten erschwerenden Voraussetzungen[165], die diese Vorschrift normiert, wären damit nicht zu beachten. Alleiniger Maßstab für die Zulässigkeit der Zwangsanwendung wäre die jeweilige Standardermächtigung selbst. Ebenso bedürfte es keines Rückgriffs auf die §§ 51 ff. nrw.PolG, eine vorherige, in § 56 nrw.PolG vorgesehene Androhung des konkreten Zwangsmittels etwa wäre ebenfalls nicht erforderlich. Es bliebe allenfalls die Überlegung, ob sich nicht alle oder zumindest ein Teil dieser Voraussetzungen unmittelbar aus dem aus Grundrechten und dem allgemeinen Rechtsstaatsprinzip abgeleiteten Grundsatz der Verhältnismäßigkeit[166], der überdies in § 2 nrw.PolG ausdrücklich normiert ist, ergeben.

Ginge man hingegen bei allen Standardmaßnahmen von einem „regulären" Ablauf aus, d.h. von dem vorhergehenden Erlaß einer auf eine bestimmte Standardermächtigung gestützten Verfügung, gerichtet auf ein Handeln, Dulden oder Unterlassen und einem anschließenden Vollstreckungsverfahren[167], wären die §§ 50 I, 51 ff. nrw.PolG mit all ihren Voraussetzungen anwendbar.

Das zuvor Gesagte läßt sich auch auf die Situation bei Abwesenheit des Störers bzw. auf den Fall besonderer Eilbedürftigkeit übertragen. Stellt man sich auf den Standpunkt, daß gewisse Standardbefugnisse auch die Ermächtigung zum Zwangsmitteleinsatz bzw. zur unmittelbaren Vornahme von Tathandlungen beinhalten, bedarf es insoweit keines Rückgriffs auf die Vorschrift nach § 50 II nrw.PolG. Die besonderen, strengen Anforderungen, die diese Norm für ein Vorgehen im Wege des Sofortvollzuges bzw. für ein sogenanntes „beschleunigtes" Verfahren aufstellt, würden also in Zusammenhang mit der Durchsetzung von Standardmaßnahmen nicht gelten.

Anders verhält es sich wiederum, wenn man in Standardbefugnissen lediglich die Befugnis zum Erlaß von Verfügungen sieht. Für derartig konzipierte Normen greift hinsichtlich des Vollzuges § 50 II nrw.PolG ein, wenn der betroffene Bürger nicht anwesend oder erreichbar ist bzw. eine an ihn zunächst zu richtende

---

164 So etwa, wie später noch näher ausgeführt wird, *A. Schmitt-Kammler*, NWVBl. 1995, S. 166 (169).

165 Siehe dazu *M. Oldiges*, JuS 1989, S. 616 (617).

166 Zum Grundsatz der Verhältnismäßigkeit und dessen Herleitung vgl. BVerfGE 17, S. 306 (313 f.); 19, S. 342 (348 f.); 23, S. 127 (133); 61, S. 126 (134); 86, S. 288 (347); 90, S. 145 (172 f.); *A. Bleckmann*, JuS 1994, S. 177 (178); *M. Sachs*, in: Sachs, GG, Art. 20 Rn. 146 m.w.N.

167 Vgl. für das Betreten einer Wohnung: *C. König*, JA-Übbl. 1993, S. 10 (12); für die Sicherstellung: *D. Ehlers*, JuS 1983, S. 869 (872); *R. Jahn*, JuS 1989, S. 969 (970); *C. Gusy*, PolR, Rn. 238; *G. Nagel*, Probleme der polizeilichen Sicherstellung., S. 23 f., 27, 33 m.w.N. auf S. 22 in Fn. 1 und 3; siehe dazu auch später S. 97 f.

Verfügung den Gefahrenabwehrerfolg vereiteln oder sich aus zeitlichen Gründen verbieten würde[168].

Im Hinblick auf den allgemeinen Anwendungsbereich des § 50 II nrw.PolG ist noch zu beachten, daß, wie bereits angesprochen, zwischen der Situation bei Abwesenheit und der bei Anwesenheit des Pflichtigen zu unterscheiden ist. Wie später zu zeigen sein wird[169], kommt man bei diesen beiden Konstellationen, die an sich beide von der Vorschrift des § 50 II nrw.PolG erfaßt werden, im Bereich der Standardmaßnahmen unter Umständen zu unterschiedlichen Ergebnissen hinsichtlich der Frage nach der richtigen Befugnisnorm: Standardermächtigung oder § 50 II nrw.PolG.

4. Fazit

Es zeigt sich somit insgesamt, daß im Rahmen der polizeilichen Zwangsvollstreckung (§§ 50 ff. nrw.PolG) die Frage, ob und wenn ja, welchen Standardmaßnahmen des nrw.PolG Vollzugselemente immanent sind, eine außerordentliche Bedeutung hat. Es geht dabei um das Verhältnis verschiedener Befugnisnormen untereinander, und zwar um das Verhältnis der Standardmaßnahmen einerseits zu den Vorschriften, die allgemein die Zulässigkeit polizeilicher Zwangsanwendung normieren, andererseits. Die Klärung dieses Verhältnisses hängt dabei von der Beantwortung der beiden oben angesprochenen Grundsatzfragen ab.

Im Falle der Annahme immanenter Vollzugselemente wäre ein Rückgriff auf die Vorschriften der § 50 ff. nrw.PolG bei der Durchsetzung von Maßnahmen, die auf die betreffende Standardermächtigung gestützt werden und die sich im Rahmen der der konkreten Vorschrift immanenten Vollzugselemente bewegen, überflüssig, auch wenn es sich begrifflich um Maßnahmen der Vollstreckung handelt.

Eine Ausnahme gilt allerdings grundsätzlich im Hinblick auf die Anwendung unmittelbaren Zwangs. Zumindest was die Art und Weise der Anwendung dieses Zwangsmittels betrifft, ordnet § 57 I nrw.PolG ausdrücklich die Geltung der §§ 58 ff. nrw.PolG an, und zwar unabhängig davon, ob sich die allgemeine Zulässigkeit der Zwangsanwendung aus § 50 nrw.PolG oder aus anderen Rechtsvorschriften, also möglicherweise auch unmittelbar aus den Standardermächtigungen des nrw.PolG ergibt. Bei Anwendung unmittelbaren Zwangs sind also die Restriktionen der §§ 57 ff. nrw.PolG zu beachten, auch wenn man der Auffassung

168 Zu den einzelnen von § 50 II nrw.PolG erfaßten Konstellationen vgl. bereits oben S. 62; *A. Schmitt-Kammler*, Fn. 145.

169 Vgl. S. 104 f.

zuneigt, daß den Standardermächtigungen selbst bereits eine Befugnis zur Anwendung von Verwaltungszwang immanent ist[170].

II. Auswirkungen auf Kostenfragen

Wenn die Polizei Maßnahmen zur Gefahrenabwehr getroffen hat, so ist sie zum Teil befugt, die dabei entstandenen Kosten von dem pflichtigen Bürger zu verlangen. Im Falle einer Sicherstellung regelt § 46 III 1 nrw.PolG, daß die Kosten den nach §§ 4 oder 5 nrw.PolG Verantwortlichen zur Last fallen. Bei Vorliegen der Voraussetzungen des § 52 I 1 nrw.PolG kann die Polizei eine dem Bürger obliegende Handlung auf dessen Kosten selbst vornehmen bzw. von einem Dritten ausführen lassen.

Eine Legaldefinition des Begriffs „Kosten" enthält die Vorschrift des § 77 I 1 nrw.VwVG[171]. Kosten sind danach Auslagen und Gebühren[172].

Da solche Leistungen nicht zur Abwehr einer Gefahr für die öffentliche Sicherheit und Ordnung erhoben werden, bedarf ihre Erhebung stets einer eigenen gesetzlichen Ermächtigungsgrundlage, die speziell zu der jeweils erhobenen Geldforderung ermächtigt, einen konkreten Tatbestand als Grund der Leistungspflicht normiert und die Leistungspflichtigen bestimmt[173].

In Nordrhein-Westfalen finden sich entsprechende Vorschriften in § 77 nrw.VwVG i.V.m. der nrw.KostO[174]. Diese Vorschriften können Anspruchsgrundlagen jedoch nur für solche Vollstreckungsmaßnahmen sein, die aufgrund des nrw.VwVG getroffen wurden, also etwa für Vollstreckungsmaßnahmen der Ordnungsbehörden in Nordrhein-Westfalen. Eine Kostenerstattung für Maßnahmen der Polizei ist nur bei ausdrücklicher Verweisung des nrw.PolG auf das nrw.VwVG möglich[175]. Eine solche Verweisung existiert in den §§ 46 III 3 und 52 I 2 nrw.PolG, so daß die Kosten der Sicherstellung und der Ersatzvornahme auf den Bürger abgewälzt werden können.

Sinn und Zweck dieser Erstattungspflichten ist es, möglichst zu verhindern, daß die Pflichtigen solche finanziellen Aufwendungen der Allgemeinheit aufbür-

---

170 Vgl. dazu *A. Schmitt-Kammler*, NWVBl. 1995, S. 166 (169).

171 Nrw.VwVG i.d.F. d. Bek. v. 13.5.1980 (GV.NRW S. 510/SGV.NRW 2010), zul. geänd. d. Ges. v. 18.3.1997 (GV.NRW S. 50).

172 Siehe zu diesen Begriffen *C. Gusy*, JA 1990, S. 339; *Wolffgang/ Hendricks/Merz*, POR in NRW, Rn. 664.

173 *C. Gusy*, JA 1990, S. 339.

174 Nrw.KostO v. 12.8.1997 (GV.NRW S. 258/SGV.NRW 2010), zul. geänd. d. VO v. 13.2.1998 (GV.NRW S. 132).

175 *C. Gusy*, JA 1990, S. 339.

den, die sie selbst tragen sollen. Wenn sie nämlich ihre Polizeipflicht erfüllt und die gebotene Handlung selbst vorgenommen hätten, wäre ein Handeln der Vollstreckungsbehörde obsolet gewesen und der Pflichtige hätte die Kosten selbst tragen müssen. Muß aber die Behörde zur Durchsetzung des geforderten Verhaltens tätig werden, so soll dies den polizeipflichtigen Bürger nicht von den wirtschaftlichen Lasten seines eigenen Verhaltens befreien[176].

Die der Untersuchung zugrunde liegende Problematik hat nun eine nicht zu unterschätzende Bedeutung für die soeben dargestellte Kostentragungspflicht. Ginge man nämlich davon aus, daß gewisse Ausführungshandlungen und auch gewisser Zwangseinsatz auf die Standardermächtigungen selbst zu stützen wären, so wäre die Anwendung der §§ 50 ff. nrw.PolG und damit auch die Anwendung etwa des § 52 I 2 nrw.PolG ausgeschlossen[177], womit eine Kostenpflicht des Bürgers in solchen Fällen, jedenfalls auf der Grundlage von § 77 nrw.VwVG i.V.m. der nrw.KostO, entfallen würde. Eine Ausnahme besteht freilich für die Sicherstellung gemäß § 43 nrw. PolG, für die in § 46 III 3 nrw.PolG eigens eine Kostenregelung existiert. Die Bedeutung dieser besonderen Kostenvorschrift wird bei der späteren Analyse des § 43 nrw.PolG im Hinblick auf die Ausgangsfrage noch zu berücksichtigen sein[178].

Bei allen anderen Standardmaßnahmen existiert eine solche Regelung jedenfalls nicht, so daß dann allenfalls die Überlegung bliebe, eine Kostenerstattungspflicht aus einem anderen Rechtsgrund herzuleiten, z.B. gestützt auf eine öffentlich-rechtliche Geschäftsführung ohne Auftrag. Probleme in diesem Zusammenhang ergeben sich jedoch zum einen schon bei der Frage der Anerkennung eines solchen Instituts im öffentlichen Recht, zum anderen im Hinblick auf das Verhältnis zu den ausdrücklichen vorhandenen Kostenvorschriften.

Bezüglich des ersten Problempunktes läßt sich sagen, daß mittlerweile überwiegend anerkannt ist, daß es das Rechtsinstitut der Geschäftsführung ohne Auftrag, sei es in direkter oder analoger Anwendung der §§ 677 ff. BGB[179], sei es als Ausdruck eines allgemeinen Rechtsgedankens, auch im öffentlichen Recht gibt[180].

---

176 *C. Gusy*, JA 1990, S. 339.

177 Vgl. dazu bereits S. 65 f.

178 Vgl. S. 191.

179 BGB v. 18.8.1896 (RGBl. S. 195), zul. geänd. d. Ges. v. 21.12. 2000 (BGBl. I S. 1966).

180 BVerfGE 18, S. 429 (436); BVerwGE 27, S. 314 (318); 32, S. 279 (280); 48, S. 279 (285); BSGE 6, S. 197 (200); 15, S. 56 (57); 15, S. 89 (90); 20, S. 143 (144); OVG Münster, NJW 1986, S. 2526; *H.-J. v. Einem*, NWVBl. 1992, S. 384 (385); *H. U. Erichsen*, in: H. U. Erichsen, Allg. VerwR, § 29 II Rn. 9; *A. Hamann*, NJW 1955, S. 481; *C.-F. Menger*, VerwArch 69 (1978), S. 397 (397 f.); a.A. aber *C. Wollschläger*, Geschäftsführung ohne Auftrag im öffentlichen Recht und Erstattungsanspruch, S. 95; kritisch auch *F. Schoch*, Jura 1994, S. 241 (249).

Anspruchsgrundlage für die Polizei könnten dann die §§ 677, 683, 670 BGB (in direkter oder analoger Anwendung) sein. Ein auf diese Vorschriften gestützter Anspruch gegen den Störer auf Ersatz der Aufwendungen für eine von ihm zu verantwortende Gefahrenabwehr wird allerdings schon vielfach unter Hinweis auf die gesetzliche Regelung des polizeilichen Kostenerstattungsanspruchs bei polizeilicher Ersatzvornahme (vgl. § 52 I 2 nrw.PolG) verworfen. Diese Regelung sei spezieller und dürfe mit ihren engen Voraussetzungen nicht von einem so allgemeinen Rechtsinstitut wie der Geschäftsführung ohne Auftrag unterlaufen werden[181].

Dieser Vorwurf trägt jedoch nicht in den Fällen, in denen spezielle Vorschriften fehlen, wenn die Polizei also etwa nicht im Wege des Verwaltungsvollzuges, sei es im Wege des gestreckten Verfahrens, sei es im Wege des Sofortvollzuges, vorgeht, sondern andere Handlungen auf dem Gebiet der Gefahrenabwehr vornimmt[182]. Genau dies wäre aber der Fall, wenn man Maßnahmen aufgrund der Standardermächtigungen, einschließlich gewisser Zwangsanwendung, etwa in Form der Ersatzvornahme, alleine auf diese Befugnisnormen stützen würde und damit eine Vorschrift wie § 52 I 2 nrw.PolG eben nicht zum Zuge kommen würde. Im Bereich der Standardmaßnahmen fehlt es nämlich, abgesehen von § 46 III 3 nrw.PolG, an speziellen Regelungen zur Kostentragungspflicht, so daß zumindest der Spezialitäts- bzw. Subsidiaritätsgedanke einer Anwendung der §§ 677, 683, 670 BGB nicht im Wege stehen würde.

Gegen eine Kostenerstattung nach diesen Vorschriften erheben sich jedoch noch weitere Bedenken, insbesondere wenn man sich die erforderlichen Voraussetzungen dieser Normen vor Augen hält. § 677 BGB setzt tatbestandlich ein Handeln ohne Auftrag und sonstige Berechtigung voraus.

Die Tätigkeit der öffentlichen Verwaltung wird jedoch im allgemeinen - zumal in ihrem Verhältnis zum Bürger - durch öffentlich-rechtliche Aufgaben- und Befugnisnormen geregelt. Wenn solche Vorschriften, wie im Bereich der Gefahrenabwehr, vorhanden sind, handelt die zuständige Behörde innerhalb ihres gesetzlich festgelegten Tätigkeitskreises, also gerade nicht ohne Auftrag oder sonstige Berechtigung[183]. Würde man zudem im Rechtsinstitut der Geschäftsführung ohne Auftrag eine Handlungsermächtigung der Verwaltung gegenüber dem

---

181 BVerwGE 10, S. 282 (290); OVG Münster, DÖV 1978, S. 59 (60); *H. U. Erichsen*, in: H. U. Erichsen, Allg. VerwR, § 29 II Rn. 14; *K. Habermehl*, Jura 1987, S. 199 (201); *H. Maurer*, JuS 1970, S. 561 (563); *F. Schoch*, Jura 1994, S. 241 (245); *H. Siekmann*, NWVBl. 1996, S. 316 (319); *Grünning/Großmann*, VR 1985, S. 37 (40).

182 *M. Oldiges*, JuS 1989, S. 616 (621).

183 *H. U. Erichsen*, in: H. U. Erichsen, Allg. VerwR, § 29 II Rn. 17; *K. Habermehl*, Jura 1987, S. 199 (204); *H. Maurer*, JuS 1970, S. 561 (563); *M. Oldiges*, JuS 1989, S. 616 (621); *F. Schoch*, Jura 1994, S. 241 (244); *M.-J. Seibert*, JuS 1985, S. 625 (630); zum Bereich des Fürsorgerechts vgl. BVerwGE 18, S. 224.

Bürger sehen, könnten die rechtsstaatlich motivierten Handlungs- und Eingriffsschranken, die der Verwaltung gesetzt sind, unterlaufen werden[184].

Darüber hinaus erscheint fraglich, ob die Behörde bei Wahrnehmung ihrer Gefahrenabwehraufgabe ein fremdes Geschäft i.S.d. § 677 BGB des Bürgers besorgt.

Ob es sich um ein fremdes Geschäft handelt, läßt sich immer dann schwer sagen, wenn die Durchführung gleichzeitig in den Interessen- und Aufgabenbereich von Geschäftsführer und Geschäftsherrn fällt[185]. Im Zivilrecht wird zwar von einem fremden Geschäft auch dann gesprochen, wenn der Geschäftsführer neben den fremden auch eigene Interessen verfolgt (sog. Auch-fremdes-Geschäft)[186]. Zum Teil wird dieser Grundsatz auch auf das öffentliche Recht übertragen, und zwar speziell auf die Situation des Handelns einer Behörde für einen Bürger bzw. für ein Privatrechtssubjekt im Bereich der Gefahrenabwehr[187].

Bedenken dagegen ergeben sich jedoch zunächst schon aus den Besonderheiten öffentlicher Verwaltung. Die Vorschriften über die Geschäftsführung ohne Auftrag sind in Zielsetzung und Begrifflichkeit zugeschnitten auf das freiwillige, von der Privatautonomie beherrschte Handeln der Bürger untereinander[188]. Dadurch soll für Vermögensverschiebungen, die bei freiwilligem Handeln eines Bürgers für einen anderen auftreten, ein Ausgleich ermöglicht werden, der den jeweiligen Interessen beider Seiten gerecht wird. Genau diese Zielsetzung läßt sich jedoch nicht ohne weiteres auf das Handeln der Verwaltung gegenüber dem Bürger übertragen. Behörden können nicht Bürgern gleichgestellt werden, die bei der Wahrnehmung fremder Aufgaben auch eigene Interessen verfolgen. Ihnen sind vielmehr, und zwar auch dann, wenn private Belange des Bürgers betroffen sind, eigene, öffentliche Aufgaben zugewiesen, was letztlich die Besorgung eines gleichzeitig fremden Geschäfts ausschließt[189].

Insgesamt kann somit den Vorschriften über die Geschäftsführung ohne Auftrag keine Anspruchsgrundlage für eine Kostenerstattung bei polizeilichem Handeln entnommen werden, zumindest solange die Polizei sich in dem ihr gesetzlich zugewiesenen Bereich der Gefahrenabwehr betätigt.

---

184 Vgl. *H. U. Erichsen*, in: H. U. Erichsen, Allg. VerwR, § 29 II Rn. 14; *M. Oldiges*, JuS 1989, S. 616 (621).

185 *M. Oldiges*, JuS 1989, S. 616 (621).

186 BGHZ 16, S. 12 (16); 54, S. 157 (160); *H. Berg*, JuS 1975, S. 681 (683 f.); *H. Sprau*, in: Palandt, BGB, § 677 Rn. 6; *D. Rödder*, JuS 1983, S. 930; *E. Schwark*, JuS 1984, S. 321 (325 ff.).

187 BGHZ 40, S. 28 (30 f.); 63, S. 167 (169); 65, S. 354 (357).

188 *W. Schubert*, NJW 1978, S. 687 (688).

189 *M. Oldiges*, JuS 1989, S. 616 (622); vgl. auch *H.-J. v. Einem*, NWVBl. 1992, S. 384 (387); *K. Habermehl*, Jura 1987, S. 199 (204).

Ähnliches muß auch für die Anwendung des allgemeinen öffentlich-rechtlichen Erstattungsanspruchs, ein im Verwaltungsrecht ansonsten ebenfalls anerkanntes Rechtsinstitut, gelten. Unabhängig vom Vorliegen seiner Tatbestandsvoraussetzungen im einzelnen, wäre es äußerst problematisch, wenn man der Polizei über dieses Institut Kostenansprüche zugestehen würde. Bei Nichteingreifen der explizit im nrw.PolG normierten Anspruchsgrundlagen für die Kosten bestimmten polizeilichen Handelns könnten die Kostenansprüche auf der Grundlage dieses Instituts bis ins Uferlose ausgedehnt werden. So macht *Wollschläger* zu recht darauf aufmerksam, daß die Gerichte mit Hilfe genereller Ausgleichsnormen keine neuen Abgabelasten schaffen dürfen[190]. Es sei vielmehr daran festzuhalten, daß die Pflicht zur Erstattung von Kosten nur durch spezielles Gesetz begründet werden könne[191]. Diese Argumentation stützt im übrigen auch noch einmal das bereits zu einem Anspruch aus Geschäftsführung ohne Auftrag gefundene Ergebnis.

Aus dem Vorgenannten ergibt sich damit, daß nur dann, wenn der Vollzug bzw. die Vollstreckung von Standardmaßnahmen auf die §§ 50 ff. nrw.PolG zu stützen ist, der Weg zu einer Kostenerstattung über § 52 I 2 nrw.PolG i.V.m. § 77 nrw.VwVG i.V.m. der nrw.KostO geebnet ist. Sind hingegen alleine die Regelungen der Standardermächtigungen ausschlaggebend, entfällt eine Kostenerstattungspflicht des Bürgers für die damit in Zusammenhang stehenden Maßnahmen, da die Standardbefugnisse, mit Ausnahme des § 43 nrw.PolG, keine entsprechenden Verweisungen besitzen und auch die Rechtsinstitute der Geschäftsführung ohne Auftrag und des öffentlich-rechtlichen Erstattungsanspruchs nicht zum Zuge kommen.

III. Rechtsnatur der Standardmaßnahmen: Verwaltungsakt oder Realakt?

Zu einem äußerst umstrittenen Problemfeld gehört die Frage, welcher Form des Verwaltungshandelns die Standardmaßnahmen des Polizeirechts zuzuordnen sind, und damit korrespondierend die Frage nach ihrer Rechtsnatur.

---

190 *C. Wollschläger*, Geschäftsführung ohne Auftrag im öffentlichen Recht und Erstattungsanspruch, S. 79 f.; siehe auch *H. Maurer*, JuS 1970, S. 561 (563 f.); *F. Rietdorf*, DÖV 1966, S. 253 (255).

191 *C. Wollschläger*, Geschäftsführung ohne Auftrag im öffentlichen Recht und Erstattungsanspruch, S. 80.

1. Vorüberlegung: Erscheinungsformen polizeilichen Handelns

Bevor dieser Frage nachgegangen wird, empfiehlt es sich, allgemein einen Überblick über die Arten polizeilichen und ordnungsbehördlichen[192] Handelns zu geben.

Polizei- und ordnungsbehördliches Handeln ist in seinen Erscheinungsformen und sachlichen Gehalten so vielfältig, daß eine erschöpfende Auflistung nicht möglich ist[193].

Die Standardmaßnahmen ermöglichen zwar eine Erfassung insoweit, als sie das behördliche Handeln, zu dem sie ermächtigen, näher umschreiben: § 43 nrw.PolG ermächtigt z.B. die Polizei dazu, eine Sache unter bestimmten Voraussetzungen *sicherzustellen.* Dadurch wird jedoch noch nicht deutlich gemacht, durch welche konkrete Handlungsweise und in welcher Rechtsform dies zu geschehen hat.

Zumeist wird jedoch im Gefahrenabwehrrecht der unspezifische Begriff „Maßnahme" verwendet. Zwar werden die sich dahinter verbergenden möglichen Verhaltensweisen der Gefahrenabwehrbehörden materiellrechtlich insoweit eingeschränkt bzw. kontrolliert, daß konkrete Eingriffstatbestände umschrieben werden, die Störereigenschaft festgelegt wird und sonstige aus dem Rechtsstaatsprinzip - wie etwa der Verhältnismäßigkeitsgrundsatz[194] - abzuleitende Grundsätze Anwendung finden. Die Frage nach der dogmatischen Einordnung der „Maßnahme" (z.B. tatsächlicher oder rechtlicher Erfolg) läßt sich jedoch dadurch nicht beantworten[195].

Gefahrenabwehrmaßnahmen können in allen Formen des Verwaltungshandelns vorgenommen werden. Dabei reicht das Spektrum vom Verwaltungsakt (insbesondere in Form der sog. polizei- bzw. ordnungsrechtlichen Verfügung, zum Teil aber auch der Erlaubnis) über den Realakt (etwa in Form der tatsächlichen Verrichtung) und den neuen Formen des sog. informellen Verwaltungshandelns (Informationen, Empfehlungen, Warnungen) bis hin zur Rechtsverordnung[196]. Denkbar sind auch durchaus vertragliche Absprachen zwischen Behörde und Bürger auf dem Gebiet der Gefahrenabwehr, so daß auch die

---

192 Die beiden Bereiche des Polizei- und Ordnungsrechts lassen sich in diesem Zusammenhang nicht trennen.

193 *F. Schoch*, JuS 1995, S. 215; Übersicht aber bei *F. Rachor*, in: Lisken/Denninger, Hdb. d. PolR, F Rn. 4 ff.

194 Ein Grundsatz, der in § 2 nrw.PolG noch einmal explizit hervorgehoben wird.

195 *F. Schoch*, JuS 1995, S. 215 f.

196 *F. Schoch*, JuS 1995, S. 215 (216).

Möglichkeit eines öffentlich-rechtlichen Vertrages nach den §§ 54 ff. VwVfG als alternative Handlungsform an dieser Stelle zu erwähnen ist[197].

Bei den Standardmaßnahmen kommen jedoch lediglich die beiden erstgenannten Handlungsformen, nämlich Verwaltungsakt[198] und Realakt, in Betracht, da es sich bei allen Maßnahmen nach den §§ 9 ff. nrw.PolG um einseitige hoheitliche Einzelfallmaßnahmen handelt, die zudem mit Grundrechtseingriffen einhergehen[199]. Informelles Verwaltungshandeln und der Erlaß von Rechtsverordnungen scheiden daher in diesem Zusammenhang von vornherein aus. Aufgrund der zumeist bestehenden und gemäß § 1 I 3 nrw.PolG für die Zuständigkeit der Polizei erforderlichen Eilbedürftigkeit werden auch vertragliche Absprachen in aller Regel nicht als geeignetes Handlungsinstrument in Frage kommen.

2. Verwaltungsakte im Gefahrenabwehrrecht

Spezifisches Kennzeichen des Verwaltungsaktes i.S.v. § 35 S. 1 nrw.VwVfG und § 35 S. 1 VwVfG ist, daß er einen Einzelfall auf dem Gebiet des öffentlichen Rechts regelt. Eine Regelung in diesem Sinne liegt dann vor, wenn die Maßnahme der Behörde darauf gerichtet ist, eine verbindliche Rechtsfolge zu setzen, d.h. wenn Rechte des Betroffenen unmittelbar begründet, geändert, aufgehoben oder verbindlich festgestellt werden[200].

Verwaltungsakte im Bereich des Polizeirechts sind in erster Linie polizeiliche Verfügungen[201], die einen Ge- oder Verbotsinhalt aufweisen. Grundlage für derartige Ge- bzw. Verbote können neben der Generalklausel auch die Standardermächtigungen sein[202]. Bei der Gefahrenabwehr wird vom Instrument des

---

197 Dabei ist insbesondere an sogenannte subordinationsrechtliche Verträge i.S.d. § 54 S. 2 VwVfG zu denken; Verwaltungsverträge haben bislang allerdings noch keine große Bedeutung im Polizei- und Ordnungsrecht erlangt, vgl. *Wolffgang/Hendricks/Merz*, POR in NRW, Rn. 462.

198 Und zwar in Form einer Verfügung.

199 Siehe dazu bereits eingehend S. 40 ff.

200 Vgl. *H. Maurer*, Allg. VerwR, § 9 Rn. 6; siehe zum Regelungsbegriff auch *D. Janßen*, in: K. Obermayer, VwVfG, § 35 Rn. 34 f.; *F.-J. Peine*, Allg. VerwR, Rn. 120; zur Abgrenzung zwischen Maßnahmen mit Regelungscharakter und lediglich vorbereitenden Tätigkeiten vgl. *Schnapp/Henkenötter*, JuS 1998, S. 524 f.

201 Zur Entbehrlichkeit dieser Terminologie im modernen Polizeirecht vgl. *E. Denninger*, PolR, in: Meyer/Stolleis, StVwR für Hess., S. 277.

202 *H. Tegtmeyer*, PolG NRW, § 8 Rn. 5; zum Begriff der Verfügungen im Gefahrenabwehrrecht siehe auch *F. Rachor*, in: Lisken/Denninger, Hdb. d. PolR, F Rn. 23 ff.; *Möller/Wilhelm*, Allg. POR, S. 27, 90; *F. Schoch*, JuS 1995, S. 215 (218); *Wolffgang/Hendricks/Merz*, POR in NRW, Rn. 464, die den Verwaltungsakt als wichtigstes Handlungsinstrumenatrium im Bereich der Gefahrenabwehr einstufen.

Verwaltungsaktes vor allem Gebrauch gemacht, um die Beseitigung einer Gefahr durch Anordnung eines Handelns, Duldens oder Unterlassens sicherzustellen[203].

Verwaltungsakte in diesem Zusammenhang sind z.B. die Untersagung gefahrbringender Tätigkeiten oder die Aufforderung, Schwarzbauten abzureißen[204].

3. Realakte im Gefahrenabwehrrecht

Unter Realakten werden Tathandlungen verstanden, die unmittelbar keinen rechtlichen, sondern einen tatsächlichen Erfolg herbeiführen[205], der jedoch Bedingung für eine rechtliche Folge sein kann[206].

Im Polizeirecht sind zu dieser Gattung Handlungen zu zählen, durch die die Polizei unmittelbar den Gefahrenabwehrerfolg herbeiführt, ohne daß eine konkrete Regelung[207] gegenüber einer bestimmten Person getroffen wird[208].

Maßnahmen, die ohne große Probleme dieser Handlungsform zugeordnet werden können, sind etwa überwachende Tätigkeiten der Polizei, wie Kontrollgänge und Streifenfahrten[209], oder Wissenserklärungen wie Presseerklärungen, Auskünfte und Warnungen[210].

Und auch einige Standardmaßnahmen sind ihrem Wortlaut nach ausschließlich auf die Vornahme tatsächlicher Handlungen gerichtet, ohne die regelnde Wirkung eines Verwaltungsaktes gegenüber dem Bürger zu entfalten[211].

---

203 Vgl. *Wolffgang/Hendricks/Merz*, POR in NRW, Rn. 464.

204 Vgl. *Wolffgang/Hendricks/Merz*, POR in NRW, Rn. 464.

205 *H. Maurer*, Allg. VerwR, § 15 Rn. 1; *E. Denninger*, PolR, in: Meyer/Stolleis, StVwR für Hess., S. 278.

206 *E. Rasch*, DVBl. 1992, S. 207 (208); vgl. zum Begriff des Realakts im Gefahrenabwehrrecht auch *F. Schoch*, JuS 1995, S. 215 (218).

207 An diesem Merkmal läßt sich auch der rechtsdogmatische Unterschied zum Verwaltungsakt festmachen, vgl. *F. Schoch*, JuS 1995, S. 215 (218).

208 Vgl. hierzu *Wolffgang/Hendricks/Merz*, POR in NRW, Rn. 465.

209 Vgl. *Drews/Wacke/Vogel/Martens*, Gefahrenabwehr, S. 341; *Wolffgang/Hendricks/Merz*, POR in NRW, Rn. 465.

210 Siehe *A. Saipa*, PolR, in: Faber/Schneider, Nds. StVwR, S. 377; *Frings/Spahlholz*, Recht der Gefahrenabwehr, Rn. 086; *W.-R. Schenke*, POR, in: U. Steiner, Bes. VerwR, Rn. 332; *Wolffgang/Hendricks/Merz*, POR in NRW, Rn. 465; oftmals handelt es sich dabei um Handlungen, die nicht in Grundrechte des Bürgers eingreifen, und somit auch keiner besonderen Ermächtigung bedürfen, sondern auf die allgemeine Aufgabenzuweisungsnorm gestützt werden können; vgl. dazu *W. Hoffmann-Riem*, POR, in: Hoffmann-Riem/Koch, Hamb. StVwR, S. 156; zur Problematik der Rechtsnatur behördlicher Informationsakte, wie z.B. Warnungen, siehe *U. Di Fabio*, JuS 1997, S. 1 (4 ff.).

211 Dazu sogleich S. 77.

Allerdings ist schon an dieser Stelle darauf hinzuweisen, daß auch solche Handlungen, die sich bei unbefangener Betrachtung als Realakte darstellen, zum Teil unter Zugrundelegung von Duldungsfiktionen als Verwaltungsakte qualifiziert werden[212].

4. Bedeutung der Unterscheidung zwischen Verwaltungsakt und Realakt

Die Unterscheidung von Verwaltungsakt und Realakt ist insgesamt nicht nur von theoretischer, sondern auch von praktischer Bedeutung.

Das VwVfG gilt nur für den Verwaltungsakt[213], nicht dagegen für den Realakt. Für Realakte müssen also nicht die Anforderungen eingehalten werden, die das VwVfG für den Erlaß eines Verwaltungsaktes vorschreibt[214].

Für die Frage, inwieweit Rechtsschutz eröffnet ist, ist die Abgrenzung Verwaltungsakt/Realakt dagegen von untergeordneter Bedeutung, da die VwGO mittlerweile ein umfassendes Instrumentarium aufweist. Im Falle eines Verwaltungsaktes besteht die Möglichkeit der Anfechtungsklage gemäß § 42 I, 1. Alt. VwGO oder gegebenenfalls bei Erledigung die Möglichkeit der Fortsetzungsfeststellungsklage gemäß § 113 I 4 VwGO[215].

Im Falle eines Realaktes kann die allgemeine Leistungsklage, die zwar nicht ausdrücklich geregelt ist, jedoch an einigen Stellen in der VwGO erwähnt wird[216], erhoben werden[217]. Für die Leistungsklage gelten dabei einige Zulässigkeitsvoraussetzungen, die speziell im Hinblick auf die Anfechtungsklage normiert sind, nicht. So bedarf es keiner Durchführung eines Vorverfahrens nach den §§ 68 ff. VwGO und auch keiner Einhaltung einer Frist[218].

---

212 Vgl. dazu *E. Denninger*, PolR, in: Meyer/Stolleis, StVwR für Hess., S. 278; siehe dazu auch später S. 107 ff.; zur „historischen" Bedeutung von Duldungsverfügungen vgl. außerdem oben S. 55 f.

213 Vgl. § 9 VwVfG.

214 *H. Hill*, Das fehlerhafte Verfahren und seine Folgen, S. 154, 342; *E. Rasch*, DVBl. 1992, S. 207 (208).

215 *Drews/Wacke/Vogel/Martens*, Gefahrenabwehr, S. 216; *Wolffgang/Hendricks/Merz*, POR in NRW, Rn. 202.

216 Vgl. §§ 43 II, 113 III, 169 II VwGO.

217 Vgl. *F. Hufen*, VerwaltungsprozeßR, § 17 Rn. 1, 3; *Kopp/Schenke*, VwGO, Vorb. § 40 Rn. 8 a; *H. Maurer*, Allg. VerwR, § 15 Rn. 7; *W.-R. Schenke*, VerwaltungsprozeßR, Rn. 345 f.; *D. Schmidt*, Die Polizei 1983, S. 365 (369); *W. Schmitt Glaeser*, VerwaltungsprozeßR, Rn. 376; *E. Rasch*, DVBl. 1992, S. 207 (208); *Wolffgang/Hendricks/Merz*, POR in NRW, Rn. 203.

218 *E. Rasch*, DVBl. 1992, S. 207 (208); *U. Steiner*, JuS 1984, S. 853 (855).

Im Falle der Erledigung des Realaktes steht die allgemeine Feststellungsklage gemäß § 43 I VwGO zur Verfügung[219].

5. *Qualifizierung der Standardmaßnahmen*

Bei der Frage nach der Struktur der Standardmaßnahmen, d.h. speziell nach regelungsimmanenten Vollzugselementen bei den §§ 9 ff. nrw.PolG, stößt man zwangsläufig auch auf das soeben dargestellte Problem der Unterscheidung zwischen Verwaltungsakt und Realakt.

Bei einigen Maßnahmen, die auf die Standardermächtigungen gestützt werden, bereitet die Einordnung kaum Schwierigkeiten. Hierzu zählen die meisten der auch im nrw.PolG geregelten Maßnahmen der Datenverarbeitung, die als Folge des Volkszählungsurteils des *BVerfG*[220] eingefügt wurden. Zu nennen sind in diesem Zusammenhang vor allem die Vorschriften über die Datenübermittlung[221] sowie die Berichtigung und das Löschen von Daten[222]. Bei diesen Maßnahmen der Datenverarbeitung handelt es sich zwar um hoheitliche Maßnahmen, jedoch nicht um Verwaltungsakte, denen eine regelnde Wirkung gegenüber dem Bürger innewohnt, sondern um Realakte[223]. Bei den Vorschriften über die Datenerhebung[224] ist demgegenüber zu differenzieren zwischen solchen Maßnahmen, die ohne und solchen, die mit unmittelbarer Beteiligung bzw. Mitwirkung des Betroffenen vollzogen werden[225].

Andere polizeiliche Maßahmen, etwa eine auf § 34 nrw.PolG gestützte Platzverweisung, lassen sich hingegen ohne weiteres als Verwaltungsakte qualifizieren[226].

Als problematisch und besonders umstritten erweist sich die Situation bei solchen Standardermächtigungen, deren Wortlaut auf den ersten Blick den Eindruck vermittelt, daß die Polizei zur Vornahme tatsächlicher Handlungen, unter Umständen sogar zur Anwendung von Zwangsmitteln ermächtigt wird. Genau auf diese Vorschriften wird sich die weitere Ausarbeitung, insbesondere die im 3. Teil folgende Einzelanalyse, dann auch konzentrieren. Stellvertretend sei auf den

---

219 Vgl. *H. Maurer*, Allg. VerwR, § 15 Rn. 7; *D. Schmidt*, Die Polizei 1983, S. 365 (370); *Wolffgang/Hendricks/Merz*, POR in NRW, Rn. 203; siehe auch *Redeker/v. Oertzen*, VwGO, § 43 Rn. 8.

220 Siehe Fn. 99.

221 §§ 26 ff. nrw.PolG.

222 § 32 nrw.PolG.

223 *H. P. Bull*, Allg. VerwR, Rn. 494; *E. Rasch*, DVBl. 1992, S. 207 (208); a.A für das Löchen von Daten: VG Hannover, NVwZ 1987, S. 826.

224 §§9 ff. nrw.PolG.

225 Dazu ausführlich später S. 94.

226 Siehe dazu noch später S. 89.

besonders anschaulichen Wortlaut des § 43 nrw.PolG verwiesen: „Sicherstellung“ als Befugnis zum Erlaß einer Herausgabeverfügung oder als Befugnis zum unmittelbaren Zugriff auf die Sache und damit zur Zwangsanwendung in Form des unmittelbaren Zwangs gegen Sachen?

In diesem Zusammenhang ergibt sich jedenfalls die Schlußfolgerung, daß die der Untersuchung zugrundeliegende Problematik und die Frage der Rechtsnatur von Standardmaßnahmen in engem Zusammenhang stehen und untrennbar miteinander verknüpft sind. Die Lösung des einen läßt sich nicht ohne die Lösung des anderen Problems bewerkstelligen, so daß beiden Fragen im folgenden, bei der Analyse der Struktur der Standardmaßnahmen, gemeinsam nachgegangen werden soll.

IV. Zusammenfassung

Insgesamt läßt sich feststellen, daß die in dieser Untersuchung zu klärende Frage, inwieweit bestimmten Standardmaßnahmen im nrw.PolG Vollzugselemente innewohnen, sowohl in dogmatischer als auch in praktischer Hinsicht erhebliche Relevanz besitzt.

In praktischer Hinsicht sind vor allem die möglichen Auswirkungen der Problemstellung auf das Verhältnis der Standardmaßnahmen zu dem in den §§ 50 ff. nrw.PolG geregelten Vollstreckungsverfahren und auf Fragen der Kostenerstattung hervorzuheben.

In dogmatischer Hinsicht erscheint insbesondere die zusätzliche Frage nach der Rechtsnatur der Standardmaßnahmen und ihre konkrete Verbindung zum Ausgangsproblem klärungsbedürftig.

Abschließende Aussagen zu diesen Punkten lassen sich allerdings erst nach genauer Klärung der Struktur der Standardmaßnahmen und nach Analyse der einzelnen, für das Problemfeld relevanten Vorschriften des nrw.PolG, machen.

2. Teil: Regelungsstruktur und Ermächtigungsumfang der Befugnisnormen im nrw.PolG

Bevor eine Analyse der einzelnen Standardmaßnahmen im Hinblick auf die bezeichnete Problemstellung vorgenommen wird, ist allgemein auf die Regelungsstruktur und den Ermächtigungsumfang der Befugnisnormen im nrw.PolG einzugehen. Dabei soll jeweils vorweg die Konzeption der polizeirechtlichen Generalklausel und anschließend die der Standardermächtigungen veranschaulicht werden, um so Gemeinsamkeiten und Unterschiede der Standardmaßnahmen im Verhältnis zur Generalermächtigung darstellen zu können. Ebenso ist zu untersuchen, ob sich die Standardmaßnahmen im nrw.PolG im Hinblick auf Struktur und Ermächtigungsrahmen nicht auf einen „gemeinsamen Nenner“ bringen lassen, so daß sich anhand einiger Grundsätze die spätere Einzelanalyse einfacher durchführen läßt.

A. Regelungsstruktur

I. Polizeirechtliche Generalklausel (§ 8 I nrw.PolG)

§ 8 I nrw.PolG stellt die erste Befugnisnorm im nrw.PolG und gleichzeitig auch einen Auffangtatbestand in Form einer Generalklausel dar. Um die Regelungsstruktur dieser Generalermächtigung und später auch der einzelnen Standardmaßnahmen veranschaulichen zu können, sei noch einmal darauf hingewiesen, daß alleine die gesetzliche Aufgabenzuweisung die Polizei nicht zu Eingriffen in die Grundrechte des Bürgers berechtigt[227]. Die klare Trennung von Aufgaben und Befugnissen ist kein justizstaatlicher Formalismus, sondern eine elementare rechtsstaatliche Notwendigkeit. Die einzelnen Polizeigesetze der Länder tragen ihr Rechnung, indem sie Aufgaben und Befugnisse abschnittweise trennen und den speziellen Befugnisregelungen (den Standardmaßnahmen) eine Befugnisgeneralklausel voranstellen[228]. Die Rechtmäßigkeit polizeilichen Handelns ist damit davon abhängig, daß es überhaupt in den polizeilichen Aufgabenbereich fällt, und daß es von einer wirksamen Ermächtigungsgrundlage gedeckt ist[229].

227 *H. Tegtmeyer*, PolG NRW, § 8 Rn. 1.
228 *E. Denninger*, in: Lisken/Denninger, Hdb. d. PolR, E Rn. 52; vgl. auch *Drews/Wacke/Vogel/Martens*, Gefahrenabwehr, S. 407.
229 *Drews/Wacke/Vogel/Martens*, Gefahrenabwehr, S. 406 f.

Diese Anforderungen ergeben sich aus den bereits dargestellten[230] verfassungsrechtlichen Grundsätzen, nach denen der Staat in Rechte natürlicher und juristischer Personen nur aufgrund einer ausdrücklichen gesetzlichen Ermächtigung eingreifen darf, wobei eine Einschränkung von Grundrechten nur dann in Frage kommt, wenn diese einen Gesetzesvorbehalt aufweisen und die Grenzen der Einschränkbarkeit des jeweiligen Grundrechts beachtet werden.

Zur Erfüllung dieser verfassungsrechtlichen Vorgaben enthält das nrw.PolG in § 1 nrw.PolG eine allgemeine Aufgabenzuweisungsnorm und in den §§ 8 ff. einen umfassenden Katalog polizeilicher Befugnisregelungen.

Was nun die Generalklausel des § 8 I nrw.PolG betrifft, so läßt sich ihr die Regelung eines Tatbestandes und einer Rechtsfolgenanordnung entnehmen. Dabei weist sie eine konditionale Struktur auf: Wenn die tatbestandlichen Voraussetzungen vorliegen, ist die zuständige Behörde befugt, die zur Gefahrenabwehr notwendigen Maßnahmen zu ergreifen[231].

1. Tatbestand

Die Tatbestandsseite der polizeirechtlichen Generalklausel beinhaltet zwei Eingriffsvoraussetzungen: Es muß das Schutzgut der öffentlichen Sicherheit[232] betroffen sein, und für dieses Schutzgut muß eine konkrete (im einzelnen Falle bestehende) Gefahr vorliegen[233].

Unter dem Schutzgut der öffentlichen Sicherheit lassen sich zusammenfassen der Bestand des Staates und seiner Einrichtungen, die objektive Rechtsordnung und Rechte und Rechtsgüter des einzelnen wie Leben, Gesundheit, Freiheit, Ehre, Vermögen etc.[234]

Prägnanter ist es jedoch, den Schutz der öffentlichen Sicherheit allein mit der Formulierung „Schutz der objektiven Rechtsordnung" zu umschreiben und in diesen Oberbegriff den Bestand des Staates und seiner Einrichtungen sowie die

---

230 Siehe S. 42 ff.

231 *F. Schoch*, JuS 1994, S. 570.

232 In Nordrhein-Westfalen wird das Schutzgut der öffentlichen Ordnung von der polizeirechtlichen Generalklausel, anders als von § 14 I nrw.OBG nicht mehr erfaßt; ebenso in § 10 I 1 brem.PolG; § 8 I ME PolG enthält demgegenüber dieses Schutzgut; so auch z.B. § 1 I 1 bw.PolG; Art. 11 I bay.PAG.

233 *F. Schoch*, JuS 1994, S. 570.

234 Zur Definition des Begriffs „öffentliche Sicherheit" vgl. BVerwG, MDR 1974, S. 338 (340); OVG Münster, NVwZ 1983, S. 101 (102); VGH Mannheim, DVBl. 1987, S. 153 (154); NVwZ 1988, S. 166; *Drews/Wacke/Vogel/Martens*, Gefahrenabwehr, S. 232; *F.-L. Knemeyer*, POR, Rn. 100; *A. v. Mutius*, Jura 1986, S. 649 (653 f.); *F.Schoch*, JuS 1994, S. 570 f.; *K. Waechter*, NVwZ 1997, S. 729 (733 ff.).

subjektiven Rechte und Rechtsgüter des einzelnen einzubeziehen[235], zumal die beiden zuletzt genannten Bereiche dergestalt durchnormiert sind, daß sie nicht als weitere Schutzgüter neben der objektiven Rechtsordnung, sondern als - wesentlicher - Bestandteil derselben anzusehen sind. Diese Sichtweise führt in der Sache auch zu keiner anderen Auslegung der Terminologie „öffentliche Sicherheit", die jedenfalls ein außerordentlich breites Spektrum an geschützten Gütern umfaßt[236].

Für das Rechtsgut der öffentlichen Sicherheit muß eine im einzelnen Falle bestehende Gefahr vorliegen. Unter Gefahr i.S.d. Polizei- und Ordnungsrechts ist eine Sachlage zu verstehen, in der bei ungehindertem Geschehensablauf mit hinreichender Wahrscheinlichkeit in absehbarer Zeit ein Schaden für das betreffende Schutzgut eintreten wird[237]. In einigen Bundesländern existiert diese Begriffsbestimmung als Legaldefinition[238]. Der Begriff des bevorstehenden Schadens ist abzugrenzen von bloßen Belästigungen, Unbequemlichkeiten oder Geschmacklosigkeiten[239].

§ 8 I nrw.PolG fordert weiterhin, daß es sich um eine im einzelnen Falle bestehende Gefahr handelt, also um eine Gefahr, die sich auf einen konkreten Sachverhalt bezieht, weshalb letztlich auch von konkreter Gefahr gesprochen wird[240].

2. Rechtsfolgenanordnung

Liegen die tatbestandlichen Voraussetzungen der polizeirechtlichen Generalklausel des § 8 I nrw.PolG vor, kann die zuständige Behörde nach dem Wortlaut dieser Vorschrift die zur Gefahrenabwehr erforderlichen Maßnahmen ergreifen. Auf der Rechtsfolgenseite wird der Behörde also eine pflichtgemäße Ermessensausübung eingeräumt, und zwar in zweierlei Hinsicht:

Der Behörde steht ein Entschließungsermessen zu, d.h. sie hat zu entscheiden, *ob* sie Gefahrenabwehrmaßnahmen trifft. Anschließend kommt der Polizei Auswahlermessen zu, wonach sie darüber zu befinden hat, *wie* sie der konkreten Ge-

---

235 So *P.J. Tettinger*, Bes. VerwR/1, Rn. 299.

236 Vgl. *P.J. Tettinger*, Bes. VerwR/1, Rn. 300.

237 BVerwGE 45, S. 51 (57); OVG Münster, NWVBl. 1990, S. 159; OVG Koblenz, NVwZ 1992, S. 499; VGH Mannheim, NVwZ-RR 1991, S. 24 (26); VGH München, BayVBl. 1993, S. 429 (431); VG Münster, NWVBl. 1991, S. 317; *Brandt/Smeddinck*, Jura 1994, S. 225 (227); *H.-J. Gerhardt*, Jura 1987, S. 521; *G. Roller*, DVBl. 1993, S. 20 (21); *F. Schoch*, JuS 1994, S. 667.

238 Vgl. § 2 Nr. 3 a brem.PolG; § 2 Nr. 1 a nds.GefAG; § 3 Nr. 3 a s.anh.SOG.

239 Vgl. dazu schon Pr.OVGE 88, S. 209 (211 f.); siehe außerdem OLG Karlsruhe, DVBl. 1977, S. 968; *F. Schoch*, JuS 1994, S. 667; *H. Tegtmeyer*, PolG NRW, § 8 Rn. 9; *P. J. Tettinger*, Bes. VerwR/1, Rn. 316.

240 *K. Habermehl*, POR, Rn. 70, 71; *F. Schoch*, JuS 1994, S. 667 f.; *H. Tegtmeyer*, PolG NRW; § 8 Rn. 8.

fahr begegnen will. Dabei bezieht sich dieses Auswahlermessen sowohl auf das einzusetzende Mittel als auch - bei mehreren vorhandenen Störern - auf die in Anspruch zu nehmende Person[241].

Die Struktur der Generalklausel verbindet demnach unbestimmte Rechtsbegriffe auf der Tatbestandsseite mit Ermessen auf der Rechtsfolgenseite[242].

II. Standardmaßnahmen

Wie die Generalklausel weisen auch die Standardmaßnahmen Tatbestandsvoraussetzungen einerseits und bestimmte Rechtsfolgenanordnungen andererseits auf.

Allerdings fällt es hier wesentlich schwerer, eine allgemeingültige Faustformel zur Regelungsstruktur der Standardmaßnahmen im nrw.PolG zu präsentieren. Alle Standardermächtigungen weichen jedenfalls von der strukturellen Konzeption der polizeirechtlichen Generalklausel in irgendeiner Form ab[243].

1. Tatbestandsvoraussetzungen

Bei einigen Standardbefugnissen werden etwa besondere Gefahrenformen als Voraussetzung für ein polizeiliches Handeln beschrieben. Zum Teil wird die Gefahr näher qualifiziert, z.B. als „gegenwärtige", „erhebliche", „dringende" oder „gemeine" Gefahr[244]. Jedenfalls zeichnen sich die Tatbestände der Standardbefugnisse zumeist durch detaillierte und ausführliche Umschreibung einzelner Voraussetzungen aus.

In vielen Standardmaßnahmen erfahren auf diese Weise Eingriffe in grundrechtlich geschützte Positionen ihre, den verfassungsrechtlichen Anforderungen entsprechende, Ausgestaltung[245]. Allerdings muß das nicht zwangsläufig eine im Verhältnis zur Generalklausel engere Fassung der Tabestände mit sich bringen. Manche Standardbefugnisse verzichten auf das Vorliegen einer konkreten Gefahr[246] und gestatten Maßnahmen auch gegenüber Personen, die keine Störer im

---

241 *F. Schoch*, JuS 1994, S. 570.

242 *F. Schoch*, JuS 1994, S. 570.

243 *A. Schmitt-Kammler*, NWVBl. 1995, S. 166.

244 *F. Schoch*, JuS 1994, S. 479 (483); *Wolffgang/Hendricks/Merz*, POR in NRW, Rn. 102.

245 Vgl. *A. Schmitt-Kammler*, NWVBl. 1995, S. 166; siehe ferner *Hillmann/Fritz*, POR, in: K. H. Friauf, HÖV, Bd. 2, Rn. 94; vgl. außerdem schon oben S. 42 ff.

246 Vgl. z.B. §§ 12 I Nr. 2, 3; 39 I Nr. 4, 5; 40 I Nr. 4, 5 nrw.PolG.

Sinne der §§ 4 bis 6 nrw.PolG sind[247]. Dieser Umstand korrespondiert mit der das Polizeirecht in der jüngeren Vergangenheit prägenden Tendenz, die Gefahrenabwehr in den Bereich der Gefahrenvorsorge vorzuverlagern[248].

Insgesamt hat die Schaffung der von der Generalklausel getrennten Standardbefugnisse für die Tatbestandsseite damit eine ambivalente Wirkung. Teilweise werden erweiterte, zum Teil aber auch wesentlich engere Voraussetzungen im Vergleich zum Tatbestand der Generalklausel begründet[249].

2. Rechtsfolgenanordnungen

Was die Rechtsfolgenseite anbelangt, so wird die Polizei bei den Standardbefugnissen auf ganz bestimmte Vorgehensweisen festgelegt. Sie wird also etwa durch § 43 nrw.PolG zur Sicherstellung, durch § 41 nrw.PolG zum Betreten und Durchsuchen von Wohnungen usw. ermächtigt und nicht wie nach der Generalklausel zur Vornahme sämtlicher „notwendigen Maßnahmen" der Gefahrenabwehr[250]. Im Hinblick auf den in Anspruch zu nehmenden Störer werden in den Standardermächtigungen häufig von den §§ 4 bis 6 nrw.PolG abweichende Regelungen getroffen, welche dann die Anwendung der §§ 4 bis 6 nrw.PolG ausschließen[251]. Gegen wen sich die konkrete Maßnahme zu richten hat, ergibt sich dann unmittelbar aus der einschlägigen Standardmaßnahme.

III. Fazit

Vergleicht man die Regelungsstruktur der Generalklausel mit der der Standardbefugnisse im nrw.PolG, so läßt sich als Gemeinsamkeit zunächst die jeweilige Umschreibung einer Tatbestands- und einer Rechtsfolgenseite festhalten.

Abgesehen von dieser Gemeinsamkeit zeichnen sich die Standardmaßnahmen des nrw.PolG jedoch vor allem dadurch aus, daß sie im Verhältnis zur Generalklausel des § 8 I nrw.PolG auf Tatbestandsseite speziellere Sachverhalte und auf Rechtsfolgenseite darauf zugeschnittene speziellere Maßnahmen zur Gefahrenabwehr umschreiben.

---

247 Siehe dazu noch sogleich unten S. 83.

248 Siehe dazu oben S. 51 f.

249 Siehe *V. Götz*, Allg. POR, Rn. 277; *M. Oldiges*, POR, in: Grimm/Papier, Nrw. StVwR, S. 290; *Wolffgang/Hendricks/Merz*, POR in NRW, Rn. 103.

250 *A. Schmitt-Kammler*, NWVBl. 1995, S. 166.

251 Vgl. §§ 4 IV, 5 IV, 6 III nrw.PolG.

Schon dieser Umstand verdeutlicht, daß es nicht ohne weiteres möglich ist, Regelungsstruktur von Generalklausel und Standardmaßnahmen gleichzusetzen, und daß sich auch die Standardbefugnisse untereinander in diesem Punkt nicht gleichen.

B. Ermächtigungsumfang

Möglicherweise lassen sich jedoch bei der Frage des Ermächtigungsumfangs von Generalklausel und Standardmaßnahmen gemeinsame Grundsätze herausstellen, also zu der abstrakten Frage, ob diese Befugnisnormen lediglich eine Ermächtigung zum Erlaß von polizeilichen Verfügungen, eine Ermächtigung zur Vornahme realer Tathandlungen oder gar zur Anwendung von Verwaltungszwang beinhalten.

I. Vollstreckungsgewalt einer Behörde entspricht ihrer Verfügungsgewalt

Nach einer früheren Ansicht wurde in der Ermächtigung der Behörde, ein Handeln oder Unterlassen vom Bürger zu verlangen, also diesem gegenüber einen Verwaltungsakt zu erlassen, auch die Befugnis gesehen, der Anordnung notfalls durch Zwang Nachdruck zu verleihen, ohne daß dies im Gesetz ausdrücklich gesagt zu werden brauchte. Danach sollte es keiner besonderen Rechtsgrundlage zur Zwangsanwendung bedürfen, um eine zulässige Anordnung durchzusetzen[252]. Durch folgenden Satz wird die Kernthese dieser Auffassung besonders deutlich zum Ausdruck gebracht:

„Die Vollstreckungsgewalt einer Behörde reicht soweit wie ihre Verfügungsgewalt.“[253]

Es gehöre nämlich zum Wesen der obrigkeitlichen Gewalt, daß sie Dritten gegenüber nicht nur Anordnungen treffen, sondern nötigenfalls auch erzwingen

---

252 BVerwGE 25, S. 72 (76 f.); BSG, NJW 1956, S. 1415 (1416); VGH Stuttgart, VerwRspr. 1953, Bd. 5, Nr. 129, S. 602 (603 f.); *F. Fleiner*, Institutionen, S. 215; *R. H. Herrnritt*, Grundlehren d. VerwR, S. 351 f.; siehe auch aus der neueren Literatur *A. Wittern*, Grundriß d. VerwR, S. 143; zu der auch heute noch aktuellen Frage, inwieweit für das Handeln der Verwaltungsbehörden durch Verwaltungsakt eine ausdrückliche gesetzliche Ermächtigung erforderlich ist vgl. *H. Maurer*, Allg. VerwR, § 10 Rn. 5; *L. Osterloh*, JuS 1983, S. 280 ff.

253 Vgl. *F. Haueisen*, NJW 1956, S. 1457; ähnlich auch BVerwGE 25, S. 573: „Die Vollstreckungsgewalt einer Verwaltungsbehörde entspricht ihrer Verfügungsgewalt.“

könne, daß sie ausgeführt würden[254]. Der oben genannte Satz sei dabei als „allgemeiner Rechtsgrundsatz“ des Verwaltungsrechts anzuerkennen und stehe, da er im gesamten Bundesgebiet gelte, im Rang von Bundesrecht[255]. Für die Vollstreckung von Verwaltungsakten durch Anwendung von Zwangsmitteln sei deshalb - von gesetzlich geregelten Ausnahmen (z.B. Art. 104 GG) abgesehen - keine besondere gesetzliche Ermächtigung erforderlich.

Konsequenz dieser Auffassung für die polizeilichen Befugnisse nach den §§ 8 bis 46 nrw.PolG wäre, daß, soweit diese Normen die Ermächtigung zum Erlaß einer polizeilichen Verfügung beinhalten, auch der Einsatz von Zwangsmitteln zur Durchsetzung des auferlegten Gebotes aufgrund dieser Vorschriften gerechtfertigt wäre.

Jedoch wurde schon zu der Zeit, als die vorgenannte Ansicht als herrschender Standpunkt bezeichnet werden konnte, Kritik im Hinblick auf die generelle Einräumung des Rechts zur Zwangsanwendung geäußert. Es gebe danach eben keinen allgemeinen Verwaltungsrechtssatz dahin, daß jede Behörde sich in jedem Fall der Zwangsmittel bedienen dürfe, in dem es sich um die Durchsetzung von Verwaltungspflichten handele. Es gebe kein allgemeines Befehls- und Zwangsrecht. In jedem Fall von Zwangsanwendung müsse die jeweilige Behörde durch eine konkrete Befugnisnorm ermächtigt werden[256].

Etwas anderes gilt übrigens, und zwar auch heute noch, für den Bereich der Strafverfolgung und der Verfolgung von Ordnungswidrigkeiten. Dort besteht der Grundsatz, daß die jeweilige Befugnisnorm auch die Ermächtigung zur zwangsweisen Durchsetzung der zugelassenen Maßnahme beinhaltet[257].

II. Differenzierte Betrachtungsweise nach Regelungsgehalt und Systematik

Ob der zuvor dargestellte Standpunkt heute noch allgemein und speziell im Hinblick auf die Befugnisnormen des nrw.PolG haltbar ist, erscheint äußerst zweifelhaft. Vertreten wird diese Auffassung, jedenfalls in derartig pauschalisierender Form, nicht mehr.

---

254 So *F. Haueisen*, NJW 1956, S. 1457; siehe auch *A. Wittern*, Grundriß d. VerwR, S. 143.

255 *Haueisen*, NJW 1956, S. 1457 (1458).

256 *E. Forsthoff*, Lehrbuch d. VerwR, Bd. I, 6. Auflage 1956, § 15 S. 253; vgl. auch *Kautz/Riewald*, Verwaltungszwangsverfahren zur Beitreibung von Geldbeträgen, Anm. 6. (1) zu § 1.

257 Vgl. dazu *H. Tegtmeyer*, PolG NRW, § 50 Rn. 1; zum Ermächtigungsumfang strafprozessualer Vorschriften siehe außerdem später S. 106.

Eine so allgemeine und weitgehende Auslegungsformel bezüglich des Ermächtigungsumfangs der Standardmaßnahmen stellt sich insbesondere vor dem Hintergrund des bereits dargestellten spezifischen Grundrechtsbezugs der einzelnen Vorschriften[258] als äußerst bedenklich dar, zumal in der zwangsweisen Durchsetzung von Verwaltungsakten besondere[259], und damit nach dem Grundsatz vom Gesetzesvorbehalt gesondert zu legitimierende Eingriffe gegenüber dem Bürger zu erblicken sind.

Im nrw.PolG bestehen insoweit auch mit den §§ 50 ff. besondere Vorschriften[260], die die Zulässigkeit und die Art und Weise der Zwangsanwendung speziell regeln. Angesichts der systematischen Stellung dieser Normen hinter den polizeilichen Befugnissen läßt sich der Ermächtigungsumfang der Standardmaßnahmen nicht anhand des oben genannten allgemeinen Rechtssatzes messen. Würde nämlich jede Ermächtigungsvorschrift der §§ 8-46 nrw.PolG auch schon die Befugnis zur Zwangsanwendung umfassen, wäre jedenfalls § 50 nrw.PolG mit seinen beiden Absätzen 1 und 2, die explizit die Zulässigkeit polizeilichen Zwangs regeln, obsolet.

Andererseits verleiten einige Vorschriften der §§ 8 bis 46 nrw.PolG ihrem Wortlaut nach zu der Annahme, daß die Polizei eben nicht oder jedenfalls nicht nur zum Erlaß von Verfügungen, sondern darüber hinaus zur unmittelbaren Vornahme von Tathandlungen und zum Teil auch zur Anwendung von Verwaltungszwang ermächtigt wird. Um dieser Fragestellung nun konkret nachzugehen, bietet es sich, wie bei der Skizzierung der Struktur der polizeilichen Befugnisse, an, zunächst auf die polizeirechtliche Generalklausel des § 8 I nrw.PolG einzugehen, um anschließend die Situation bei den Standardermächtigungen zu beleuchten.

1. Ermächtigungsumfang der Generalklausel des § 8 I nrw.PolG

Um den Ermächtigungsumfang der polizeirechtlichen Generalklausel des § 8 I nrw.PolG zu klären, ist zunächst ein Blick auf den Wortlaut dieser Vorschrift zu werfen.

Danach kann die Polizei „die notwendigen Maßnahmen treffen", um eine konkrete Gefahr für die öffentliche Sicherheit abzuwehren.

---

258 Siehe S. 43 f.

259 Vgl. dazu bereits S. 54 f.

260 So auch in zahlreichen anderen Gesetzen, vgl. nur §§ 55 ff. nrw.OBG und §§ 55 ff. nrw.VwVG.

a) Befugnis zum Erlaß eines Verwaltungsaktes

Bei dem Begriff „Maßnahme“ handelt es sich zunächst um eine wertneutrale Beschreibung des polizeilichen Vorgehens, zumindest im Hinblick auf die Rechtsnatur der Tätigkeit. Daraus folgt, daß solche „Maßnahmen“ nicht zwangsläufig im Erlaß von polizeilichen Verfügungen, also von Verwaltungsakten, bestehen müssen. Vom Wortlaut gedeckt sind nämlich außer Verfügungen auch sonstige Gefahrenabwehrmaßnahmen, mit denen nicht normativ durch Anordnung und Regelung, sondern unmittelbar-real einer Gefahr entgegengewirkt wird[261]. Aufgrund der Generalklausel kann die Polizei also auch in Form von Verwaltungsrealakten tätig werden[262].

Entsprechendes gilt freilich für die Ordnungsbehörden nach der parallelen Vorschrift des § 14 nrw.OBG, so daß insoweit die Abschnittsüberschrift „Ordnungsverfügungen“ vor §§ 14 ff. nrw.OBG etwas irritiert und nicht alle von der Generalklausel dem Wortlaut nach umfaßten Maßnahmen einbezieht.

Allerdings steckt in dieser Überschrift insofern ein richtiger Hinweis, als nach § 14 nrw.OBG für die allgemeinen Ordnungsbehörden und nach § 8 nrw.PolG für die Polizei in erster Linie das Recht begründet wird, gegenüber pflichtigen Personen Verfügungen auszusprechen, ihnen also in Form von Ge- bzw. Verboten ein bestimmtes Handeln, Dulden oder Unterlassen aufzugeben[263]. Derartige Ordnungs- bzw- Polizeiverfügungen sind geradezu als „klassisches“ Gefahrenabwehrinstrument anzusehen[264], so daß sich die Abschnittsüberschrift vor §§ 14 ff. nrw.OBG von diesem Blickwinkel aus rechtfertigen läßt.

Daher ist der Ermächtigungsumfang der Generalklausel zwar nicht ausschließlich, aber doch primär auf den Erlaß von Verwaltungsakten gerichtet.

b) Vollstreckung nach Vollstreckungsrecht

Weiterhin stellt sich dann die Frage nach der Befugnis zur Zwangsanwendung. Vom Wortlaut der Generalklausel sind auch solche Maßnahmen der Verwaltungsvollstreckung durchaus gedeckt, denn auch hierbei handelt es sich gegebenenfalls um „notwendige Maßnahmen“ der Gefahrenabwehr.

Zu beachten sind allerdings die §§ 50 ff. nrw.PolG, die besondere Regelungen in diesem Zusammenhang aufstellen. Das nrw.PolG unterscheidet nicht nur

---

261 So VGH Kassel, NVwZ 1988, S. 904 (908) für § 11 hess.SOG; *M. Oldiges*, JuS 1989, S. 616 (619); vgl. auch *K. Habermehl*, POR, Rn. 109.

262 Vgl. *W.-R. Schenke*: POR, in: U. Steiner, Bes. VerwR, Rn. 332; *Wolffgang/ Hendricks/Merz*, POR in NRW, Rn. 467; vgl. auch *K. Habermehl*, POR, Rn. 351.

263 Vgl. dazu *K. Habermehl*, POR, Rn. 109.

264 Vgl. in diesem Sinne *Wolffgang/Hendricks/Merz*, POR in NRW, Rn. 464.

deutlich zwischen Aufgaben und Befugnissen der Polizei, sondern auch zwischen den Befugnissen nach §§ 8 ff. nrw.PolG und der zwangsweisen Durchsetzung der auf eine Befugnisnorm gestützten Maßnahme nach §§ 50 ff. nrw.PolG[265]. Insoweit lassen sich die §§ 50 ff. nrw.PolG als speziellere Vorschriften für den Bereich der Vollstreckung einer Maßnahme bezeichnen, die grundsätzlich einen Rückgriff auf die Generalklausel des § 8 I nrw.PolG in diesem Zusammenhang ausschließen[266].

Jedenfalls ist es im Hinblick auf die Generalklausel des § 8 I nrw.PolG anerkannt, daß sie nicht die Befugnis zur Zwangsanwendung mitumfaßt, sondern daß insoweit die §§ 50 ff. nrw.PolG mit den dort geregelten Voraussetzungen eingreifen[267].

2. Ermächtigungsumfang der Standardmaßnahmen

Bei den Standardmaßnahmen stellt sich nun die Frage, ob auch hier das zuvor dargestellte Schema paßt, d.h. ob sich das Vorgehen der Polizei dergestalt aufteilen läßt, daß sich der auf eine Standardermächtigung gestützten Verfügung ein Vollstreckungsverfahren nach den §§ 50 ff. nrw.PolG anschließt, oder ob nicht die tatsächliche Durchführung, einschließlich etwaiger Zwangsanwendung, zumindest bei einigen Standardbefugnissen, von der Vorschrift selbst gedeckt wird.

Aus dem Wortlaut einiger Standardmaßnahmen, vor allem aus dem Bereich der Datenverarbeitung gemäß §§ 9 ff. nrw.PolG, ergibt sich des weiteren, daß es von vornherein nicht um den Erlaß von Verfügungen gehen kann, sondern daß nur die Befugnis zur Vornahme realer Tathandlungen durch die Polizei geregelt wird. Dabei sind in erster Linie Maßnahmen ins Auge gefaßt, die ohne Wissen und ohne unmittelbare Beteiligung getroffen werden[268], und damit zumindest gegenüber dem Bürger nicht die regelnde Wirkung eines Verwaltungsaktes erzeugen. Die Frage der Zwangsanwendung stellt sich bei diesen Standardmaßnahmen überhaupt nicht.

---

265 *H. Tegtmeyer*, PolG NRW, § 50 Rn. 1.

266 Vgl. dazu *Heise/Riegel*, ME PolG, Anm. 3 zu § 28; *E. Rasch*, Allg. POR, in: C. H. Ule, Verwaltungsgesetze des Bundes und der Länder, Bd. III, Erster Halbband, Vor § 28 ME Rn. 1.

267 Vgl. dazu *K. Habermehl*, POR, Rn. 109.

268 Vgl. dazu bereits S. 77.; siehe ferner unten S. 94.

a) Standardmaßnahmen, die sich nach dem Verfügungs-/Vollstreckungsschema richten

Einige Standardmaßnahmen lassen schon ihrem Wortlaut nach erkennen, daß sie lediglich die Ermächtigung zum Erlaß einer polizeilichen Verfügung enthalten, die zwangsweise Durchsetzung sich dagegen ausschließlich an den §§ 50 ff. nrw.PolG orientiert.

aa) Platzverweisung gemäß § 34 nrw.PolG[269]

Als Paradebeispiel läßt sich dabei die Platzverweisung gemäß § 34 nrw.PolG anführen. Nach § 34 S. 1 nrw.PolG kann die Polizei „zur Abwehr einer gegenwärtigen Gefahr eine Person vorübergehend von einem Ort verweisen oder ihr vorübergehend das Betreten eines Ortes verbieten". Vor allem durch den Begriff „verbieten" wird deutlich, daß hiermit das Recht der Polizei umschrieben wird, eine Regelung gegenüber einer Person zu treffen, also eine polizeiliche Verfügung zu erlassen, und zwar in Form eines Verbotes. Bei der Platzverweisung nach § 34 nrw.PolG handelt es sich also um einen Verwaltungsakt, der mündlich oder auch durch Zeichen erlassen werden kann. Er kann gegenüber einzelnen Personen, aber auch als Allgemeinverfügung gegenüber einer Menschenmenge, ausgesprochen werden[270].

Die tatsächliche und wenn nötig zwangsweise Durchsetzung einer solchen ausgesprochenen Platzverweisung richtet sich dann nicht mehr nach der Standardermächtigung des § 34 nrw.PolG, sondern nach den §§ 50 ff. nrw.PolG. Dabei kommt regelmäßig als Zwangsmittel der unmittelbare Zwang gemäß §§ 51 I Nr. 3, 55 nrw.PolG, z.B. in Form des Zurückdrängens einer Menschenmenge durch Polizeivollzugsbeamte, in Betracht[271].

---

269 Vgl. § 12 ME PolG; Art. 16 bay.PAG; § 29 berl.ASOG; § 16 brand.PolG; § 14 brem.PolG; § 12 a hamb.SOG; § 31 hess.SOG; § 52 mv.SOG; § 17 nds.GefAG; § 13 rp.POG; § 12 saarl.PolG; § 21 sächs.PolG; § 36 s.anh.SOG; § 201 sh.LVwG; § 18 thür.PAG; die Polizeigesetze einiger Bundesländer sehen nunmehr ausdrücklich auch sogenannte Aufenthaltsverbote vor, vgl. z.B. § 29 II berl.ASOG; zur Problematik von Aufenthaltsverboten ohne entsprechende Normierung siehe *W. Hecker*, NVwZ 1999, S. 261 ff.; *F. Rachor*, in: Lisken/Denninger, Hdb. d. PolR, F Rn. 60 a (m.w.N.), 269 und 461 a.

270 *H. Tegtmeyer*, PolG NRW, § 34 Rn. 3.

271 *H. Tegtmeyer*, PolG NRW, § 34 Rn. 3; vgl. auch *L. O. Michaelis*, JuS 1995, S. 1047.

bb) Befragung gemäß § 9 I 1 nrw.PolG[272] bzw. § 12 II 2, 2. Alt. nrw.PolG[273]

Bezüglich des in § 9 I 1 und § 12 II 2, 2. Alt. nrw.PolG niedergelegten Befragungsrechts gibt der Wortlaut der genannten Vorschriften an sich ebenfalls recht deutlich zu erkennen, daß damit nur die Befugnis der Polizei gemeint sein kann, entsprechende Aufforderungen an den Betroffenen zu richten[274].

Unter Befragung ist jedes Verhalten der Polizei gegenüber einer bestimmten Person zu verstehen, das auf die Erlangung von personen- oder sachbezogenen Daten[275] durch Auskunft oder Aussage der befragten Person gerichtet ist[276].

Unabhängig von einer rechtlichen Qualifizierung der Befragung[277] ist dieser Befugnis nicht das Recht immanent, eine etwa mit der Befragungsermächtigung korrespondierende Auskunftspflicht zwangsweise durchzusetzen. Hierzu bedarf es stets eines Rückgriffs auf die Zwangsmittelnormen[278]. Die Vorschriften der §§ 12 II 2 und 9 I 1 nrw.PolG weisen insoweit keinerlei Vollzugselemente auf.

Ähnliches muß übrigens auch für den in § 12 II 2 3. Alt. nrw.PolG normierten Begriff „verlangen" gelten. Auch aus dieser Formulierung ergibt sich, daß darin die tatsächliche (zwangsweise) Durchsetzung nicht bereits enthalten ist, sondern

---

272 Vgl. § 20 I 1 bw.PolG; § 12 S. 1 bay.PAG; § 18 III 1 berl. ASOG; § 11 I 1 brand.PolG; § 13 I 1 brem.PolG; § 3 I 1 hamb. DVPolG; § 12 I 1 hess.SOG; § 28 I 1 mv.SOG; § 12 I nds.GefAG; § 25 a I rp.POG; § 11 I 1 saarl.PolG; § 18 I 1 sächs.PolG; § 14 I 1 s.anh.SOG; § 180 I 1 sh.LVwG; § 13 I 1 thür.PAG.

273 Vgl. § 9 II 2, 2. Alt. ME PolG; Art. 13 II 2, 2. Alt. bay.PAG; § 21 III 2, 2. Alt. berl.ASOG; § 12 II 2, 2. Alt. brand.PolG; § 11 II Nr. 3 brem.PolG; § 4 III Nr. 2 hamb.DVPolG; § 18 III 2, 3. Alt. hess. SOG; § 29 II 2, 1. Alt. mv.SOG; § 13 II 1, 2. Alt. nds.GefAG; § 10 II 2, 2. Alt. rp.POG; § 9 II 2 Nr. 2 saarl.PolG; § 20 III 2, 3. Alt. s.anh.SOG; § 181 II 2, 1. Alt. sh.LVwG; § 14 II 2, 2. Alt. thür.PAG.

274 Vgl. insoweit *F. Rachor*, in: Lisken/Denninger, Hdb. d. PolR, F Rn. 44.

275 Im Rahmen des § 12 II 2 nrw.PolG auf Personalien beschränkt.

276 *H. Tegtmeyer*, PolG NRW, § 9 Rn. 4; allgemein zur polizeilichen Befragung, einer damit korrespondierenden Auskunftspflicht und den weiteren in diesem Zusammenhang bestehenden rechtlichen Problemen vgl. *R.-G. Müller*, Polizeiliche Datenerhebung durch Befragung.

277 Verfügung oder schlichtes Auskunftverlangen; siehe dazu *F. Rachor*, in: Lisken/Denninger, Hdb. d. PolR, F Rn. 165, der diesbezüglich zwischen unverbindlicher und verbindlicher Befragung differenziert.

278 *F. Rachor*, in : Lisken/Denninger, Hdb. d. PolR, F Rn. 190 weist allerdings darauf hin, daß eine bestehende Auskunftsverpflichtung mit Zwangsmitteln in der Praxis kaum durchzusetzen sei. Als unvertretbare Handlung könne sie nicht im Wege der Ersatzvornahme vollstreckt werden. Die Anwendung unmittelbaren Zwangs zur Erlangung einer Auskunft sei gesetzlich ausgeschlossen (vgl. § 55 II nrw.PolG). Das verbleibende Zwangsgeld, welches schriftlich festzusetzen ist (vgl. § 53 I nrw.PolG), werde für die Abwendung akut drohender Gefahren als Druckmittel häufig zu spät kommen.

lediglich die Befugnis umschrieben wird, die betreffende Person zur Personalienangabe bzw. zur Herausgabe mitgeführter Ausweispapiere aufzufordern, also eine Verfügung zu erlassen[279].

cc) Vorladung gemäß § 10 nrw.PolG[280]

Ähnlich stellt sich auch das polizeiliche Vorgehen nach der Vorschrift des § 10 I nrw.PolG dar. Aus der Formulierung „schriftlich oder mündlich vorladen“, muß der Schluß gezogen werden, daß auch hierbei nur das Recht der Polizei begründet wird, eine Verfügung zu erlassen, und zwar entweder in schriftlicher oder in mündlicher Form.

Auch bei der Vorladung handelt es sich also um einen Verwaltungsakt, dessen zwangsweise Durchsetzung schon dem Wortlaut nach nicht auf die Vorschrift des § 10 I nrw.PolG gestützt werden kann. Hierbei greifen vielmehr ebenfalls, wie bei der Platzverweisung gemäß § 34 nrw.PolG, die §§ 50 ff. nrw.PolG als Spezialregeln ein.

Auch aus § 10 III nrw.PolG ist nicht zu folgern, daß durch diese Vorschrift eine Ermächtigung zur Ergreifung vollstreckungsrechtlicher Maßnahmen gegeben wird[281].

Dies ergibt sich u.a. daraus, daß als Zwangsmittel in § 10 III 2 nrw.PolG konkret nur die Vorführung, also eine Form des unmittelbaren Zwangs, vorgesehen ist. Nur für diese Form des Verwaltungszwangs enthält § 10 III 2 nrw.PolG eine explizite Einschränkung.

Es ist jedoch nicht ersichtlich, warum daraus der Schluß gezogen werden sollte, daß unmittelbarer Zwang das einzige in Zusammenhang mit einer Vorladung in Betracht kommende Zwangsmittel sein und die Androhung eines Zwangsgeldes ausscheiden soll. Dafür ergeben sich weder aus dem Wortlaut noch aus der Entstehungsgeschichte dieser Vorschrift irgendwelche Anhaltspunkte[282]. Die Intention des Gesetzgebers deutet vielmehr daraufhin, daß auch andere Zwangsmittel, sprich das Zwangsgeld, in Verbindung mit der zwangsweisen Durchführung der Vorladung in Betracht kommen sollen[283]. Durch die später

---

279 Vgl. *Kilian/Meinel*, JuS 1997, S. 440 (441); entsprechendes gilt für die Prüfung von Berechtigungsscheinen gemäß § 13 nrw.PolG.

280 Vgl. § 11 ME PolG; § 27 bw.PolG; Art. 15 bay.PAG; § 20 berl. ASOG; § 15 brand.PolG; § 12 brem.PolG; § 11 hamb.SOG; § 30 hess.SOG; § 50 mv.SOG; § 16 nds.GefAG; § 12 rp.POG; § 11 II saarl.PolG; § 18 II sächs.PolG; § 35 s.anh.SOG; § 199 sh.LVwG; § 17 thür.PAG.

281 OVG Münster, DVBl. 1982, S. 658; *Kay/Böcking*, PolR NRW, B Rn. 122; *F.-L. Knemeyer*, POR, Rn. 185; *H. Tegtmeyer*, PolG NRW, § 10 Rn. 10.

282 So OVG Münster, DVBl. 1982, S. 658 (659).

283 Vgl. den Gesetzesentwurf (Landesregierung) „Gesetz zur Neuordnung des Polizei-, Ordnungs-, Verwaltungsvollstreckungs- und Melderechts“, LT-Dr. 8/4080, Begrün-

eingefügte Restriktion in § 11 III 2 nrw.PolG (a.F.) sollte lediglich sichergestellt werden, daß eine Vorführung, also die Anwendung unmittelbaren Zwangs, nur bei Gefahr im Verzuge ohne richterliche Anordnung durchgeführt werden durfte, nicht hingegen sollte die zwangsweise Durchführung der Vorladung auf das Mittel des unmittelbaren Zwangs beschränkt werden[284].

Aus alldem ergibt sich somit, daß die Vorschrift des § 10 III nrw.PolG lediglich zusätzlich zu beachtende erhöhte, materielle Voraussetzungen für die zwangsweise Durchsetzung aufstellt, und daß die Formulierung „so kann sie zwangsweise durchgesetzt werden" lediglich als Verweis auf die allgemeinen Normen der §§ 50 ff. nrw.PolG zu begreifen ist und nicht als Ermächtigung zur Zwangsanwendung bzw. zur tatsächlichen Durchführung der Vorladung[285].

dd) Zusammenfassung

Die vorgenannten Standardmaßnahmen vollziehen sich also nach dem anhand der Generalklausel veranschaulichten Verfügungs-/ Vollstreckungs-Schema: Einer auf die jeweilige Ermächtigung gestützten Verfügung schließt sich ein Vollstreckungsverfahren nach den §§ 50 ff. nrw.PolG[286] an. Diesen Standardermächtigungen ist weder die Befugnis zu entnehmen, reale Tathandlungen vorzunehmen (Vollzug im weiteren Sinne) noch die Befugnis, die ausgesprochene Verfügung zwangsweise durchzusetzen (Vollzug im engeren Sinne)[287].

---

dung zu § 11 III nrw.PolG, S. 58; siehe auch OVG Münster, DVBl. 1982, S. 658 (659).

284 Vgl. Beschlußempfehlung und Bericht des Ausschusses für Innere Verwaltung, LT-Dr. 8/5656, zu § 11 nrw.PolG, S. 77; ferner OVG Münster, DVBl. 1982, S. 658 (659).

285 OVG Münster, DVBl. 1982, S. 658; *Kay/Böcking*, PolR NRW, B Rn. 122; *F.-L. Knemeyer*, POR, Rn. 185 f.; *H. Tegtmeyer*, PolG NRW, § 10 Rn. 10; *E. Rasch*, Allg. POR, in: C. H. Ule, Verwaltungsgesetze des Bundes und der Länder, Bd. III, Erster Halbband, § 11 ME Rn. 19; a.M. *Lange/Wilhelm*, Recht der Gefahrenabwehr, S. 88, siehe auch *Wolffgang/Hendricks/Merz*, POR in NRW, Rn. 193, ohne nähere Begründung; eine andere Betrachtungsweise konnte sich jedoch noch aus der alten Fassung des § 24 des nrw.PolG von 1969 ergeben, dessen Abs. 2 wie folgt lautete: *„Leistet der Betroffene der Vorladung zur Durchführung erkennungsdienstlicher Maßnahmen ohne hinreichenden Grund keine Folge, so kann er vorgeführt werden."* Dieser Wortlaut sprach eher für immanente Vollzugselemente bei der Vorladungsvorschrift.

286 Im Falle des § 10 I nrw.PolG ergänzt durch die Voraussetzungen des § 10 III nrw.PolG.

287 Dabei ist allerdings darauf hinzuweisen, daß sich bei den Vorschriften der §§ 34 und 10 nrw.PolG die Frage nach Vollzugselementen im weiteren Sinne eigentlich gar nicht stellt. In beiden Fällen handelt es sich um Maßnahmen, die ohne Mitwirkung der betroffenen Personen nicht denkbar sind, vielmehr ist jeweils eine aktive kör-

b) Standardmaßnahmen mit Vollzugselementen im weiteren Sinne

Entspräche der Ablauf nun bei allen Standardermächtigungen dem zuvor dargestellten Schema, würden sich keine besonderen strukturellen Probleme ergeben.

Daß sich die Lage jedoch nicht immer so übersichtlich darstellt, verdeutlichen zunächst die bereits zuvor angesprochenen Standardermächtigungen[288], die von vornherein nicht den Erlaß einer Verfügung im Auge haben, sondern die Polizei zur Vornahme unmittelbarer Tathandlungen ermächtigen wollen, wie etwa die Maßnahmen aus dem Bereich der Datenverarbeitung, die ohne unmittelbare Beteiligung und Mitwirkung des Betroffenen durchgeführt werden[289]. *Rasch* spricht in diesem Zusammenhang von regelungsvorbereitenden Handlungen[290].

Als Beispiel mag die Datenerhebung durch Observation gemäß § 16 nrw.PolG[291] dienen. Absatz 1 dieser Vorschrift lautet:

„Die Polizei kann personenbezogene Daten erheben durch eine durchgehend länger als 24 Stunden oder mehr als an zwei Tagen vorgesehene oder tatsächlich durchgeführte und planmäßig angelegte Beobachtung (längerfristige Observation)...“

Der Wortlaut sowie Sinn und Zweck des § 16 nrw.PolG verdeutlichen, daß diese Befugnisnorm auf rein tatsächliches polizeiliches Handeln gerichtet ist, nämlich auf das Erheben von Daten mit dem Mittel der planmäßig angelegten (verdeckten oder offenen, vgl. VV nrw.PolG 16.11 zu § 16[292]) Beobachtung. Polizeiliche Verfügungen in diesem Zusammenhang sind zwar denkbar, z.B. wenn eine Observation dem Betroffenen zuvor angekündigt wird[293], entsprechen aber nicht dem eigentlichen Regelungsgehalt des § 16 nrw.PolG[294]. Vielmehr soll die

---

perliche Mitwirkung (bei § 34 jedenfalls insoweit, als es um die Verweisung von einem Ort geht) dieser Personen gefordert. Das bedeutet, daß jede Vornahme einer Tathandlung seitens der Polizei in diesem Zusammenhang nur Anwendung von Verwaltungszwang, konkret von unmittelbarem Zwang, darstellen kann und damit bereits dem Vollzug im engeren Sinne unterfällt.

288 Oben S. 77.

289 Dazu gehören dementsprechend nicht die Vorschriften über Datenerhebung, in denen der Betroffene in irgendeiner Weise mitzuwirken hat: §§ 9, 10, 12, 13, 14 nrw.PolG.

290 *E. Rasch*, DVBl. 1992, S. 207 (208).

291 Vgl. Art. 33 I Nr. 1, II bay.PAG; § 25 I Nr. 1 berl.ASOG; § 32 brand.PolG; § 9 hamb.DVPolG; § 15 I Nr. 1, II hess.SOG; § 33 I Nr. 1, II mv.SOG; § 34 nds.GefAG; § 28 I, II Nr. 1 saarl.PolG; § 39 I i.V.m. § 36 II Nr. 1 sächs.PolG, § 17 I Nr. 1, II, III s.anh.SOG; § 185 I Nr. 1, II sh.LVwG; § 34 I Nr. 1, II thür.PAG.

292 VV nrw.PolG, abgedruckt z.B. bei *H. Tegtmeyer*, PolG NRW.

293 Vgl. *H. Tegtmeyer*, PolG NRW, § 16 Rn. 1.

294 Besonders plastisch wird dies z.B. auch bei der Datenerhebung durch den Einsatz verdeckter Ermittler gemäß § 20 nrw.PolG. Die vorherige Ankündigung würde den Zweck dieser Maßnahme ad absurdum führen.

Polizei zur Vornahme eigener Maßnahmen berechtigt werden, welche sie dann auch, unmittelbar durch diese Standardermächtigung legitimiert, durchführen kann[295].

Ähnlich wie bei § 16 nrw.PolG verhält es sich bei den meisten anderen Maßnahmen der Datenverarbeitung:

- § 11 nrw.PolG
- §§ 15 - 33 nrw.PolG.

Diese Vorschriften zeichnen sich allesamt dadurch aus, daß der Betroffene nicht dergestalt in das Geschehen involviert ist, daß eine an ihn gerichtete Verfügung ergeht (bzw. im Falle des § 50 II nrw. PolG fingiert wird), die gegebenenfalls nach den §§ 50 ff. nrw.PolG durchzusetzen wäre. Die Beteiligung des Bürgers erschöpft sich hier zumeist in einem passiven Erdulden[296] der polizeilichen Tätigkeit.

Das Verfügungs-/Vollstreckungsmodell läßt sich bei diesen Vorschriften in keiner Weise umsetzen, da es dabei nicht um Verpflichtungen des Bürgers geht, die bei Nichtbefolgung mit Zwangsmitteln durchzusetzen wären. Besondere Probleme hinsichtlich der Bestimmung des Ermächtigungsumfanges ergeben sich jedoch bei diesen Vorschriften nicht, vielmehr beinhalten all diese Standardmaßnahmen Vollzugselemente im weiteren Sinne. Die Frage nach Vollzugselementen im engeren Sinne stellt sich bei ihnen erst gar nicht.

Der vorstehende Befund wird übrigens auch dadurch gestützt, daß die bezeichneten Maßnahmen der Datenverarbeitung nach nahezu allgemeiner Meinung als Realakte, also als schlichte Tathandlungen, qualifiziert werden[297]. Der unmittelbare Zusammenhang zwischen der Bestimmung des Ermächtigungsumfangs und der Bestimmung der Rechtsnatur tritt also bei den Vorschriften der §§ 11, 15-33 nrw.PolG besonders deutlich zutage.

---

295 Ähnlich verhält es sich auch beim Löschen gespeicherter Daten. Selbst wenn man, wie das VG Hannover, Fn. 223, in der zuvor zu treffenden Entscheidung einen Verwaltungsakt erblickt, liegt der primäre Regelungsgehalt des § 32 II nrw.PolG in der tatsächlichen Durchführung des Löschens.

296 Dieses Erdulden ist dabei nicht zu verwechseln ist mit dem später noch näher zu skizzierenden Erlaß von Duldungsverfügungen.

297 *H. P. Bull*, Allg. VerwR, Rn. 494; *K. Habermehl*, POR, Rn. 349; *F. Rachor*, in: Lisken/Denninger, Hdb. d. PolR, F Rn. 40; *E. Rasch*, DVBl. 1992, S. 207 (208); das VG Bremen, NVwZ 1989, S. 895 f. sieht demgegenüber etwa die Foto- bzw. Videoüberwachung von Versammlungsteilnehmern als Verwaltungsakte an; dagegen zu Recht *H.-W. Alberts*, NVwZ 1989, S. 839 (840), der darauf hinweist, daß man nicht aus der Eingriffsqualität auf die Rechtsnatur als Verwaltungsakt schließen dürfe.

c) Standardmaßnahmen mit Vollzugselementen im weiteren und im engeren Sinne

Ein anderes Beispiel verdeutlicht jedoch die besondere Problematik der Vollzugselemente im Bereich der Standardmaßnahmen.

Wenn die tatbestandlichen Voraussetzungen vorliegen, darf die Polizei auf der Grundlage des § 41 nrw.PolG eine Wohnung betreten und durchsuchen. Nach dieser Vorschrift wird die Polizei also, zumindest dem Wortlaut nach, selbst zu aktivem Handeln, zur Vornahme von Tathandlungen berechtigt, worin eine Kongruenz zu den Maßnahmen der Datenverarbeitung zu sehen ist, so daß man auch hier die Frage nach immanenten Vollzugselementen aufwerfen muß.

Der Unterschied besteht jedoch darin, daß bei der Standardmaßnahme der Wohnungsbetretung bzw. -durchsuchung die betroffene Person zwar nicht zwingend, aber doch in vielen Fällen selbst involviert ist, zuweilen sogar ihre Mitwirkung gefordert ist. Schlichtes Beispiel ist der in seiner Wohnung anwesende Wohnungsinhaber, den die Polizei zwecks Betretens oder Durchsuchens der Räumlichkeiten aufsucht. Fraglich ist, wie sich seine unmittelbare Beteiligung an diesem Geschehen auf das Verständnis der Norm auswirkt und weiterhin, ob sich im Falle seiner Abwesenheit an diesem Verständnis etwas ändert.

Ermächtigt nun diese Vorschrift, entsprechend dem Verfügungs-/ Vollstreckungsmodell, zu einer an den Wohnungsinhaber gerichteten Verfügung oder unmittelbar zum Betreten/Durchsuchen der Wohnung? Ermächtigt die Vorschrift möglicherweise darüber hinaus sogar zur Anwendung eines gewissen, mit einer Wohnungsbetretung/-durchsuchung typischerweise verbundenen Zwanges?

Ähnlich wie bei der Vorschrift des § 41 nrw.PolG verhält es sich auch bei den anderen Standardermächtigungen im engeren Sinne, also - um es nochmals zu verdeutlichen - bei jenen Vorschriften, deren Wortlaut auf die Durchführung der Maßnahmen durch die Polizei selbst gerichtet ist[298], so daß bei diesen Standardmaßnahmen insgesamt die zuvor in Bezug auf § 41 nrw.PolG formulierten Fragen zu beantworten sind[299]. Insbesondere hier gilt es also den Ermächtigungsumfang im Hinblick auf immanente Vollzugselemente im weiteren und im engeren Sinne zu bestimmen.

Anzumerken ist allerdings dabei, daß gerade bei den Standardmaßnahmen im engeren Sinne die Frage nach Vollzugselementen im weiteren und die Frage nach Vollzugselementen im engeren Sinne in direktem Zusammenhang stehen[300]. Die

---

298 Zum Begriff der Standardmaßnahmen im engeren Sinne und zu den darunter zu fassenden Befugnisnormen vgl. schon oben S. 38 f.

299 S. 60; zur zentralen Fragestellung dieser Untersuchung vgl. auch schon S. 38; siehe dazu ferner *A. Schmitt-Kammler*, NWVBl. 1995, S. 166.

300 Siehe dazu bereits S. 59.

mit diesen Standardmaßnahmen oftmals verbundenen Einwirkungen auf Personen oder Sachen werden von den betroffenen Personen häufig, anders als etwa bei den Maßnahmen der Datenverarbeitung, als körperlich wirkende Gewalt und damit als unmittelbarer Zwang empfunden.

Unmittelbarer Zwang ist die Einwirkung auf Personen oder Sachen durch körperliche Gewalt, ihre Hilfsmittel und durch Waffen (vgl. § 58 I nrw.PolG). Durch die Einwirkung soll der entgegenstehende Wille des Betroffenen gebrochen oder überwunden werden. Nicht jede Einwirkung auf eine Person und erst recht nicht jede Einwirkung auf eine Sache, ist daher unmittelbarer Zwang. Dieser soll als Beugemittel die Vornahme einer Handlung, Duldung oder Unterlassung bewirken[301].

Das Eindringen in eine Wohnung, die Wegnahme von Sachen oder die Ingewahrsamnahme von Personen unterscheiden sich insoweit kaum vom „unmittelbaren Zwang", insbesondere nicht vom Zwang gegen Sachen[302]. Augenscheinlich wird dies, wenn etwa dem sich wehrenden Eigentümer einer Sache dieselbe zwecks Sicherstellung entrissen werden muß. Das bedeutet, daß die Frage nach der Befugnis zu unmittelbarem eigenen Handeln seitens der Polizei, also zur unmittelbaren Vornahme von Tathandlungen, sich vom vollstreckungsrechtlichen Bereich, d.h. von der Anwendung von Verwaltungszwang, bei diesen Standardermächtigungen nicht ohne weiteres trennen läßt[303].

An dieser Stelle wird dann auch die besondere Problematik immanenter Vollzugselemente sichtbar, da ein im folgenden noch näher zu beleuchtender systematischer Konflikt mit den vollstreckungsrechtlichen Vorschriften der §§ 50 ff. nrw.PolG entsteht, ein Konflikt, der sich etwa bei den Maßnahmen der Datenverarbeitung noch nicht ergab, da sich dort die Frage nach der Anwendung von Zwangsmitteln nicht stellte[304].

aa) Meinungsstand

Bezüglich dieses Themenkreises besteht nun eine Reihe unterschiedlicher Ansichten in der Literatur, die im folgenden näher skizziert werden sollen.

Der Rechtsprechung lassen sich hingegen, abgesehen von Aussagen zur Rechtsnatur der Standardmaßnahmen im engeren Sinne[305], kaum nennenswerte

---

301 *H. Tegtmeyer*, PolG NRW, § 55 Rn. 1.
302 Vgl. *P. Kirchhof*, JuS 1975, S. 509 (512).
303 Anders *A. Schmitt-Kammler*, NWVBl. 1995, S. 166, der versucht, beide Fragen getrennt zu beantworten.
304 Vgl. S. 94.
305 Dazu gleich, S. 107 f.

Informationen in dieser Hinsicht entnehmen[306]. Die meisten Urteile, die sich mit diesen Standardermächtigungen befassen[307], behandeln anderweitige rechtliche Probleme.

(1) Anwendung des Verfügungs-/Vollstreckungsmodells

In der Literatur werden die hier in Rede stehenden Standardmaßnahmen zum Teil trotz des jeweiligen Wortlautes nach dem speziell in Zusammenhang mit der Generalklausel des § 8 I nrw.PolG kennengelernten Verfügungs-/Vollstreckungsschema behandelt.

Konstruktiv geschieht das in der Weise, daß zunächst von einer polizeilichen Grundverfügung, und zwar zumeist in Form einer sogenannten Duldungsverfügung[308], ausgegangen wird[309].

Für die Durchsetzung dieser Grundverfügung wird dann auf die vollstreckungsrechtlichen Vorschriften verwiesen[310]. Danach erschöpft sich also der Ermächtigungsumfang der genannten Standardbefugnisse im Erlaß einer Verfü-

---

306 Eine Ausnahme bilden insoweit z.B. die Urteile des OVG Münster, DVBl. 1991, S. 1373 (1374) und des VG Kassel, NVwZ 1985, S. 212 ff., in denen zumindest hinsichtlich des Umfangs der Vollzugselemente bei der Sicherstellungsnorm Stellung genommen wird; vgl. dazu noch ausführlich S. 185 ff.

307 Vgl. etwa zur Identitätsfeststellung: BVerfG, NVwZ 1992, S. 767 f.; BayVBl. 1992, S. 433 f.; zu erkennungsdienstlichen Maßnahmen: BVerwG, DÖV 1983, S. 378 ff.; VGH Kassel, NVwZ-RR 1994, S. 652 ff.; VGH München, NVwZ-RR 1992, S. 72 f.; BayVBl. 1993, S. 211 ff.; zur Ingewahrsamnahme: BVerfG, EuGRZ 1991, S. 41 ff.; BVerwGE 45, S. 51 ff.; OVG Münster, NJW 1980, S. 138 f.; VG Frankfurt, NVwZ 1994, S. 720 ff.; zur Durchsuchung von Personen und Sachen: OVG Münster, NVwZ 1982, S. 46 f. m. Anm. *J. Schwabe*, DVBl. 1982, S. 655 ff. und *R. Riegel*, S. 1006 ff.; zum Betreten und Durchsuchen von Wohnungen: BVerwG, NJW 1975, S. 130 ff.; zur Sicherstellung: OVG Münster, DVBl. 1983, S. 1074 f.; DVBl. 1991, S. 1373 f.; insbesondere zu den Abschleppfällen siehe die Rechtsprechungshinweise in Fn. 825 f.

308 In Fortführung des schon oben S. 55 f. angesprochenen Ansatzes.

309 *Hillmann/Fritz*, POR, in: K. H. Friauf, HÖV, Bd. 2, S. 153 Rn. 198; *C. Koenig*, JA-Übbl. 1993, S. 10 (12); im Ansatz wohl auch *R. Riegel*, POR in der BRD, S. 119; *Kay/Böcking*, PolR NRW, Rn. 355; zu Duldungsverfügungen in Zusammenhang mit den Standardmaßnahmen siehe auch *Gornig/Jahn*, Sicherheits- und Ordnungsrecht, S. 90.

310 *C. Koenig*, JA-Übbl. 1993, S. 10 (12) - in dem dort besprochenen, nach hessischem Recht zu beurteilenden, Übungsfall wird ein Vorgehen der Polizei im Wege des Sofortvollzuges angenommen; ders., Bay. PolR, S. 48; vgl. auch *T. Würtenberger*, POR, in: Achterberg/Püttner, Bes. VerwR, Bd. II, Rn. 114; *Hillmann/Fritz*, POR, in: K. H. Friauf, HÖV, Bd. 2, Rn. 198.

gung; für die Vollstreckung ist demgegenüber nach dem „herkömmlichen“ Schema auf die §§ 50 ff. nrw.PolG zurückzugreifen[311].

Insbesondere die Frage nach Vollzugselementen im engeren Sinne, also nach der regelungsimmanenten Befugnis zur Zwangsanwendung, wird dabei negativ beantwortet. Die der Vollzugspolizei eingeräumten Befugnisse enthielten nicht das Recht zur Anwendung von Verwaltungszwang. Dieser bedürfe einer selbständigen Ermächtigungsgrundlage, die bestimme, wer wann welches Mittel wie anwenden dürfe[312].

Begründet wird dies u.a. damit, daß die Anwendung von Zwangsmaßnahmen einen Betroffenen stärker tangiere als die Grundverfügung selbst, so daß dafür nach dem Vorbehalt des Gesetzes eine weitere, neben die Standardermächtigung tretende Ermächtigungsgrundlage erforderlich sei[313].

Gegen diese konsequente Anwendung des Verfügungs-/Vollstreckungsschemas wird jedoch in der Literatur eine Reihe von Gründen angeführt, wie der Überblick über die weiteren Meinungen zu diesem Problemkreis zeigen wird.

(2) Differenzierung nach dem Regelungsgehalt der Standardmaßnahmen

Überwiegend werden dabei die Standardermächtigungen differenziert betrachtet, und zwar abhängig von ihrem jeweiligen Regelungsgehalt. Dabei werden einerseits die oben genannten Vorschriften, die auf den Erlaß von Verwaltungsakten gerichtet sind[314], und andererseits die hier im Blickpunkt stehenden Standardbefugnisse im engeren Sinne unterschieden[315].

Wolffgang/Hendricks/Merz fügen dabei noch eine dritte Kategorie hinzu, unter der sie Standardmaßnahmen zusammenfassen, die auf die Ausübung unmittelbaren Zwangs gerichtet sein sollen, wie etwa § 10 III nrw.PolG[316]. Bezüglich dieser Vorschrift wurde allerdings schon dargestellt, daß die wesentlich besseren

---

311 Vgl. *Heise/Riegel*, ME PolG, Anm. 3 zu § 28 I; *E. Rasch*, Allg. POR, in: C. H. Ule, Verwaltungsgesetze des Bundes und der Länder, Bd. III, Erster Halbband, Vor § 28 ME Rn. 1.

312 *F.-L. Knemeyer*, POR, Rn. 357; ähnlich *Kay/Böcking*, PolR NRW, Rn. 355; vgl. auch *Heise/Riegel*, ME PolG, Anm. 3 zu § 28 I; *W. Hoffmann-Riem*, POR, in: Hoffmann-Riem/Koch, Hamb. StVwR, S. 159; *E. Rasch*, Allg. POR, in: C. H. Ule, Verwaltungsgesetze des Bundes und der Länder, Bd. III, Erster Halbband, Vor § 28 ME Rn. 1; *Schmidbauer/Steiner/Roese*, Bay. PAG, Art. 53 Rn. 4.

313 So *Hilmann/Fritz*, POR, in: K. H. Friauf, HÖV, Bd. II, Rn. 198.

314 Siehe S. 89 ff.

315 Zur differenzierten Betrachtungsweise siehe *K. Habermehl*, POR, Rn. 529; *Möller/Wilhelm*, Allg. POR, S. 103 f.; vgl. auch *Wolffgang/Hendricks/Merz*, POR in NRW, Rn. 191 ff.

316 *Wolffgang/Hendricks/Merz*, POR in NRW, Rn. 193.

Gründe für die Auslegung sprechen, daß in ihr lediglich zusätzlich zu den allgemeinen Vollstreckungsregeln zu beachtende Voraussetzungen normiert sind und keineswegs eine Ermächtigung zur Zwangsanwendung zu sehen ist[317].

Oldiges macht nun darauf aufmerksam, daß die Standardermächtigungen (im engeren Sinne) selbständige Eingriffsbefugnisse beträfen, die - insoweit vergleichbar mit dem Sofortvollzug - nicht dem gängigen, bei der Generalklausel anzuwendenden Schema von Verfügung mit anschließender Vollstreckung nach Vollstreckungsrecht folgten. In den Standardmaßnahmen im engeren Sinne sieht er Tathandlungen, die einer Vollstreckung nicht bedürften[318].

Allerdings bestehe bei diesen Standardmaßnahmen, wenn sie bei Anwesenheit des Betroffenen vorgenommen würden, das Erfordernis, sie diesem gegenüber - gegebenenfalls konkludent - festzusetzen. Diese Anordnung habe den Charakter einer Duldungsverfügung, die ihrerseits dann wieder, wenn Widerstand geleistet werde, durch Anwendung unmittelbaren Zwanges durchgesetzt werden müsse[319].

In vergleichbarer Weise geht *Habermehl* davon aus, daß die Standardbefugnisse im engeren Sinne alleine, d.h. ohne Rückgriff auf die vollstreckungsrechtlichen Vorschriften, die Rechtsgrundlagen für ihre tatsächliche Durchführung bilden[320].

Allerdings geht auch seine Prämisse zunächst dahin, in den Standardmaßnahmen im engeren Sinne eine Befugnis zum Erlaß von Verfügungen zu sehen, und zwar wiederum in Form von Duldungsverfügungen. Bei den als Befugnis zur eigenhändigen Durchführung seitens der Polizei ausgestalteten Standardmaßnahmen bestehe der Regelungsgehalt allerdings nicht darin, dem Betroffenen ein - notfalls vollstreckbares - seinerseitiges Handeln aufzugeben. Das Beispiel der Wohnungsdurchsuchung verdeutliche, daß bei dieser Standardmaßnahme eine Eigenhandlung der Polizei umschrieben werde, bei der es wenig Sinn mache, dem Bürger diese Handlung als Verhaltenspflicht aufzuerlegen, so daß das anhand der Generalkausel kennengelernte polizeiliche Prozedere hierauf nicht ohne weiteres übertragen werden könne. So könne es etwa nicht der Sinn des § 41 nrw.PolG sein, dem Bürger durch Verwaltungsakt aufzutragen, seine Wohnung selbst zu durchsuchen und im Falle seiner Ablehnung bzw. Weigerung diese

---

317 Siehe oben S. 91 f.

318 *M. Oldiges*, POR, in: Grimm/Papier, Nrw. StVwR, S. 290.

319 *M. Oldiges*, POR, in: Grimm/Papier, Nrw. StVwR, S. 290; auch *K. Habermehl*, POR, Rn. 528 geht wie oben gezeigt vom Erlaß einer Duldungsverfügung aus, ist jedoch der Auffassung, daß dieser Verwaltungsakt in der tatsächlichen Durchführung der Maßnahme grundsätzlich enthalten sei.

320 *K. Habermehl*, POR, Rn. 530.

Pflicht mit Zwangsmitteln durchzusetzen[321]. Vielmehr werde dem Adressaten die Duldung des in der tatsächlichen Durchführung der Maßnahme liegenden Eingriffs in seine Rechte auferlegt[322].

In der Durchführung dieser Maßnahmen selbst liege der Verwaltungsakt: „Dulde diesen Eingriff in dein Recht“[323].

Was nun die Ermächtigungsgrundlage für die tatsächliche Durchführung von Standardmaßnahmen betrifft, so differenziert *Habermehl*, wie oben schon angedeutet, nach dem Regelungsgehalt der Standardermächtigungen[324]:

Soweit der Regelungsgehalt darin bestehe, dem Bürger durch die Verfügung ein bestimmtes Tun aufzuerlegen, so solle die Vollstreckung nur im Wege der Verwaltungsvollstreckung (hier also nach den §§ 50 ff. nrw.PolG) erfolgen können. Standardmaßnahmen mit entsprechendem Regelungsgehalt seien z.B. die Platzverweisung gemäß § 34 nrw.PolG und die Vorladung gemäß § 10 nrw.PolG[325].

Wenn jedoch die Standardbefugnisse ihrem Wortlaut nach selbst die Befugnis zu ihrer tatsächlichen Durchführung umfaßten[326], sollten sie alleine Rechtsgrundlage sein. Soweit die Polizei bei diesen Maßnahmen zur tatsächlichen Durchführung Zwang anwende, handele es sich daher nicht um eine Verwaltungsvollstreckung im Sinne des Verwaltungsvollstreckungsrechts. Die Befugnis, den unmittelbaren und begriffsnotwendig in der Durchführung der Maßnahme liegenden Zwang anzuwenden, brauche sich die Polizei nicht über weitere Vorschriften zu erschließen, da sie der Standardermächtigung immanent sei[327].

So beinhalte etwa die Befugnis, eine Person in Gewahrsam zu nehmen, das Recht, den Bertroffenen tatsächlich (Vollzugselement im weiteren Sinne) und notfalls gewaltsam (Vollzugselement im engeren Sinne) abzuführen[328].

Wegen ihrer Zielsetzung sei es bei diesen Maßnahmen ohnehin nicht angebracht, sie in dem Sinne zu „vollstrecken“, daß man den Adressaten durch Anwendung von Beugemitteln zu bewegen versuche, den angestrebten Erfolg

---

321 Vgl. *K. Habermehl*, POR, Rn. 513; *D. Kugelmann*, DÖV 1997, S. 153 (156) weist in diesem Zusammenhang darauf hin, daß diese Standardmaßnahmen insgesamt unvertretbare Handlungen darstellen.

322 *K. Habermehl*, POR, Rn. 528; vgl. dazu auch *Gornig/Jahn*, Sicherheits- und Polizeirecht, S. 90; *E. Rasch*, DVBl. 1992, S. 207 (211).

323 *K. Habermehl*, POR, Rn. 528.

324 *K. Habermehl*, POR Rn. 528 f.; vgl. auch die nahezu identische Auffassung von *Möller/Wilhelm*, Allg. POR, S. 104 und *H. Wüstenbecker*, JA- Übbl. 1987, S. 33 (34).

325 *K. Habermehl*, POR, Rn. 529.

326 Also die hier zu behandelnden Standardmaßnahmen im engeren Sinne.

327 *K. Habermehl*, POR, Rn. 513.

328 *K. Habermehl*, POR, Rn. 530.

seinerseits herbeizuführen. So mache es beispielsweise wenig Sinn, den Bürger mit Hilfe körperlicher Gewalt zu veranlassen, seine Wohnung selbst zu durchsuchen[329].

Eine Verwaltungsvollstreckung im eigentlichen Sinne solle dann nur hinsichtlich begleitender Maßnahmen in Betracht kommen, insbesondere zum Brechen eines geleisteten Widerstandes des Betroffenen gegen die Durchführung der eigentlichen Standardmaßnahme[330]. In diesem Fall werde allerdings nicht die Standardmaßnahme selbst zwangsweise durchgesetzt, sondern eine die Durchführung der Standardmaßnahme ermöglichende Verfügung, die sich in der Regel auf die Generalklausel stütze[331].

Entscheidend im Hinblick auf die Ermächtigung zur Anwendung von Verwaltungszwang sei jedenfalls, daß sie nur insoweit immanent sei, als es der Befugnisrahmen der jeweiligen Standardmaßnahme zulasse. Darüber hinausgehende Maßnahmen, etwa gegen einen sich der Maßnahme erwehrenden Betroffenen, bedürften einer besonderen (Begleit-) Verfügung, die dann gegebenenfalls nach den Regeln des Vollstreckungsrechts durchzusetzen sei und damit wieder dem „bewährten" Schema folge[332].

Damit bewegt sich *Habermehl* auf der gleichen Linie wie *Oldiges*, wobei allerdings einige feine Unterschiede feststellbar sind.

Gemeinsam ist beiden Auffassungen zunächst, daß sie von einer zugrundeliegenden Duldungsverfügung ausgehen, insoweit also vergleichbar dem unter 2.Teil, II., 2., c), aa) kennengelernten Schema. Für die tatsächliche Durchführung der Maßnahmen verweisen sie jedoch nicht schlechthin auf das Vollstreckungsrecht, sondern primär auf die einschlägige Standardermächtigung selbst.

Habermehl nimmt jedoch zum einen nicht die von *Oldiges* getroffene Differenzierung zwischen abwesendem und anwesendem Pflichtigen vor, zum anderen wird nach seiner Auffassung bei Widerstand des Betroffenen nicht eine auf die Standardermächtigung gestützte Duldungsverfügung, sondern eine auf die Generalklausel gestützte Begleitverfügung vollstreckt.

Eine gewisse, mit der Tathandlung verbundene Zwangsausübung, etwa das gewaltsame Abführen der Person bei der Ingewahrsamnahme, sieht *Habermehl* noch von der jeweiligen Standardermächtigung gedeckt[333], während *Oldiges* Zwangsanwendung in diesem Zusammenhang schlechthin nach Vollstreckungs-

---

329 *K. Habermehl*, POR, Rn. 513.
330 *K. Habermehl*, POR, Rn. 530.
331 *K. Habermehl*, POR, Rn. 514.
332 Vgl. *K. Habermehl*, POR, Rn. 514, 530; *Möller/Wilhelm*, Allg. POR, S. 104.
333 *K. Habermehl*, POR, Rn. 530, der allerdings bei aktivem Widerstand des Betroffenen den Erlaß einer Begleitverfügung mit anschließender Vollstreckung nach Vollstreckungsrecht verlangt (vgl. Rn. 514).

recht zu beurteilen scheint und nur die schlichte Tathandlung auf die Standardmaßnahme selbst stützt[334].

Zusammengefaßt bedeutet das, daß beide von immanenten Vollzugselementen bei den hier in Rede stehenden Standardmaßnahmen ausgehen, *Habermehl* allerdings insofern einen Schritt weitergeht, als er in beschränktem Umfang Vollzugselemente im engeren Sinne anerkennt, während *Oldiges* den Ermächtigungsumfang der Standardbefugnisse auf Vollzugselemente im weiteren Sinne begrenzt.

Die beiden ebenfalls in die zuvor aufgezeigte Richtung gehenden Ansätze von *Wüstenbecker* und von *Scholler/Broß*[335] zeichnen sich dadurch aus, daß sie ausdrücklich von „Vollzugselementen"[336] bzw. von „besonderen Vollstreckungsmaßnahmen"[337] sprechen, die von Standardmaßnahmen mitumfaßt werden. Beide weisen jedoch ebenfalls darauf hin, daß die Grenze immanenter Vollzugselemente dort überschritten werde, wo ein Widerstand des Betroffenen durch Gewalt überwunden werden müsse[338].

(3) Verzicht auf das Verfügungs-/Vollstreckungsschema und auf die Zugrundelegung von Duldungsverfügungen

Allen der zuvor dargestellten Auffassungen ist gemeinsam, daß sie auch bei den Standardmaßnahmen, die ihrem Wortlaut nach die Polizei zu eigenem aktiven Handeln ermächtigen, von polizeilichen Verfügungen in Form von Duldungsverfügungen ausgehen. Die zweite, zuvor dargestellte Meinungsgruppe geht allerdings insoweit einen Schritt weiter, als sie auch die faktische Durchführung zumindest einiger Maßnahmen und zum Teil auch den damit verbundenen Verwaltungszwang auf die Standardermächtigungen selbst stützt und damit von immanenten Vollzugselementen im weiteren und auch im engeren Sinne ausgeht.

Wie die zuvor genannten Autoren setzt sich auch *Schmitt-Kammler* für die Anerkennung von Vollzugselementen bei den Standardmaßnahmen im engeren

---

334 Wobei freilich die oben schon angesprochenen Abgrenzungsschwierigkeiten auftreten, da die jeweiligen Tathandlungen de facto schon eine Art von Verwaltungszwang darstellen, vgl. oben S. 95 f.

335 *Scholler/Schloer*, Grundz. d. POR in der BRD, § 14 S. 341; *H. Wüstenbecker*, JA-Übbl. 1987, S. 33 (34).

336 *H. Wüstenbecker*, JA-Übbl. 1987, S. 33 (34).

337 *Scholler/Schloer*, Grundz. d. POR in der BRD, § 14 S. 341.

338 *H. Wüstenbecker*, JA-Übbl. 1987, S. 33 (34), wonach ein Rückgriff auf das Vollstreckungsrecht grundsätzlich ausscheide, es sei denn, es werde ein über den Grundverwaltungsakt hinausgehender Zwang ausgeübt (gemeint ist wohl ein über den begriffsnotwendig in der Standardmaßnahme steckenden Zwang hinausgehender Zwangseinsatz); *Scholler/Schloer*, Grundz. d. POR in der BRD, § 14 S. 341.

Sinne ein. Von den zuvor skizzierten Auffassungen unterscheidet sich sein Ansatz jedoch wesentlich insoweit, als er die Konstruktion von Duldungsverfügungen in Zusammenhang mit der Durchführung dieser Standardmaßnahmen für gänzlich entbehrlich hält und dementsprechend ablehnt. Er sieht in den Standardermächtigungen im engeren Sinne ausschließlich Ermächtigungen zu realem polizeilichen Handeln ohne vorgängige Verfügung[339].

(a) Duldungsverfügungen als „konstruktive Füllsel"

Schmitt-Kammler sieht allgemein keinen Anlaß, in Zusammenhang mit der Ermächtigung einer Behörde zu aktivem Handeln die Rechtsfigur einer Duldungsverfügung heranzuziehen. Duldungsverfügungen dienten etwa dazu, einen Eigentümer zu verpflichten, bestimmte Handlungen auf seinem (des Eigentümers) Grundstück zuzulassen, Handlungen, zu denen der Dritte durch die Behörde verpflichtet worden sei, diese aber aufgrund der Eigentümerrechte nicht vornehmen könne. Ferner seien Duldungsverfügungen dann angebracht, wenn durch Handlungs- oder Unterlassungsverfügungen der Gefahrenabwehrerfolg nicht herbeizuführen sei[340].

Duldungsverfügungen eigneten sich hingegen nicht als „konstruktive Füllsel" in Fällen, in denen der Behörde eigentlich ganz unkompliziert eine Befugnisnorm zur Seite stehe, die sie zum aktiven Eingriffshandeln unmittelbar ermächtige[341].

(b) Schwer beherrschbare konstruktive Weiterungen

Die Annahme einer vorgängigen Duldungsverfügung führe zudem zu schwerlich beherrschbaren konstruktiven Weiterungen. Wenn sich der Betroffene etwa zur Wehr setze, sei fraglich, ob es dann tatsächlich eine Duldungsverfügung sei, die nun mit Zwangsmitteln durchgesetzt werde oder nicht vielmehr eine „neue" Unterlassungsverfügung, z.B. mit dem Inhalt „Stillhalten".

Wenn es sich jedoch nun tatsächlich um die Durchsetzung einer Duldungsverfügung handeln solle, verwundere es, weshalb der Wortlaut der Standardermächtigungen (im engeren Sinne) nicht entsprechend gefaßt sei, sondern vielmehr der Behörde das Recht einräume, unmittelbar zu handeln. Schließlich bestehe auch die Gefahr eines infiniten Regresses: Warum solle der Duldungsverfügung nicht eine weitere Duldungsverfügung vorausgehen, und zwar mit dem Inhalt, der nachfolgende Erlaß einer Duldungsverfügung sei zu dulden usw.[342]?

---

339 *A. Schmitt-Kammler*, NWVBl. 1995, S. 166 (170).
340 *A. Schmitt-Kammler*, NWVBl. 1995, S. 166 (167).
341 *A. Schmitt-Kammler*, NWVBl. 1995, S. 166 (167).
342 *A. Schmitt-Kammler*, NWVBl. 1995, S. 166 (167).

(c) Betrachtung des tatsächlichen Geschehensablaufs

Ein weiteres Problem der „Verfügungskonstruktion" bestehe – so *Schmitt-Kammler* - darin, daß sie auch dem tatsächlichen Geschehensablauf, bei sozusagen „natürlicher" Betrachtungsweise, nicht gerecht werde. Wenn die Polizei z.B. eine Person in Gewahrsam nehmen wolle, so geschehe dies schlicht dadurch, daß sich die Polizei der betreffenden Person bemächtige. Hier erscheine es als gekünstelt und als Aufrichtung einer ganz überflüssigen Hürde, davon auszugehen, die Polizei wolle erst durch Verwaltungsakt eine Verpflichtung des Bürgers zur Duldung des nachfolgenden Vorgehens begründen. Diese Duldungspflicht ergebe sich vielmehr unmittelbar aus dem Gesetz, und zwar als Kehrseite der gesetzlichen Ermächtigung zu dem Eingriff seitens der Behörde[343]. So wie von der Ermächtigung zum Erlaß eines Verwaltungsaktes, beispielsweise von der Generalermächtigung, nicht erst dann Gebrauch gemacht werden könne, wenn zuvor eine Verfügung zur Duldung dieses Verwaltungsaktes erlassen worden sei, so bedürfe es auch für das Gebrauchmachen von der Ermächtigung zur Vornahme einer Tathandlung nicht dieser Zusatzkonstruktion[344]. Die betreffenden Befugnisnormen wollten nicht ermächtigen zum Erlaß verpflichtender Verwaltungsakte, sondern zur Vornahme von Realakten, zur tatsächlichen Einwirkung auf Personen oder Sachen[345].

(d) Differenzierung zwischen anwesendem und abwesendem Pflichtigen

Den Befürwortern des Verfügungs-/Vollstreckungsschemas hält *Schmitt-Kammler* ferner entgegen, daß sie zum Teil in inkonsequenter Weise zwischen der Situation bei anwesendem und der bei abwesendem Störer unterscheiden würden.

Insoweit verweist er auf einen Teil der Literatur, der in der Tat davon ausgeht, daß bei abwesendem Pflichtigen die Konstruktion einer Grundverfügung gänzlich entbehrlich sei, die jeweiligen Standardmaßnahmen nun vielmehr selbst unmittelbar zur Vornahme von Tathandlungen ermächtigten[346].

Dagegen spricht jedoch nach *Schmitt-Kammler*, daß bei Abwesenheit des Pflichtigen zwar naturgemäß die reale, an ihn gerichtete Verfügung entfalle, dies allerdings nicht zu der Annahme verleiten dürfe, daß die einschlägige Befugnisnorm, also die Norm, die gegenüber einem präsenten Pflichtigen zum Erlaß einer Verfügung ermächtige, nun plötzlich als zur Erfolgsherbeiführung unmittelbar

---

343 *A. Schmitt-Kammler*, NWVBl. 1995, S. 166 (167).
344 *A. Schmitt-Kammler*, NWVBl. 1995, S. 166 (167, Fn. 14).
345 *A. Schmitt-Kammler*, NWVBl. 1995, S. 166 (167).
346 So etwa *D. Schmidt*, Die Polizei 1983, S. 365 (371).

ermächtigend angesehen werden dürfe. Hier bedürfe es vielmehr einer weiteren Vorschrift, die ausdrücklich erkläre, daß bei Unmöglichkeit des Erlasses einer vorhergehenden Verfügung an den Störer die Behörde die Gefahr durch Eigenhandlungen beseitigen könne. Eine entsprechende Norm sei etwa § 50 II nrw.PolG. Dieser Zusammenhang werde von der Gegenposition verkannt, weil dort diejenige Standardmaßnahme, die eben noch als nur zu (Duldungs-) Verfügungen ermächtigend angesehen worden sei, unversehens so behandelt werde, als ermächtige sie zur unmittelbaren Vornahme von Tathandlungen.

Dabei müsse man sich fragen, warum einer Vorschrift bei gegenwärtigem Pflichtigen ein anderer Ermächtigungsumfang zukommen solle, als bei abwesendem Störer[347].

(e) Verkennung des Ziels polizeilichen Handelns

Ein weiterer Einwand *Schmitt-Kammlers* gegen die Verfügungskonstruktion geht dahin, daß dann, wenn man von der Notwendigkeit des vorherigen Erlasses einer Duldungsverfügung ausgehe, das Ziel des polizeilichen Handelns leicht in eine gewisse Schieflage gerate. Es entstehe der Eindruck, dieses Handeln richte sich primär auf ein bestimmtes Verhalten des Betroffenen, und zwar auf dessen Duldungsverhalten. Ziel des polizeilichen Vorgehens sei es jedoch nicht, jemandes Duldung, z.B. für das Betreten der Wohnung, zu erreichen, sondern vielmehr die Durchführung der Maßnahme selbst, also - in dem Beispiel - das Betreten bzw. Durchsuchen der Wohnung selbst[348].

(f) Originärer Ansatz Schmitt-Kammlers

Aus der zuvor dargestellten Kritik an der Konstruktion von Duldungsverfügungen ergibt sich für *Schmitt-Kammler* die oben schon angedeutete Konsequenz, die Standardermächtigungen im engeren Sinne ausschließlich als Ermächtigungen zum tatsächlichen Handeln zu begreifen[349].

Dabei habe der Umstand, daß das Verfügungs-/Vollstreckungsmodell abgelehnt werde, auch Auswirkungen auf die mit den Standardmaßnahmen im engeren Sinne häufig verbundene Zwangsanwendung, man denke z.B. an das Ergreifen der sicherzustellenden Sache oder an die Durchsuchung einer Person. Diese Einwirkungen entsprächen ja genau dem, was die einschlägigen Vorschriften des Vollstreckungsrechts als unmittelbaren Zwang gegen Personen oder

347 *A. Schmitt-Kammler*, NWVBl. 1995, S. 166 (167 f.); vgl. in diesem Sinne auch *G. Robbers*, DÖV 1987, S. 272 (276).

348 *A. Schmitt-Kammler*, NWVBl. 1995, S. 166 (168).

349 Siehe S. 103.

Sachen beschrieben, so daß sich die Frage nach einer diesbezüglichen Ermächtigung stelle[350].

§ 50 nrw.PolG komme deswegen nicht zum Zuge, weil nach dem zuvor Gezeigten keine vorgängige reale (§ 50 I nrw.PolG) oder hypothetische (§ 50 II nrw.PolG) Verfügung vollstreckt werde. Jedoch werde in der Art unmittelbaren Zwangs gehandelt, und auch dafür bedürfe es einer gesetzlichen Ermächtigung. Dem könne man auch nicht dadurch entgehen, daß man bei den beschriebenen Einwirkungen nicht von unmittelbarem Zwang, sondern lediglich von „einfacher körperlicher Gewalt" spreche[351]. Denn auch in Fällen, in denen ein Pflichtiger nicht anwesend sei und an seiner Stelle die Behörde tätig werde, fehle es ja mangels eines entgegenstehenden Willens an einer „echten" Zwangsanwendung. Dennoch bedürfe es auch dafür einer Ermächtigungsgrundlage, welche sich in Nordrhein-Westfalen in § 50 II nrw.PolG finde[352].

Die Ermächtigung für die in Zusammenhang mit den Standardmaßnahmen im engeren Sinne stehende Zwangsanwendung könne sich nur aus den Standardmaßnahmen selbst ergeben, denn bei den genannten Einwirkungen auf Personen oder Sachen handele es sich um solche, die mit dem ganz regulären Ablauf der Standardmaßnahmen typischerweise verbunden seien und nicht etwa nur im Falle der Widersetzlichkeit des Betroffenen zum Zuge kämen[353].

Zur Stützung dieser Annahme greift *Schmitt-Kammler* auf Erkenntnisse aus dem Bereich des Strafprozeßrechts[354] zurück[355]. Dort ist der Grundsatz anerkannt, daß die Ermächtigung gegebenenfalls auch zur Zwangsanwendung bereits aus den einschlägigen Normen der StPO selbst folgt[356], obwohl auch dort, wie bei den Standardmaßnahmen im nrw.PolG, keine Konkretisierung zulässigen Zwanges, sondern lediglich die Ermächtigung zur Durchsuchung, Beschlagnahme etc. normiert ist. Lediglich bezüglich der Art und Weise der Zwangsanwendung wird auf die Polizeigesetze der Länder verwiesen[357].

---

350 *A. Schmitt-Kammler*, NWVBl. 1995, S. 166 (169).

351 *A. Schmitt-Kammler*, NWVBl. 1995, S. 166 (169); a.M. jedoch *G. Fischer*, in: Fischer/Hitz/Laskowski/Walter, BGSG, § 2 UZwG Rn. 2.

352 *A. Schmitt-Kammler*, NWVBl. 1995, S. 166 (169).

353 *A. Schmitt-Kammler*, NWVBl. 1995, S. 166 (169).

354 Darauf wird auch später bei der Einzelanalyse der einzelnen Standardmaßnahmen, S. 125 ff., noch einmal zurückzukommen sein.

355 *A. Schmitt-Kammler*, NWVBl. 1995, S. 166 (169) Fn. 32.

356 *Kleinknecht/Meyer-Goßner*, StPO, Einl. Rn. 45 m.w.N.; ebenso *Drews/Wacke/Vogel/Martens*, Gefahrenabwehr, S. 140; vgl. auch *Heise/Riegel*, ME PolG, Anm. 3 zu § 28 ME; *L. Senge*, in: Karlsruher Kommentar, § 81 b StPO Rn. 6; *H. Tegtmeyer*, PolG NRW, § 57 Rn. 1; *E. Rasch*, Allg. POR, in: C. H. Ule, Verwaltungsgesetze des Bundes und der Länder, Bd. III, Erster Halbband, Vor § 28 ME Rn. 1.

357 *Kleinknecht/Meyer-Goßner*, StPO, Einl. Rn. 46; *A. Schmitt-Kammler*, NWVBl. 1995, S. 166 (169) Fn. 32; *H. Tegtmeyer*, PolG NRW, § 57 Rn. 1.

Was nun den Umfang der bei den Standardmaßnahmen im engeren Sinne mitgeregelten Befugnis zur Zwangsanwendung betrifft, so beschränkt *Schmitt-Kammler* diesen allerdings auf die mit der betreffenden Maßnahme typischerweise verbundenen Zwangsmaßnahmen. Komme es hingegen zu irregulären Abläufen, bei denen der Erlaß ganz neuer, vor allem auf die Generalklausel gestützter Verfügungen notwendig werde, so richte sich deren Vollstreckung wieder, entsprechend dem „herkömmlichen Schema“, nach den §§ 50 ff. nrw.PolG. Folgende Abgrenzung sei dabei vorzunehmen:

Die Standardmaßnahmen im engeren Sinne, also die, die ihrem Wortlaut nach die zuständige Behörde zur Vornahme von Tathandlungen ermächtigten, berechtigten zum Einsatz desjenigen Maßes an Verwaltungszwang, wie er typischerweise erforderlich sei, um die jeweilige Maßnahme durchzuführen. Komme es hingegen zu einer gewillkürten Widersetzlichkeit des Betroffenen oder eines Dritten, sei der Befugnisrahmen der Standardermächtigungen nicht mehr ausreichend und es greife ein neues, rechtlich eigenständiges Geschehen in Form von Verhaltensverfügungen und deren Vollstreckung Platz[358].

Schmitt-Kammler geht damit bei den Standardmaßnahmen im engeren Sinne in beschränktem Umfang auch von Vollzugselementen im engeren Sinne aus.

(4) Verbindung der Frage nach immanenten Vollzugselementen mit der Frage nach der Rechtsnatur von Standardmaßnahmen

Ein Teil der Rechtsprechung und Literatur nähert sich der hier zugrundeliegenden Problemstellung (auch) aus einem anderen Blickwinkel, und verbindet die Frage nach immanenten Vollzugselementen bei den Standardmaßnahmen im engeren Sinne mit der Frage nach ihrer Rechtsnatur[359]. Dabei läßt sich feststellen, daß sich in diesem Zusammenhang der zuvor dargestellte Meinungsstand quasi auf einer anderen Ebene widerspiegelt.

(a) Standardmaßnahmen im engeren Sinne als Verwaltungsakte

So überrascht es nach dem Vorgenannten zunächst wenig, daß ein großer Teil der Literatur und auch einige Verwaltungsgerichte in den auf die Standardermächti-

---

358 *A. Schmitt-Kammler*, NWVBl. 1995, S. 166 (170); die konkrete Anwendung dieser Abgrenzungsmethode auf die einzelnen in Rede stehenden Standardmaßnahmen soll erst bei der nachfolgenden Einzelanalyse, S. 125 ff., dargestellt werden; gegen die Einbeziehung des typischen Zwangs wenden sich jedoch explizit *Würtenberger/Heckmann/Riggert*, PolR in BW., Rn. 205, siehe insbesondere Fn. 101.

359 Vgl. schon die obigen Ausführungen zu den Auswirkungen der der Arbeit zugrunde liegenden Problemstellung auf die Frage der Rechtsnatur der Standardmaßnahmen, S. 72 ff.

gungen im engeren Sinne gestützten Maßnahmen Verwaltungsakte erblicken[360]. Diese Tatsache korrespondiert nämlich mit dem Umstand, daß ein Großteil des Schrifttums, wie zuvor gezeigt, in den Standardmaßnahmen im engeren Sinne Ermächtigungen zum Erlaß von polizeilichen Verfügungen, in den meisten Fällen zum Erlaß sogenannter Duldungsverfügungen sieht[361]. Dabei wird häufig davon ausgegangen, daß diese Duldungsverfügungen - wenn nicht ausdrücklich ausgesprochen - zumindest konkludent in der tatsächlichen Durchführung der Maßnahme enthalten seien[362].

Wenn somit in Rechtsprechung und Literatur auch heute noch im Zusammenhang mit den Standardmaßnahmen im engeren Sinne von (konkludenten) Duldungsverfügungen ausgegangen wird und damit diese Maßnahmen als Verwaltungsakte qualifiziert werden, heißt das nicht zwangsläufig, daß immanente Vollzugselemente nicht anerkannt würden. Zum Teil wird in den Standardermächtigungen im engeren Sinne nämlich sowohl eine Befugnis zum Erlaß von Verfügungen als auch die Ermächtigung zur tatsächlichen Durchführung der Maßnahmen gesehen[363].

Eine endgültige Folgerung bezüglich der Ausgangsfrage läßt sich damit der rechtlichen Einordnung als Verwaltungsakte nicht entnehmen.

(b) Standardmaßnahmen im engeren Sinne als Realakte

Ein anderer Teil des Schrifttums sieht in den Standardmaßnahmen im engeren Sinne hingegen Realakte, also Maßnahmen, die tatsächliches, reales Verwaltungshandeln zum Gegenstand haben[364]. Dabei wird, ähnlich wie von *Schmitt-Kammler*, vor allem die Konstruktion einer konkludenten bzw. fingierten Duldungsverfügung kritisiert.

360 Vgl. VG Münster, DVBl. 1962, S. 794 (795) m. Anm. *K.-C. Zahn*, S. 795 ff., wobei das VG allerdings differenziert zwischen der in der tatsächlichen Handlung liegenden Anordnung, die ein Verwaltungsakt sein soll und der realen Handlung selbst; so auch *Kopp/Ramsauer*, VwVfG, § 35 Rn. 24; vgl. ferner, in Anknüpfung an BVerwGE 26, S. 161 (165), VG Frankfurt, NJW 1981, S. 2372; *Gornig/Jahn*, Sicherheits- und Polizeirecht, S. 90; *K. Habermehl*, POR, Rn. 527; *H.-G. Henneke*, in: H. J. Knack, *VwVfG, § 35 Rn. 83; H.-G. König*, BayVBl. 1981, S. 359 (362); siehe auch *V. Götz*, Allg. POR, Rn. 278; vgl. ferner *P. Stelkens/U. Stelkens*, in: Stelkens/Bonk/Sachs, VwVfG, § 35 Rn. 67 m.w.N., die allerdings selbst nicht konkret Stellung beziehen.

361 Dazu siehe bereits S. 97 ff.

362 Siehe nur *K. Habermehl*, POR, Rn. 528.

363 So *K. Habermehl*, POR, Rn. 527 ff.; vgl. schon oben S. 99 ff.

364 So vor allem *Drews/Wacke/Vogel/Martens*, Gefahrenabwehr, S. 216; siehe auch *F. Rachor*, in: Lisken/Denninger, Hdb d. PolR, F Rn. 35 ff.

Tatsächlichen Handlungen, die keinen entgegenstehenden Willen brächen, also keine Zwangsmaßnahmen seien, könne kein gleichzeitiger Duldungsbefehl entnommen werden[365]. Besonders deutlich werde dies bei Maßnahmen gegenüber Abwesenden oder Bewußtlosen[366].

Dennoch sei anzuerkennen, daß auch den hier in Rede stehenden Standardmaßnahmen polizeiliche Verfügungen vorausgehen könnten, die eine Verhaltenspflicht zur Verwirklichung der Maßnahme begründeten, mithin eine Rechtsfolge setzten und deshalb als Verwaltungsakte anzusehen seien[367]. Die Standardmaßnahmen im engeren Sinne beinhalteten auch das Recht der Polizei, Aufforderungen mit entsprechenden Verhaltenspflichten an die Betroffenen zu richten. So werde die Polizei etwa nicht wortlos den Kofferraum eines Wagens aufbrechen, sondern sie werde den Fahrer - natürlich nur im Falle seiner Anwesenheit - zunächst aus Gründen der Verhältnismäßigkeit des Eingriffs auffordern müssen, ihn selbst zu öffnen. Dem Eindringen in eine Wohnung gehe etwa die Aufforderung an den Wohnungsinhaber voraus, die Tür zu öffnen. All diese Befehle seien, obwohl aus dem Wortlaut der einschlägigen Vorschriften nicht eindeutig hervorgehend, als Minus in der Ermächtigung zu den entsprechenden tatsächlichen Handlungen enthalten. Die Auslegung des Ermächtigungsrahmens der Standardmaßnahmen im engeren Sinne habe sich also am zuvor genannten Verhältnismäßigkeitsgrundsatz, in einigen Fällen (z.B. Aufforderung zur Herausgabe anstatt schlichte Wegnahme, Aufforderung zum Öffnen anstatt Sprengen der Tür) an dem im Verhältnismäßigkeitsgrundsatz fußenden Recht des Betroffenen, der Polizei ein Austauschmittel anzubieten, zu orientieren[368]. Es gelte das verfassungsrechtliche Postulat der Vorherigkeit sprachlicher vor tatsächlicher Gewalt[369]. Bei den vorgenannten Aufforderungen handele es sich allerdings um lediglich begleitende Befehle[370].

Die Ermächtigung zum Erlaß begleitender Verfügungen sei jedoch nicht der primäre Regelungsgehalt dieser Standardbefugnisse. Aus dem allgemeinen Sprachgebrauch und aus den einschlägigen Vorschriften ergebe sich vielmehr, daß es sich um Maßnahmen handele, die tatsächliches, reales Geschehen zum

---

365 *F. Rachor*, in: Lisken/Denninger, Hdb. d. PolR, F Rn. 41.

366 *F. Rachor*, in: Lisken/Denninger, Hdb. d. PolR, F Rn. 41.

367 *Drews/Wacke/Vogel/Martens*, Gefahrenabwehr, S. 216; so auch *F. Rachor*, in: Lisken/Denninger, Hdb. d. PolR, F Rn. 43.

368 Vgl. *F. Rachor*, in: Lisken/Denninger, Hdb. d. PolR, F Rn. 43; *P. J. Tettinger*, Bes. VerwR/1, Rn. 368 weist allerdings zu Recht darauf hin, daß es sich beim „Mittelaustausch" i.S.d. § 3 II ME PolG bzw. § 3 II nrw.PolG um eine eigenständige Polizeirechtsfigur handelt, die jedoch gleichfalls ihren Standort innerhalb des rechtsstaatlichen Übermaßverbotes finden muß.

369 *F. Rachor*, in: Lisken/Denninger, Hdb. d. PolR, F Rn. 43.

370 So *F. Rachor*, in: Lisken/Denninger, Hdb. d. PolR, F Rn. 43.

Gegenstand hätten[371]. Die Standardmaßnahmen im engeren Sinne entsprächen eben nicht dem Muster von (konkludenter) Anordnung einer Maßnahme und deren zwangsweiser Durchsetzung[372]. Sie enthielten eine Ermächtigung der Polizei zu eigenem Handeln, und zwar ohne vorausgehenden Verwaltungsakt und damit außerhalb des mehraktigen Verwaltungsvollstreckungsverfahrens. Dementsprechend sei natürlich auch, z.B. bei abwesendem Störer, auf Rechtsfiguren wie die unmittelbare Ausführung oder den sofortigen Vollzug (§ 50 II nrw.PolG) und die damit verbundene Fiktion eines Verwaltungsaktes zu verzichten, da die Polizei auch dann nicht anstelle des zu einem bestimmten Verhalten verpflichteten Störers, sondern „selbst" handle[373].

In diesem Kontext verweist *Martens* [374]auf ein älteres Urteil aus der Rechtsprechung des *BVerwG*[375], in dem davon ausgegangen wird, daß die Polizei durch konkludentes Verhalten mittels körperlicher Gewalt (Einsatz von Hiebwaffen) den Betroffenen zu einem bestimmten (Duldungs-) Verhalten verpflichten kann. Die Vorstellung, der Hieb mit dem Schlagstock auf den Kopf enthalte (auch) einen Verwaltungsakt, könne indes nicht überzeugen. Die Konstruktion sei lebensfremd und auch aus Rechtsschutzgründen nicht mehr geboten, da die Möglichkeit der verwaltungsgerichtlichen Klage nicht mehr vom Vorliegen eines Verwaltungsaktes abhänge[376].

Die Konstruktion einer Duldungsverfügung aus Rechtsschutzgründen, wie sie früher befürwortet wurde, sei vielmehr als überflüssig zurückzuweisen. Die Verwaltungsgerichtsordnung halte auch für Klagen gegen Realakte prozessuale Instrumente bereit. Zu denken sei dabei insbesondere an die Feststellungsklage nach § 43 I VwGO und an die allgemeine Leistungsklage (vgl. §§ 43 II, 113 III VwGO)[377]. Wolle man dem Gesichtspunkt des bestmöglichen Rechtsschutzes bei der Bestimmung der Rechtsnatur der angegriffenen Maßnahme immer noch eine Bedeutung zumessen, müsse man ohnehin den nicht fristgebundenen Rechtsbehelfen und damit einer Auslegung den Vorzug geben, die den tatsächlichen Charakter bestimmter polizeilicher Maßnahmen herausstreiche[378].

---

371 *Drews/Wacke/Vogel/Martens*, Gefahrenabwehr, S. 216 f.

372 Diesem Schema folgen allenfalls die zuvor angesprochenen, aufgrund des Verhältnismäßigkeitsgedankens erforderlichen Begleitverfügungen gegenüber einem anwesenden Störer.

373 *F. Rachor*, in: Lisken/Denninger, Hdb. d. PolR, F Rn. 44.

374 *Drews/Wacke/Vogel/Martens*, Gefahrenabwehr, S. 217.

375 BVerwGE 26, S. 161 (164).

376 Vgl. dazu schon oben S. 76 f., Fn. 215 ff.

377 Siehe S. 76 f.

378 So *F. Rachor*, in: Lisken/Denninger, Hdb. des PolR, F Rn. 38.

Zudem lasse sich unbestreitbar kein Verwaltungsakt konstruieren, wenn die betroffene Person bei der jeweiligen Maßnahme überhaupt nicht anwesend sei, da es an der für die Wirksamkeit erforderlichen Bekanntgabe (vgl. §§ 41 I, 43 I BVwVfG, §§ 41 I, 43 I nrw.VwVfG) fehle[379]. Daß nun aber die Rechtsnatur dieser Maßnahmen sich solle ändern können, wenn sie in Anwesenheit des Betroffenen bzw. einer handlungsfähigen Person gegenüber vorgenommen würden, vermöge nicht einzuleuchten[380]. Sie seien auch dann nicht auf die Setzung einer Rechtsfolge gerichtet, erschöpften sich vielmehr in tatsächlichen Verwaltungshandlungen[381].

Auch weitere Gründe, die bei den Standardmaßnahmen im engeren Sinne die Konstruktion von Verwaltungsakten stützten, seien nicht ersichtlich.

Die Rechtssicherheit etwa spreche ebenfalls nicht für die Annahme eines Verwaltungsaktes. Die Duldungsverfügung erledige sich mit der Vornahme der tatsächlichen Handlung. Da sie keine Rechtswirkungen mehr entfalte, verlange der Gesichtspunkt der Rechtssicherheit auch nicht den Eintritt der Bestandskraft[382].

Auch die gegenüber dem Realhandeln strengere Verfahrensgebundenheit des Verwaltungsakts nötige nicht zur Konstruktion eines solchen. Die Regelungen über Form und Verfahren beim Erlaß von Verwaltungsakten würden im Polizeirecht typischerweise nicht gelten. Da eine konkludente Duldungsverfügung kein schriftlicher Verwaltungsakt sei, bedürfe es hier z.B. keiner Begründung (vgl. § 39 VwVfG). Auch von einer Anhörung vor dem Erlaß eines Verwaltungsaktes könne abgesehen werden, wenn - wie bei Polizeihandeln regelmäßig der Fall - eine sofortige Entscheidung wegen Gefahr im Verzug notwendig erscheine (vgl. § 28 II Nr. 1 VwVfG)[383].

Die vertrauensschützenden Regelungen über Rücknahme und Widerruf von Verwaltungsakten schließlich fänden in Fällen der Duldungsverfügung keine Anwendung, da sich die - unterstellte - Pflicht zur Duldung mit Beendigung der zu duldenden Handlung erledige und dementsprechend nicht mehr zurückgenommen oder widerrufen werden könne[384].

---

379 *Drews/Wacke/Vogel/Martens*, Gefahrenabwehr, S. 217; *F. Rachor*, in: Lisken/Denninger, Hdb. d. PolR, F Rn. 41; vgl. auch *R. Pietzner*, VerwArch 84 (1993), S. 261 (265); *B. Walter*, VR 1998, S. 397 (398).

380 *Drews/Wacke/Vogel/Martens*, Gefahrenabwehr, S. 217; in diesem Sinne auch *G. Robbers*, DÖV 1987, S. 272 (276); zur Problematik der Differenzierung zwischen anwesendem und abwesendem Störer vgl. bereits *A. Schmitt-Kammler*, Fn. 347.

381 *Drews/Wacke/Vogel/Martens*, Gefahrenabwehr, S. 217; vgl. auch *Meyer/Borgs-Maciejewski*, VwVfG, § 35 Rn. 40.

382 *F. Rachor*, in: Lisken/Denninger, Hdb. d. PolR, F Rn. 42.

383 *F. Rachor*, in: Lisken/Denninger, Hdb. d. PolR, F Rn. 42.

384 *F. Rachor*, in: Lisken/Denninger, Hdb. d. PolR, F Rn. 42.

Es handele sich also bei den Standardmaßnahmen im engeren Sinne um Realakte, die in ihrem Erscheinungsbild der unmittelbaren Ausführung bzw. dem sofortigen Vollzug polizeilicher Maßnahmen entsprächen. Sie seien allerdings nicht an die dafür geltenden gesetzlichen Voraussetzungen gebunden, ihre Rechtmäßigkeit habe sich vielmehr allein an den für sie einschlägigen Ermächtigungsgrundlagen, d.h. an den Standardmaßnahmen im engeren Sinne, zu orientieren[385].

Aus dem Vorgenannten ergibt sich damit, daß *Martens* und *Rachor*, vergleichbar dem Ansatz *Schmitt-Kammlers*, von Vollzugselementen bei den Standardmaßnahmen im engeren Sinne ausgehen. Dadurch, daß diese Autoren die Standardbefugnisse im engeren Sinne als Realakte deklarieren, machen sie deutlich, daß sie zumindest Vollzugselemente im weiteren Sinne anerkennen, also die Befugnis der Polizei, nicht lediglich Verfügungen gegenüber Störern auszusprechen, sondern unmittelbar selbst in Form tatsächlicher Handlungen tätig zu werden.

Die Annahme, daß die in Rede stehenden Befugnisnormen darüber hinaus auch zur Anwendung von Verwaltungszwang ermächtigen und damit auch Vollzugselemente im engeren Sinne beinhalten, wird allerdings, zumindest von *Rachor*, ausdrücklich abgelehnt. Wenn die Polizei während der tatsächlichen Durchführung der Maßnahme auf Widerstand, etwa seitens des Betroffenen, stoße, habe diesem gegenüber eine ausdrückliche Duldungsverfügung zu ergehen, die dann wiederum gegebenenfalls nach Vollstreckungsrecht durchzusetzen sei. So weit wie *Schmitt-Kammler*, der jedenfalls in begrenztem Umfang auch die Zwangsanwendung miteinbezieht, geht also jedenfalls *Rachor* nicht.

(c) Standardmaßnahmen im engeren Sinne als sogenannte regelungsersetzende Handlungen

Ein weiterer Teil der Literatur sieht in den Standardbefugnissen im engeren Sinne sogenannte regelungsersetzende Handlungen[386].

Diese Handlungsart soll dadurch gekennzeichnet sein, daß sie ohne vorhergehende Regelung ergeht und dennoch unmittelbar die Rechtsstellung des Betroffenen verändert[387]. Innerhalb dieser Meinungsgruppe besteht jedoch dann im weiteren Uneinigkeit bezüglich der Determinierung der Rechtsnatur dieser Maßnahmen.

---

385 *Drews/Wacke/Vogel/Martens*, Gefahrenabwehr, S. 217.

386 *E. Rasch*, DVBl. 1992, S. 207 (211); *G. Robbers*, DÖV 1987, S. 272 (275); siehe auch *Würtenberger/Heckmann/Riggert*, PolR in BW., Rn. 206.

387 *E. Rasch*, DVBl. 1992, S. 207 (209); *G. Robbers*, DÖV 1987, S. 272 (275).

Robbers bezeichnet die regelungsersetzenden Handlungen und damit auch die nach seinem Ansatz dazu gehörende Gruppe der Standardmaßnahmen im engeren Sinne als verwaltungsaktähnliche Handlungen. Die regelungsersetzende Tätigkeit würde sich, ginge ihr ein Verwaltungsakt voraus, als Vollziehung einer Regelung darstellen. Stets sei es auch eine Regelung, die ersetzt werde, weil das hier in Rede stehende Verwaltungshandeln konkret und einseitig sei. Für diese regelungsersetzenden Handlungen würden nun die gleichen Verfahrensnormen wie für die ersetzte Regelung analog gelten, jedenfalls, soweit die tatsächlichen Verhältnisse dafür Raum ließen[388].

Diese „Zwitterstellung" zwischen Verwaltungsakt und Realakt räumt *Robbers* allerdings nur dann den Standardmaßnahmen im engeren Sinne ein, wenn sie ohne vorhergehenden Verwaltungsakt, also gegenüber einem abwesendem oder bewußtlosen Betroffenen, durchgeführt werden; denn in diesen Fällen könne man, vor allem mangels Bekanntgabe, nicht von Verwaltungsakten sprechen. Es handele sich jedoch auch nicht um schlichte Realhandlungen, da sie sehr wohl eine von der Behörde intendierte rechtliche Beeinflussung der Wirklichkeit darstellten[389].

Damit trifft *Robbers* die zuvor schon mehrmals kritisierte Differenzierung zwischen anwesendem und abwesendem Pflichtigen.

Im Hinblick auf die Ausgangsfragestellung läßt sich den vorgenannten Ausführungen entnehmen, daß die Standardmaßnahmen im engeren Sinne nach Ansicht *Robbers'* jedenfalls dann zur unmittelbaren Vornahme von Tathandlungen ermächtigen, wenn eine vorhergehende Verfügung aufgrund der Abwesenheit des Adressaten nicht möglich ist. Zumindest für diese Konstellation geht *Robbers* also von Vollzugselementen im weiteren Sinne aus. Das Problem der in Verbindung mit einer Standardmaßnahme notwendig werdenden Zwangsanwendung und der dafür einschlägigen Ermächtigungsvorschrift, also die Frage nach Vollzugselementen im engeren Sinne, wird dagegen nicht thematisiert.

Rasch orientiert sich zwar an der vorgenannten Terminologie, ordnet somit die fraglichen Standardmaßnahmen den sogenannten regelungsersetzenden Handlungen zu, kommt allerdings hinsichtlich ihrer Rechtsnatur zu einem anderen Ergebnis. Noch deutlicher differenziert er die Fälle anwesender und die Fälle abwesender Störer.

In der erstgenannten Konstellation legt er, wie ein Teil der Rechtsprechung und Literatur[390], die Duldungstheorie zugrunde und qualifiziert das gesamte Vorgehen nach der jeweiligen Standardermächtigung als Verwaltungsakt. Anderen-

---

388 *G. Robbers*, DÖV 1987, S. 272 (275).
389 *G. Robbers*, DÖV 1987, S. 272 (275 f.).
390 Vgl. Fn. 360.

falls, also bei abwesendem Störer, sei die Maßnahme als Realakt zu beurteilen, da die Duldungstheorie in diesen Fällen versage[391]. *Rasch* geht im letztgenannten Fall damit nicht, wie *Robbers*, von verwaltungsaktähnlichen Handlungen, und damit quasi von einer Rechtsform sui generis aus.

Für die Frage nach immanenten Vollzugselementen ergeben sich daraus allerdings ebenfalls keine über die schon zuvor dargestellten Auffassungen hinausgehenden Erkenntnisse, vor allem was die Zugrundelegung der Duldungstheorie betrifft.

Dieser Befund bestätigt letztlich, daß die gesamte Diskussion um die Frage nach der Rechtsnatur der Standardmaßnahmen die Problematik ihres Ermächtigungsumfangs lediglich widerspiegelt und mit ihr untrennbar verknüpft ist. Sieht man etwa in den Standardermächtigungen im engeren Sinne ausschließlich Befugnisse zum tatsächlichen Handeln und verzichtet man, wie *Schmitt-Kammler*, gänzlich auf die Konstruktion von Duldungsverfügungen, so sind die aufgrund der entsprechenden Vorschriften durchgeführten Maßnahmen zwangsläufig als Realakte zu qualifizieren.

(5) Grundsätzliche Bedenken gegen die Annahme immanenter Vollzugselemente bei den Standardmaßnahmen im engeren Sinne

Grundsätzliche Bedenken gegen die Annahme immanenter Vollzugselemente bei den Standardmaßnahmen im engeren Sinne werden von *Schenke*[392] geltend gemacht.

Dabei geht er von der Prämisse aus, daß Standardmaßnahmen in der Regel als Verwaltungsakte zu qualifizieren seien, und verbindet die Problematik der Vollzugselemente, wie die zuvor dargestellten Auffassungen, mit der Frage nach der Rechtsnatur der Maßnahmen. Auch *Schenke* legt die Duldungstheorie zugrunde und vertritt den Standpunkt, daß die Anordnung derartiger Maßnahmen strikt von deren Vollzug, der als Realakt zu begreifen sei, abgegrenzt werden müsse[393].

Die Auffassung, Standardmaßnahmen wie die Beschlagnahme einer Sache oder eine Durchsuchung seien ausschließlich Realakte, vermöge nicht zu überzeugen, da sie das neben die Vollziehung der Standardmaßnahme tretende Regelungselement ausblende. So werde die Unhaltbarkeit einer solchen These beispielsweise durch den Wortlaut des Art. 13 II GG verdeutlicht, der explizit von der Anordnung einer Durchsuchung spreche. Darüber hinaus wirke sich das

---

391 *E. Rasch*, DVBl. 1992, S. 207 (211).

392 *W.-R. Schenke*, POR, in: U. Steiner, Bes. VerwR, Rn. 77 f.

393 *W.-R. Schenke*, POR, in: U. Steiner, Bes. VerwR, Rn. 77; in diesem Sinne auch *W. Hoffmann-Riem*, POR, in: Hoffmann-Riem/Koch, Hamb. StVwR, S. 159.

Verständnis der Standardmaßnahme als eines reinen Vollziehungsaktes insofern zum Nachteil des Bürgers aus, als danach die Durchführung ohne Kenntnis des Betroffenen unabhängig von den Voraussetzungen des Sofortvollzuges bzw. der unmittelbaren Ausführung möglich wäre, obwohl es sich bei den dort vorgesehenen tatbestandlichen Restriktionen um Konkretisierungen des Übermaßverbotes handele[394].

Einige weitere interessante Argumente gegen immanente Vollzugselemente finden sich zudem in einer älteren Stellungnahme von *Schenke* aus dem Jahre 1988[395]:

Gehe man davon aus, daß der Vollzug von Standardmaßnahmen auf die jeweilige Standardermächtigung selbst zu stützen sei und sich damit weder als unmittelbare Ausführung noch als Anwendung von Zwangsmitteln im Sinne des Vollstreckungsrechts begreifen lasse, bedeute dies, daß Kostenersatzansprüche, die sonst nach den vollstreckungsrechtlichen Regelungen[396] gegeben seien, entfielen[397].

Ferner könne die Ansicht, die Standardermächtigungen schlössen den Rückgriff auf das Vollstreckungsrecht aus, ohnehin nicht konsequent durchgehalten werden, nämlich insbesondere dann, wenn der Maßnahme der Polizei aktiver Widerstand seitens des Betroffenen entgegengesetzt werde und daher zur Brechung des entgegenstehenden Willens auf die Anwendung unmittelbaren Zwangs zurückgegriffen werden müsse. Solche Konstellationen ließen sich dogmatisch nur als (Zwangs-) Vollstreckung von Verwaltungsakten befriedigend erklären. Überdies sei nicht einzusehen, warum bei der Durchsetzung von Standardmaßnahmen im engeren Sinne grundsätzlich die Verhängung von Zwangsgeld, die ansonsten über die vollstreckungsrechtlichen Regelungen ermöglicht werde[398], ausgeschlossen sei. Ähnliches gelte auch für die Ersatzvornahme[399]. Die Tatsache nämlich, daß eine Ersatzvornahme in Verbindung mit Standardmaßnahmen meist nicht zum Tragen komme, erkläre sich nicht daraus, daß die Standardermächtigungen einen Rückgriff auf das Vollstreckungsrecht ausschlössen, sondern daraus, daß es sich hier in der Regel um unvertretbare Handlungen handele, bei denen eine Ersatzvornahme naturgemäß ausscheide[400].

---

394 *W.-R. Schenke*, POR, in: U. Steiner, Bes. VerwR, Rn. 78.
395 *W.-R. Schenke*, POR, in: U. Steiner, Bes. VerwR, 3. Aufl. 1988, S. 194.
396 Vgl. z.B. § 52 I 2 nrw.PolG i.V.m. § 77 I nrw.VwVG i.V.m. § 11 II Nr. 7 nrw.KostO.
397 *W.-R. Schenke*, POR, in: *U. Steiner*, Bes. VerwR, 3. Auflage 1988, S. 194.
398 Vgl. §§ 51 I Nr. 2, 53 nrw.PolG
399 Vgl. §§ 51 I Nr. 1, 52 nrw.PolG
400 *W.-R. Schenke*, POR, in: U. Steiner, Bes. VerwR, 3. Auflage 1988, S. 194.

bb) Stellungnahme zu den einzelnen Standpunkten

Die zahlreichen zuvor dargestellten Standpunkte zur Frage nach immanenten Vollzugselementen bei den Standardmaßnahmen im engeren Sinne vermitteln zwar den Eindruck vieler unterschiedlicher Betrachtungsweisen. Oftmals handelt es sich allerdings bei näherem Hinsehen um lediglich subtile und keineswegs einander völlig ausschließende Differenzierungen. So wurde u.a. deutlich, daß die Auffassungen zur Rechtsnatur der Standardmaßnahmen im Endeffekt lediglich die Diskussion hinsichtlich der Frage nach immanenten Vollzugselementen und damit nach dem Ermächtigungsumfang widerspiegeln.

Jedoch lassen sich insgesamt zumindest zwei wesentliche „Pole" ausmachen, und zwar auf der einen Seite die Ansicht, die auch die hier in Rede stehenden Standardmaßnahmen grundsätzlich dem Verfügungs-/Vollstreckungsmodell unterwirft, auf der anderen Seite der vor allem von *Schmitt-Kammler* vorgetragene Ansatz, nach dem genau dieses Schema dem Regelungsgehalt der fraglichen Standardermächtigungen nicht gerecht wird.

Die erstgenannte Auffassung kann zumindest für sich in Anspruch nehmen, eine klare und auf den ersten Blick praktisch leicht zu handhabende Erfassung dieser Standardmaßnahmen zu ermöglichen und eine saubere Systematik zu gewährleisten[401]. Wie bei der Generalklausel des § 8 I nrw.PolG schließt sich an den Erlaß des Grundverwaltungsaktes das Vollstreckungsverfahren nach den §§ 50 ff. nrw.PolG an. Diese Sichtweise muß sich allerdings vor allem den Vorwurf gefallen lassen, dem Wortlaut der jeweiligen Vorschrift nicht gerecht zu werden[402]. Die Formulierungen der Standardmaßnahmen im engeren Sinne legen, wie schon mehrfach aufgezeigt, den Schluß nahe, daß die Polizei direkt, d.h. ohne weiteren Rückgriff auf das Vollstreckungsrecht, zur Vornahme von Tathandlungen ermächtigt wird.

Die extreme Gegenposition wird, u.a. aus diesem Grund, von *Schmitt-Kammler* eingenommen. Er hält die Konstruktion insbesondere von Duldungsverfügungen in Zusammenhang mit den Standardmaßnahmen im engeren Sinne für gänzlich überflüssig und ist der Meinung, daß man den Ermächtigungsumfang entsprechend dem Wortlaut der einschlägigen Vorschriften zu bestimmen habe.

Sicherlich sprechen der Wortlaut und weitere zahlreiche, zuvor schon ausführlich dargestellte Gründe gegen die Annahme von Duldungsverfügungen. Man denke etwa an die problematische Aufspaltung eines an sich einheitlichen Geschehensablaufes oder an die Probleme, die sich bei Abwesenheit des Störers er-

401 Vgl. *Möller/Wilhelm*, Allg. POR, S. 104.

402 *Drews/Wacke/Vogel/Martens*, Gefahrenabwehr, S. 216; *Möller/Wilhelm*, Allg. POR, S. 104; *A. Schmitt-Kammler*, Fn. 342.

geben. Zudem haben sich die Gründe, die früher einmal die Konstruktion von Duldungsverfügungen in Zusammenhang mit tatsächlichem Handeln motiviert haben, allen voran der Gedanke umfassenden Rechtsschutzes auch gegenüber Realakten, erledigt, so daß insoweit kein zwingendes Bedürfnis mehr gegeben ist.

Dennoch fragt sich, ob man auf die Annahme von Verfügungen in Verbindung mit den Standardmaßnahmen im engeren Sinne tatsächlich durchweg verzichten kann. Dabei bietet es sich an, zwischen der Situation bei Anwesenheit und der Situation bei Abwesenheit des Störers zu differenzieren.

Im Falle eines anwesenden Störers ergeben sich insoweit kaum nennenswerte Probleme. Selbst *Schmitt-Kammler* räumt ein, daß die Polizei, etwa beim Betreten oder Durchsuchen einer Wohnung, nicht „tonlos" zu Werke gehen, sondern ihre Tätigkeit vielmehr durch an den Betroffenen gerichtete Aufforderungen unterstützen werde. So werde sie etwa den Wohnungsinhaber auf das bestehende Betretungsrecht hinweisen und ihn auffordern, sich entsprechend zu verhalten, z.B. die Tür zu öffnen[403].

Allerdings, so *Schmitt-Kammler*, liege darin nicht der Erlaß gesonderter, auf die Begründung einer Verhaltenspflicht gerichteter Verfügungen, sondern nur ein im Hinblick auf das Übermaßverbot angezeigtes, auf die Rechtslage hinweisendes, den Betroffenen informierendes polizeiliches Verhalten[404].

Soweit in diesem Zusammenhang auf das Übermaßverbot bzw. - in traditioneller Diktion[405] - den Verhältnismäßigkeitsgrundsatz hingewiesen wird, ist dem sicherlich zuzustimmen. Der Verhältnismäßigkeitsgrundsatz ist als ein für die Bestimmung des Ermächtigungsumfangs polizeilicher Befugnisnormen wesentliches Korrektiv einzuordnen, so daß es im Hinblick darauf in der Tat angebracht, wenn nicht gar zwingend erforderlich ist, daß die Polizei nicht ohne kommunikative Involvierung des Betroffenen einfach die auf die jeweilige Standardermächtigung gestützte Tathandlung vornimmt, sondern den Bürger durch entsprechende Verfügungen (z.B. Aufforderung, die Tür zu öffnen) die Möglichkeit zur Kooperation einräumt[406]. Dabei ist auch der Erlaß ausdrücklicher oder durch das Verhalten der Polizei, nicht durch die Maßnahme an sich, konkludent begründeter Duldungsverfügungen sinnvoll und zuweilen sogar geboten. Nach dem Gedanken „a maiore ad minus" ist es auch möglich, derartige Verfügungen auf der Grundlage der Standardmaßnahmen im engeren Sinne zu erlassen[407], wenn man aner-

---

403 *A. Schmitt-Kammler*, NWVBl. 1995, S. 166 (167).
404 *A. Schmitt-Kammler*, NWVBl. 1995, S. 166 (167).
405 Vgl. *P. J. Tettinger*, Bes. VerwR/1, Rn. 365.
406 So auch schon oben *F. Rachor*, Fn. 368.
407 Vgl. *F. Rachor*, Fn. 368; a.M. aber *K. Habermehl*, Fn. 331 und *A. Schmitt-Kammler*, NWVBl. 1995, S. 166 (170), die diese Begleitverfügungen auf die Generalklausel stützen.

kennt, daß diese die Polizei sogar berechtigen, unmittelbar durch Tathandlungen in Rechte des Betroffenen einzugreifen. Zweifelhaft ist allerdings die These, daß es sich bei den die polizeiliche Maßnahme begleitenden Aufforderungen um lediglich informierendes Handeln und nicht um Verfügungen handeln soll. Wenn nämlich die Polizei etwa einen Wohnungsinhaber auffordert, die Wohnungstür zu öffnen, quasi als Vorbereitung der Standardmaßnahme nach § 41 nrw.PolG, dann erfüllt dieses Verhalten problemlos sämtliche Voraussetzungen eines Verwaltungsakts i.S.d. § 35 S. 1 VwVfG, so daß kein Grund ersichtlich ist, weshalb man nicht auch von einer polizeilichen Verfügung sprechen soll. Das gesamte Geschehen läßt sich dann aufgliedern in die vorhergehende Verfügung und die anschließende reale polizeiliche Handlung. Die kategorische Ablehnung von Verfügungen im Zusammenhang mit den Standardmaßnahmen im engeren Sinne erweist sich demnach als nicht sachgerecht.

Andererseits ist es aber auch nicht sinnvoll, insbesondere die Konstruktion von konkludenten Duldungsverfügungen auch dann zugrunde zu legen, wenn sich polizeiliches Vorgehen, auch gegenüber einem anwesenden Betroffenen, einmal wirklich nur auf tatsächliches Handeln beschränkt[408]. So ist beispielsweise die Konstellation denkbar, daß ein Störer seine Kooperationsbereitschaft schon vor Beginn des polizeilichen Vorgehens zum Ausdruck gebracht hat und die Polizei sich dementsprechend damit begnügt, die Maßnahme real durchzuführen, da der Erlaß begleitender Verwaltungsakte hier obsolet ist. In einem solchen Fall verlangt der Verhältnismäßigkeitsgrundsatz nicht den Erlaß einer vorhergehenden Verfügung, und es ist auch kein Grund dafür ersichtlich, hier in das tatsächliche Verhalten der Polizei eine konkludente Duldungsverfügung hineinzuinterpretieren, da dies in der Tat lediglich ein „konstruktives Füllsel“[409] wäre. Hier ist es nicht geboten, den Wortlaut der Standardermächtigung in irgendeiner Weise umzudeuten, um zur Annahme eines Verwaltungsaktes zu gelangen. Im Hinblick auf die Kritik bezüglich der grundsätzlichen Annahme konkludenter Duldungsverfügungen in Zusammenhang mit den Standardmaßnahmen im engeren Sinne ist *Schmitt-Kammler* also beizupflichten.

Betrachtet man die Dinge auf diese Weise, fällt es auch nicht schwer, der Situation bei abwesendem Pflichtigen gerecht zu werden. Geht es um die unmittelbar von der jeweiligen Standardermächtigung umschriebene Tathandlung, betritt also etwa die Polizei bei Abwesenheit des Wohnungsinhabers dessen (nicht verschlossene) Wohnung, so ist auch hier die Konstruktion bzw. Fiktion einer Verfügung fehl am Platz. Auch hier erteilt die Standardmaßnahme selbst die

---

408 So aber *K. Habermehl*, Fn. 223, der den Duldungsbefehl in die tatsächliche Durchführung der Maßnahme gegenüber dem Betroffenen hineinliest.

409 So *A. Schmitt-Kammler*, Fn. 341.

erforderliche Ermächtigung zur Vornahme der tatsächlichen Handlung. Nach dieser Betrachtungsweise gerät man damit nicht in den schon mehrmals aufgezeigten Konflikt, die Situationen bei anwesendem und abwesendem Pflichtigen unterschiedlich beurteilen zu müssen. In beiden Fällen steht dem Betroffenen etwa die Möglichkeit offen, sich mit der allgemeinen Leistungsklage bzw. - wie meistens - im Erledigungsfall mit der Feststellungsklage gegen die Maßnahme der Polizei zur Wehr zu setzen. War der Pflichtige anwesend und ist ihm gegenüber zusätzlich eine Verfügung erlassen worden, durch die er z.B. auf das bestehende Recht hingewiesen worden ist, steht ihm gegenüber dieser Maßnahme außerdem noch die Anfechtungsklage zur Seite. Eine Ungleichbehandlung von anwesendem und abwesendem Störer, wie sie *Robbers* im Hinblick auf den zur Verfügung stehenden Rechtsschutz befürchtet[410], ist also nicht gegeben.

Geht man nun einen Schritt weiter und fragt nach der in Zusammenhang mit den Standardmaßnahmen im engeren Sinne oftmals verbundenen Zwangsanwendung, so läßt sich auf das zuvor Gesagte aufbauen.

Zunächst gilt es dabei wiederum, die Situation bei Anwesenheit des Störers zu beleuchten. Der mit den Standardermächtigungen begriffsnotwendig verbundene Zwang[411], beim Betreten und Durchsuchen einer Wohnung z.B. das Eintreten in den Raum, das Öffnen von Schränken und Schubladen, das Ergreifen von Gegenständen, also Handlungen, die sich als unmittelbarer Zwang gegen Sachen begreifen lassen, werden von der Standardermächtigung selbst umfaßt. Es handelt sich nämlich exakt um das Maß an Verwaltungszwang, das untrennbar mit den schlichten Realhandlungen verbunden ist bzw. in ihnen enthalten ist. Und eben diese Realhandlungen sind es ja, auf die die Ermächtigung der Standardmaßnahmen im engeren Sinne, wie zuvor dargestellt, primär abzielt. Anders verhält es sich jedoch, wenn seitens des Betroffenen aktiver Widerstand entgegengesetzt wird, der darüber hinausgehende Maßnahmen der Polizei erfordert. *Schmitt-Kammler* ist an dieser Stelle der Ansicht, daß auch solche, über den eigentlichen Wortlaut hinausgehende Handlungen unmittelbar durch die Standardermächtigungen abgedeckt werden, zumindest, soweit sie typischerweise mit

410 *G. Robbers*, DÖV 1987, S. 272 (276), der sich daher im Falle der Abwesenheit des Pflichtigen für die Qualifikation der Standardmaßnahmen als verwaltungsaktähnliche Handlungen, die den Regelungen über den Verwaltungsakt unterliegen sollen, stark macht. Auf diese Weise will er eine unterschiedliche rechtliche Bewertung gegenüber der Situation bei anwesendem Störer verhindern, bei der er in den Standardmaßnahmen im engeren Sinne grundsätzlich Verwaltungsakte erblickt. Dieses Bemühen um rechtliche Angleichung verdeutlicht die ungenügende Trennung *Robbers'* zwischen der Durchführung der Standardmaßnahme und etwaiger vorhergehender Begleitverfügungen.

411 So *K. Habermehl*, Fn. 327.

ihnen verbunden sind[412]. Dagegen spricht jedoch, daß allein die Terminologie „typisch“ große Auslegungsprobleme in sich birgt, da es äußerst schwierig ist, festzulegen, welche Zwangsmaßnahmen z.B. mit einer Wohnungsbetretung und -durchsuchung typischerweise verbunden sind: das Aufbrechen der Tür, vielleicht sogar das Einschlagen einer Wand, das Beiseiteschieben von Personen, die den Weg versperren? Eine solche Festlegung des Ermächtigungsumfangs der Standardmaßnahmen im engeren Sinne ist, vor allem angesichts des besonderen Grundrechtsbezuges - im obigen Beispiel liegt ein Eingriff in den Schutzbereich des Art. 13 GG vor -, zu ungenau.

Auch der in diesem Kontext vorgenommene Verweis auf die Vorschriften der Strafprozeßordnung[413], denen nach überwiegender Auffassung die Befugnis zum Einsatz von Zwangsmitteln innewohnt, vermag nicht zu überzeugen. Zum einen handelt es sich bei der StPO und dem nrw.PolG um zwei Gesetze mit völlig anderer Zielsetzung[414], zum anderen existieren im nrw.PolG im Gegensatz zur StPO besondere Vorschriften (§§ 50 ff. nrw.PolG), die die Voraussetzungen für die Anwendung von Zwang dezidiert festlegen.

Problematischer gestaltet sich nun die Frage der Zwangsanwendung bei abwesendem Störer, insbesondere deswegen, weil es in solchen Fällen ohnehin schwer fällt, von Zwangsanwendung zu sprechen, da es an einem zu brechenden Widerstand des Betroffenen fehlt. Dennoch werden auch diese Konstellationen in Nordrhein-Westfalen dem vollstreckungsrechtlichen Bereich zugerechnet, wie die systematische Eingliederung des einschlägigen § 50 II nrw.PolG in den Regelungskomplex der §§ 50 ff. nrw.PolG zeigt[415].

Das zuvor Gesagte ermöglicht es jedoch, auch diese schwierige Konstellation sachgerecht zu bewältigen.

---

412 *A. Schmitt-Kammler*, Fn. 358.

413 *A. Schmitt-Kammler*, Fn. 355.

414 Während die StPO die repressive Tätigkeit, d.h. die Aufklärung von Straftaten seitens der Polizei, reglementiert, beschäftigen sich die Polizeigesetze der Länder mit der Abwehr von Gefahren, also mit dem sog. präventiven Aufgabenbereich der Polizei; zur Abgrenzung präventiven und repressiven polizeilichen Handelns siehe nur *Habermehl*, POR, Rn. 484 ff. m.v.N.

415 Vgl. etwa OVG Münster, DVBl. 1975, S. 588; *Grünning/Möller*, VR 1984, S. 156 (158); einschränkend *J. Dietlein*, NWVBl. 1991, S. 81 (84); a.M. *M. Oldiges*, JuS 1989, S. 616 (620), der die Vorschrift des § 50 II nrw.PolG als selbständiges Gefahrenabwehrinstrument neben Generalklausel und Standardmaßnahmen begreift; der Diskussion um die Frage nach einem erweiterten oder engen Vollstreckungsbegriff soll hier jedoch nicht nachgegangen werden, die Vorschrift des § 50 II nrw.PolG kommt jedenfalls grundsätzlich für die bezeichnete Konstellation zur Anwendung, es sei denn freilich, die Standardermächtigung selbst wird als Befugnisnorm herangezogen.

Wird nämlich die Polizei bei Abwesenheit des Störers auf der Grundlage einer Standardmaßnahme tätig, betritt sie also etwa schlicht eine Wohnung und durchsucht diese, so erschließt sich ihr dieses Vorgehen unmittelbar aus der Standardermächtigung selbst. Der Anwendung des § 50 II nrw.PolG bedarf es deswegen nicht, weil auch bei Anwesenheit des Betroffenen insbesondere eine Duldungsverfügung entbehrlich wäre, so daß man nun auch nicht i.S.d. § 50 II nrw.PolG von einer hypothetischen Duldungsverfügung ausgehen muß. Und auch um den sofortigen Vollzug einer oben schon angesprochenen Begleitverfügung handelt es sich nicht. Denn durch das schlichte Betreten und Durchsuchen wird ja nicht eine (fiktive) gesonderte, z.B. auf das Öffnen der Tür oder auf eine sonstige Verhaltenspflicht des Betroffenen gerichtete Verfügung vollstreckt, sondern die Polizei führt lediglich die ihr unmittelbar durch § 41 nrw.PolG gestattete Maßnahme durch. Dem in diesem Zusammenhang von *Schenke* gemachten Einwand, dadurch unterlaufe man die restriktiven Voraussetzungen des Sofortvollzuges, läßt sich entgegnen, daß die Standardmaßnahmen im engeren Sinne dafür spezifisch auf das jeweils betroffene Grundrecht zugeschnitten sind und die Konkretisierung seines Schrankenvorbehaltes darstellen[416]. Als Ausgleich für die „Einsparung" der Vollstreckungsvoraussetzungen enthalten sie entsprechend präzise gefaßte Tatbestandsvoraussetzungen[417].

Anders sieht es freilich aus, wenn die Polizei zu darüber hinausgehenden Maßnahmen schreiten muß, z.B. eine verschlossene Tür erst aufzubrechen hat, um sich Zutritt zu verschaffen. Ein solches Vorgehen stellt sich nämlich nicht mehr als schlichte Tathandlung i.S.d. § 41 nrw.PolG, sondern nunmehr als sofortiger Vollzug des hypothetischen Gebots, die Tür zu öffnen, dar. Diese andere Beurteilung erklärt sich daraus, daß durch das Aufbrechen der Tür der begriffsnotwendig in § 41 nrw.PolG enthaltene Zwang überschritten wird. Auch faktisch handelt es sich bei diesem Vorgang lediglich um die Vorbereitung der eigentlichen, auf die Standardermächtigung gestützten Maßnahme, so daß er schon aus diesem Grunde nicht bereits von ihr selbst erfaßt sein kann. Hier hat vielmehr das „reguläre" Vollstreckungsverfahren i.S.d. §§ 50 ff. nrw.PolG Platz zu greifen.

Allerdings, um dies noch einmal explizit zu betonen, handelt es sich dabei nicht um die Vollstreckung einer fingierten Duldungsverfügung, sondern einer gesonderten, die eigentliche Maßnahme ermöglichenden Begleitverfügung[418]. Auch hier geht *Schmitt-Kammler* also einen Schritt zu weit, wenn er das gewalt-

---

416 Vgl. in diesem Sinne bereits oben S. 45.

417 Vgl. dazu *K. Habermehl*, POR, Rn. 523; zu den einzelnen Tatbeständen der Standardmaßnahmen im engeren Sinne siehe später S. 125 ff.

418 So zu Recht *K. Habermehl*, Fn. 331, der allerdings, wie schon mehrfach erwähnt (Fn. 331, 407), als Ermächtigungsgrundlage die Generalklausel und nicht, wie hier vertreten, die jeweilige Standardmaßnahme selbst heranzieht.

same Öffnen der Tür als mit § 41 nrw.PolG typischerweise verbundene Zwangsanwendung, ohne Rückgriff auf § 50 II nrw.PolG, auf die Standardermächtigung selbst stützt.

Festhalten läßt sich damit, daß der Ermächtigungsumfang der Standardermächtigungen im engeren Sinne primär reale, tatsächliche polizeiliche Handlungen erfaßt, wobei jedoch im Falle der Anwesenheit des Betroffenen der Erlaß begleitender, vorbereitender Verfügungen möglich ist[419], unter Umständen zur Wahrung des Verhältnismäßigkeitsgrundsatzes sogar notwendig sein kann. Die Konstruktion von Duldungsverfügungen, die konkludent in der tatsächlichen Durchführung der Maßnahme liegen sollen, ist hingegen gänzlich überflüssig.

Die Anwendung von Verwaltungszwang ist insoweit von den Standardmaßnahmen im engeren Sinne gedeckt, als er begriffsnotwendig in der jeweiligen Maßnahme enthalten ist, und zwar unabhängig von der An- oder Abwesenheit des Störers. Ist das Vorgehen der Polizei im konkreten Fall dabei als unmittelbarer Zwang zu charakterisieren, so sind freilich für die Art und Weise der Anwendung die §§ 57 ff. nrw.PolG zu beachten[420].

Es ist damit insgesamt von Vollzugselementen im weiteren und, soweit mit diesen unmittelbar zusammenhängend, auch von Vollzugselementen im engeren Sinne auszugehen.

Etwas anderes hat freilich dann zu gelten, wenn zwingende systematische, genetische oder teleologische Gründe entgegenstehen und trotz des Wortlauts zu dem Ergebnis führen, daß nur zum Erlaß von Verfügungen ermächtigt wird.

Diesbezüglich und auch im Hinblick auf den genauen Umfang der Vollzugselemente läßt allerdings die vorstehende abstrakte Darstellung keine endgültigen Folgerungen zu. Dazu bedarf es vielmehr einer tiefgehenderen Einzelanalyse der einschlägigen Vorschriften, da auch die unter der Kategorie „Standardmaßnahmen im engeren Sinne“ zusammengefaßten Normen Unterschiede in ihrem Regelungsgehalt aufweisen, die sich auf die Bestimmung ihres Ermächtigungsumfangs auswirken können[421].

d) Zusammenfassende Betrachtung

Bezüglich des Ermächtigungsumfanges der Standardmaßnahmen im nrw.PolG läßt sich damit festhalten, daß sich dieser bei einigen relativ problemlos feststellen läßt, während bei anderen Vorschriften, konkret bei den Standardmaßnahmen

---

419 Vgl. in diesem Sinne *P. Kirchhof*, JuS 1975, S. 509 (512).

420 Siehe schon oben S. 67 f.

421 Vor allem bei der Vorschrift des § 43 nrw.PolG bestehen zahlreiche unterschiedliche Auffassungen hinsichtlich des Umfangs der Vollzugselemente; vgl. dazu ausführlich S. 185 ff.

im engeren Sinne, die Bestimmung mit erheblichen Schwierigkeiten verbunden ist.

Das Vorgenannte ermöglicht dabei bereits eine gewisse Klassifizierung und Einordnung der einzelnen Normen.

Einige Standardmaßnahmen ermächtigen ausdrücklich nur zum Erlaß von Gebots- oder Verbotsverfügungen. Soweit ihnen darüber hinaus keine weiteren Aussagen zur Durchsetzung zu entnehmen sind, werden sie nach den allgemeinen Vorschriften der §§ 50 ff. nrw.PolG vollstreckt. Diesen Standardmaßnahmen sind also weder Vollzugselemente im weiteren noch Vollzugselemente im engeren Sinne immanent. Dazu gehören vor allem die Vorladung nach § 10 I nrw.PolG und die Platzverweisung gemäß § 34 nrw.PolG[422].

Andere Standardermächtigungen sind hingegen so zu verstehen, daß sie die Ermächtigung zur unmittelbaren Vornahme von Tathandlungen und damit Vollzugselemente im weiteren Sinne beinhalten. Es handelt sich dabei um solche Normen, die oftmals in Abwesenheit des Betroffenen vollzogen oder zumindest ohne eine direkte aktive Involvierung des Betroffenen vorgenommen werden, weshalb sich bei diesen Standardermächtigungen die Frage nach dem Verfügungs-/Vollstreckungsmodell gar nicht erst stellt. In diesem Zusammenhang sind vor allem Maßnahmen der Datenverarbeitung zu nennen, wie etwa Maßnahmen der Datenerhebung gemäß den §§ 11, 15, 16 bis 21 nrw.PolG, Befugnisse zur Speicherung, Veränderung und Nutzung von Daten gemäß §§ 22 bis 25 nrw.PolG und Vorschriften zur Datenübermittlung gemäß §§ 26 bis 31 nrw.PolG. Bei diesen Maßnahmen fällt auch die rechtliche Einordnung nicht schwer[423]. Die aufgrund dieser Normen durchgeführten Maßnahmen entfalten gegenüber dem Bürger keine unmittelbare regelnde Wirkung und sind damit als Realakte zu qualifizieren[424].

Daneben gibt es jedoch auch Standardmaßnahmen, deren Erfassung im Hinblick auf den Ermächtigungsumfang wesentlich schwerer fällt. Dies sind die Standardmaßnahmen im engeren Sinne, die den eigentlichen Auslöser und Mittelpunkt des zu bearbeitenden Problemkreises darstellen:

- § 12 II S. 2, 3, 4 nrw.PolG (Anhalten, Festhalten und Durchsuchen zwecks Identitätsfeststellung; auch Anhalten zwecks Befragung gemäß § 9 I 2 nrw.PolG)
- § 14 nrw.PolG (erkennungsdienstliche Behandlung)
- § 35 nrw.PolG (Ingewahrsamnahme)

422 Siehe dazu S. 89 ff.

423 Siehe dazu bereits S. 93 f.

424 Siehe dazu S. 77.

- §§ 39 ff. nrw.PolG (Durchsuchen von Personen, Sachen; Betreten und Durchsuchen von Wohnungen)
- § 43 nrw.PolG (Sicherstellung).

Der Ermächtigungsumfang dieser Vorschriften wurde generell bereits ausführlich erörtert, wobei festgestellt wurde, daß diese Normen primär auf die Vornahme von Tathandlungen und die damit begriffsnotwendig verbundene Zwangsanwendung durch die Polizei gerichtet sind; Verfügungen kommen dabei lediglich begleitend in Betracht[425].

Die Tatsache, daß bei der Darstellung des Meinungsstandes und bei der Stellungnahme zu den einzelnen Standpunkten immer wieder auf Beispiele und einzelne Standardmaßnahmen verwiesen wurde, verdeutlicht allerdings die Schwierigkeit, die Frage nach immanenten Vollzugselementen bei diesen Vorschriften abstrakt zu beantworten. So ergeben sich insbesondere bei der Frage des Umfangs der Vollzugselemente innerhalb einzelner Maßnahmen erhebliche Schwierigkeiten und Meinungsdivergenzen, so daß es diesbezüglich im folgenden gilt, anhand der Einzelanalyse der vorgenannten Normen den jeweiligen Ermächtigungsumfang konkret zu bestimmen, um damit, unter Berücksichtigung der zuvor gefundenen generellen Ergebnisse, eine differenzierte Antwort auf die Ausgangsfrage geben zu können[426].

---

425 Siehe dazu S. 122.

426 *Selmer/Gersdorf*, Verwaltungsvollstreckungsverfahren, S. 28 sprechen in diesem Zusammenhang von einer auf die einzelne Standardmaßnahme bezogenen Detailanalyse.

3. Teil: Analyse der Standardmaßnahmen im engeren Sinne

In der Folge werden nunmehr die Standardmaßnahmen im engeren Sinne jeweils im Hinblick auf die Problemstellung untersucht. Bevor dabei auf die konkrete Frage nach Vollzugselementen eingegangen wird, sollen Erläuterungen zur jeweiligen Vorschrift, vor allem zu ihren Tatbestands- bzw. Zulässigkeitsvoraussetzungen, vorangestellt werden. Denn erst ein Blick auf den gesamten Regelungsgehalt der einzelnen Standardbefugnis ermöglicht es, ihren Ermächtigungsumfang und damit den Umfang der immanenten Vollzugselemente genau zu bestimmen.

A. Identitätsfeststellung gemäß § 12 nrw.PolG[427]

I. Allgemeine Anmerkungen

In § 12 nrw.PolG ist die Datenerhebung durch Feststellung der Identität einer Person geregelt[428]. Die Vorschrift zählt allerdings nicht zu den moderneren, aufgrund des Volkszählungsurteils des *BVerfG*[429] in das nrw.PolG aufgenommenen Normierungen, sondern war bereits, wenn auch mit anderen Voraussetzungen, im Polizeigesetz vom 28.10.1969 geregelt. Man kann die Identitätsfeststellung als klassische polizeiliche Maßnahme und fast schon selbstverständliche Befugnis bezeichnen, die jedoch noch bis Mitte der sechziger Jahre in vielen Ländern auf die Generalklausel gestützt und erst dann nach und nach in Anlehnung an § 9 ME in allen Ländern einer eigenständigen Regelung zugeführt wurde[430]. Die Regelung über die Identitätsfeststellung gehörte zu den am heftigsten kritisierten Vorschriften des Musterentwurfes, insbesondere deswegen, weil sie Maßnahmen

427 Vgl. § 9 ME PolG; § 26 bw.PolG; Art. 13 bay.PAG; § 21 berl. ASOG; § 12 brand.PolG; § 11 brem.PolG; § 4 hamb.DVPolG; § 18 hess.SOG; § 29 mv.SOG; § 13 nds.GefAG; § 10 rp.POG; § 9 saarl. PolG; § 19 sächs.PolG; § 20 s.anh.SOG; § 181 sh.LVwG; § 14 thür.PAG.

428 *Kay/Böcking*, PolR NRW, B Rn. 128; Gesetzesentwurf (Landesregierung) „Gesetz zur Fortentwicklung des Datenschutzes im Bereich der Polizei und der Ordnungsbehörden (GFDPol)“, LT-Dr. 10/3997, Begründung zu § 9, S. 33.

429 Vgl. Fn. 99.

430 *F. Rachor*, in: Lisken/Denninger, Hdb. d. PolR, F Rn. 191.

gegenüber Nichtstörern und außerhalb konkreter Gefährdungslagen vorsieht, wie die gleich zu skizzierende Identitätsfeststellung an sogenannten gefährlichen Orten, gefährdeten Objekten[431] und an Kontrollstellen.

Die Norm berechtigt die Polizei zu Eingriffen in das Recht auf informationelle Selbstbestimmung aus Art. 2 I i.V.m. Art. 1 I GG und in die Freiheit der Person i.S.d. Art. 2 II 2 GG.

Während die Vorschrift des § 12 nrw.PolG nur für den Gefahrenabwehrbereich anzuwenden ist, greifen für die Verfolgung von Straftaten bzw. Ordnungswidrigkeiten die §§ 163 b, 163 c StPO bzw. § 46 OWiG[432] i.V.m. §§ 163 b, 163 c StPO als eigenständige Regelungen mit vergleichbarer Maßnahmerichtung ein[433].

Im Verhältnis zur polizeilichen Befragung nach § 9 nrw.PolG ist § 12 nrw.PolG als lex specialis anzusehen[434]. Zu beachten sind allerdings auch die unterschiedlichen Zielrichtungen beider Maßnahmen. Ziel des Vorgehens nach § 12 nrw.PolG ist die Identifizierung einer Person, deren Ergebnis häufig Grundlage für weitere Maßnahmen der Polizei ist. Die Befragung nach § 9 nrw.PolG dient hingegen nicht zielgerichtet der Identitätsfeststellung, sondern der Erlangung anderer sachdienlicher Angaben, die zur Erfüllung einer bestimmten polizeilichen Aufgabe erforderlich sind[435].

Parallelen zwischen beiden Vorschriften bestehen jedoch hinsichtlich der zu treffenden Maßnahmen. In beiden Normen sind das Befragen[436] und das Anhalten von Personen geregelt[437], in § 12 II 3 und 4 nrw.PolG darüber hinaus noch das Festhalten und Durchsuchen. Im Hinblick auf die zentrale Problemstellung, d.h. auf die Frage nach regelungsimmanenten Vollzugselementen, ist damit die Vorschrift des § 12 nrw.PolG die weitgehendere Regelung, so daß eine separate Analyse des § 9 nrw.PolG hier nicht erfolgen soll. Die Bestimmung des Ermäch-

---

431 *F. Rachor*, in: Lisken/Denninger, Hdb. d. PolR, F Rn. 192.

432 OWiG i.d.F. d. Bek. v. 19.2.1987 (BGBl. I S. 602), zul. geänd. d. Ges. v. 25.8.1998 (BGBl. I S. 2432).

433 *Kay/Böcking*, PolR NRW, B Rn. 128; *H. Tegtmeyer*, PolG NRW, § 12 Rn. 2.

434 *Kay/Böcking*, PolR NRW, B Rn. 128.

435 *H. Tegtmeyer*, PolG NRW, § 9 Rn. 24; vgl. auch *F. Rachor*, in: Lisken/Denninger, Hdb. d. PolR, F Rn. 194, der ebenfalls darauf hinweist, daß es sich bei der Identitätsfeststellung und Befragung trotz vorhandener Parallelen um unterschiedliche Materien handelt.

436 Dazu schon oben S. 90.

437 Ein semantischer Unterschied der Begriffe in beiden Vorschriften läßt sich dabei nicht ausmachen. Abweichungen ergeben sich lediglich bezüglich der Tatbestandsvoraussetzungen und des Umfangs des Befragungsrechts in § 9 und § 12 nrw.PolG. Im Hinblick auf die Frage, ob das Anhalterecht zum Erlaß von Verfügungen oder (auch) zur Vornahme tatsächlicher (Zwangs-) Maßnahmen berechtigt, stehen sich beide Vorschriften gleich.

tigungsumfangs dieser Vorschrift ergibt sich vielmehr aus der nachfolgenden Untersuchung des § 12 nrw.PolG.

II. Begriffliche Erläuterungen

Die Identitätsfeststellung gemäß § 12 nrw.PolG dient dazu, die Personalien einer unbekannten Person festzustellen oder zu prüfen, ob eine Person mit einer anderen Person, deren Personalien bereits bekannt sind, identisch ist[438]. Kennzeichnend für die Identitätsfeststellung ist ferner, daß sie offen, d.h. für die betreffende Person erkennbar, durchzuführen ist. Daher ist diese Befugnisnorm von Maßnahmen der verdeckten Datenerhebung zu unterscheiden, die auch auf die Erlangung personenbezogener Fakten gerichtet sind, allerdings ohne daß der Betroffene dies bemerkt[439].

III. Überblick über die Zulässigkeitsvoraussetzungen[440]

1. Identitätsfeststellung zur Abwehr einer Gefahr gemäß § 12 I Nr. 1 nrw.PolG

Nach § 12 I Nr. 1 nrw.PolG ist eine Identitätsfeststellung zur Abwehr einer Gefahr gestattet. Dabei muß es sich, unter Heranziehung der in § 8 I nrw.PolG enthaltenen Legaldefinition, um eine konkrete Gefahr für die öffentliche Sicherheit handeln[441]. Selten wird die Gefahr dabei durch die Identitätsfeststellung selbst

---

438 Vgl. *V. Götz*, Allg. POR, Rn. 279; *C. Gusy*, PolR, Rn. 200; *K. Habermehl*, POR, Rn. 533; *Kay/Böcking*, PolR NRW, B Rn. 129; *H. Tegtmeyer*, PolG NRW, § 12 Rn. 1; *H. Wagner*, in: AltKomm, PolG NRW, § 9 Rn. 1.

439 *K. Habermehl*, POR, Rn. 534. In diesem Zusammenhang zu nennen sind etwa die Maßnahmen nach den §§ 16 ff. nrw.PolG. Nach *F. Rachor*, in: Lisken/Denninger, Hdb. d. PolR, F Rn. 196 beschränkt sich die Identitätsfeststellung zudem auf Erkundigungen beim Betroffenen selbst.

440 Ausführliche Darstellung der Zulässigkeitsvoraussetzungen unter Berücksichtigung der einschlägigen Vorschriften aller Bundesländer bei *F. Rachor*, in: Lisken/ Denninger, Hdb. d. PolR, F Rn. 199 ff.

441 *Drews/Wacke/Vogel/Martens*, Gefahrenabwehr, S. 184; *V. Götz*, Allg. POR, Rn. 279; *K. Habermehl*, POR, Rn. 536; *Kay/Böcking*, PolR NRW, B Rn. 130; *E. Rasch*, Allg. POR, in: C.H. Ule, Verwaltungsgesetze des Bundes und der Länder, Bd. III, Erster Halbband, § 9 ME Rn. 6; *H. Tegtmeyer*, PolG NRW, § 12 Rn. 5; *P. J. Tettinger*, Bes. VerwR/1, Rn. 390.

beseitigt, es genügt jedoch, wenn durch sie weitere Maßnahmen ermöglicht werden, die diesem Ziel dienen[442].

Ein Vorgehen aufgrund des § 12 I Nr. 1 nrw.PolG ist nur gegenüber solchen Personen zulässig, deren Inanspruchnahme nach den §§ 4-6 nrw.PolG zulässig ist[443]. Oftmals wird es sich bei der Identitätsfeststellung zur Abwehr einer Gefahr um einen Anwendungsfall des Schutzes privater Rechte handeln, z.B. Feststellung der Personalien zur Sicherung eines zivilrechtlichen Anspruchs, so daß zusätzlich die Voraussetzungen des § 1 II nrw.PolG zu beachten sind[444].

2. Identitätsfeststellung an „gefährlichen" Orten nach § 12 I Nr. 2 nrw.PolG

Die Identitätsfeststellung an sogenannten gefährlichen oder verrufenen Orten ist in § 12 I Nr. 2 nrw.PolG geregelt.

Der Begriff des gefährlichen Ortes ist eine Sammelbezeichnung für solche Lokalitäten, auf oder in denen „die Häufung dunkler Existenzen zu einer polizeilichen Gefahr wird"[445]. Tatsachen müssen die Annahme rechtfertigen, daß an den angesprochenen Orten (öffentliche Wege, Plätze, Gebäude, Wohnungen etc.) die in § 12 I Nr. 2 a)-c) nrw.PolG genannten Handlungen ausgeübt werden bzw. daß sich dort die bezeichneten Personen aufhalten. Das ist anzunehmen, wenn genügend konkrete Anhaltspunkte gegeben sind, die einen entsprechenden Schluß zulassen. Dabei muß es sich um Anhaltspunkte für einen generellen, zumindest zu bestimmten Zeiten vorhandenen Mißbrauch der Örtlichkeiten handeln[446]. Tatsächliche Anhaltspunkte sind gegeben, wenn sich an den fraglichen Orten nach den Erkenntnissen der Polizei die in Nr. 1 genannten Vorgänge erfahrungsgemäß zu ereignen pflegen[447].

---

442 *Kay/Böcking*, PolR NRW, B Rn. 130; *F. Rachor*, in: Lisken/Denninger, Hdb. d. PolR, F Rn. 201; *H. Tegtmeyer*, PolG NRW, § 12 Rn. 5; *H. Wagner*, in: AltKomm, PolG NRW, § 9 Rn. 3.

443 *Kay/Böcking*, PolR NRW, B Rn. 130.

444 Vgl. *C. Gusy*, PolR, Rn. 200; *E. Rasch*, Allg. POR, in: C.H. Ule, Verwaltungsgesetze des Bundes und der Länder, Bd. III, Erster Halbband, § 9 ME Rn. 7; *H. Tegtmeyer*, PolG NRW, § 12 Rn. 6; *P. J. Tettinger*, Bes. VerwR/1, Rn. 392; *H. Wagner*, in: AltKomm, PolG NRW, § 9 Rn. 3; aus der Rspr. siehe OLG Düsseldorf, NJW 1990, S. 998 f.

445 *K. Peters*, Strafprozeß, § 47 B S. 440.

446 *Kay/Böcking*, PolR NRW, B Rn. 131; vgl. dazu auch *H. Wagner*, in: AltKomm, PolG NRW, § 9 Rn. 7.

447 So *Heise/Riegel*, ME PolG, Begründung zu § 9 Abs. 1, S. 47; ferner die Begründung zu § 9 saarl.PolG, LT-Dr. 9/1929; das Vorliegen dieser Voraussetzung unterliegt dabei vollständiger verwaltungsgerichtlicher Überprüfung (kein Prognosespielraum), *P. J. Tettinger*, Bes. VerwR/1, Rn. 389; siehe dazu auch OVG Berlin, NJW 1986, S. 3223.

Es genügt bereits, wenn sich Personen an diesen Orten aufhalten, ohne daß es des Vorliegens einer konkreten Gefahr oder einer Straftat bedarf. Die überprüften Personen müssen dementsprechend weder Störer i.S.d. §§ 4-6 nrw.PolG noch Verdächtige einer Straftat sein[448].

Die Vorschrift des § 12 I Nr. 2 nrw.PolG stellt damit die Rechtsgrundlage für eine sogenannte Razzia (Sammelkontrolle) dar[449], bei der freilich eine ganze Reihe von Maßnahmen, die auch auf andere Standardermächtigungen gestützt werden, in Frage kommen[450].

3. Identitätsfeststellung an „gefährdeten" Orten nach § 12 I Nr. 3 nrw.PolG

§ 12 I Nr. 3 nrw.PolG ermöglicht eine Identitätsfeststellung zum Schutz gefährdeter Orte. Auch hier bedarf es nicht des Vorliegens einer konkreten Gefahr[451]. Das Recht zur Personalienfeststellung bezieht sich hier auf bestimmte Objekte. Neben den explizit aufgeführten Anlagen, Einrichtungen etc. werden auch, quasi generalklauselartig, andere besonders gefährdete Objekte von der Vorschrift miteinbezogen. Insgesamt handelt es sich dabei um solche Anlagen, Gebäude etc., die für das öffentliche Leben von besonderer Bedeutung sind und dementsprechend stark frequentiert werden[452].

Tatsachen müssen die Annahme einer besonderen Gefährdung dieser Objekte selbst oder der sich dort aufhaltenden Personen rechtfertigen, d.h. es müssen Fakten (z.B. Drohungen, Bekennerbriefe oder ähnliches) vorliegen, die den Schluß zulassen, daß in oder an diesen Objekten Straftaten verübt werden sollen[453].

---

448 *W. Hoffmann-Riem*, JZ 1978, S. 335 (336 f.); *Kay/Böcking*, PolR NRW, B Rn. 131; *F. Rachor*, in: Lisken/Denninger, Hdb. d. PolR, F Rn. 206; *H. Tegtmeyer*, PolG NRW, § 12 Rn. 7; *P. J. Tettinger*, Bes. VerwR/1, Rn. 390; *H. Wagner*, in: AltKomm, PolG NRW, § 9 Rn. 5, 6; vgl. ferner *Heise/Riegel*, ME PolG, Begründung zu § 9 Abs. 1, S. 47.

449 *V. Götz*, Allg. POR, Rn. 279; *K. Habermehl*, POR, Rn. 538; *E. Rasch*, Allg. POR, in: C.H. Ule, Verwaltungsgesetze des Bundes und der Länder, Bd. III, Erster Halbband, § 9 ME Rn. 10; *H. Tegtmeyer*, PolG NRW, § 12 Rn. 7; *P. J. Tettinger*, Bes. VerwR/1, Rn. 393; *H. Wagner*, in: AltKomm, PolG NRW, § 9 Rn. 12; zur entsprechenden bayerischen Norm vgl. *Berner/Köhler*, PAG, Art. 13 Rn. 2; zum Begriff „Razzia" vgl. aus der Rspr. VG Berlin, DÖV 1972, S. 103 ff; VG München, NVwZ-RR 2000, S. 154 (155).

450 Vgl. dazu *F. Rachor*, in: Lisken/Denninger, Hdb. d. PolR, F Rn. 213.

451 *H. Tegtmeyer*, PolG NRW, § 12 Rn. 21, 22 mit weiteren Ausführungen; vgl. auch *P. J. Tettinger*, Bes. VerwR/1, Rn. 390.

452 *Kay/Böcking*, PolR NRW, B Rn. 132; *H. Tegtmeyer*, PolG NRW, § 12 Rn. 16 ff. mit Beispielen.

453 *Kay/Böcking*, PolR NRW, B Rn. 132.

Unter diesen Umständen können dann die Personalien von Personen festgestellt werden, die sich in den Objekten oder in ihrer unmittelbaren Nähe aufhalten, wobei sich der Begriff der unmittelbaren Nähe nur anhand der Umstände des Einzelfalls ausfüllen läßt. Ein räumlicher Bezug zum Objekt muß jedenfalls gewahrt bleiben[454].

Darauf, daß die Gefahr gerade von den angetroffenen Personen ausgeht, kommt es zwar nicht an, allerdings muß die Identitätsfeststellung aufgrund der Gefährdungslage oder auf die Person bezogener Anhaltspunkte erforderlich sein. Sie muß also entweder aufgrund des ersten oder aufgrund des zweiten Aspekts das geeignete und mildeste Mittel zur Gefahrenabwehr sein. Zumindest bei solchen Personen scheidet daher eine Identitätsfeststellung aus, die mit der erwarteten Gefährdungsstraftat offensichtlich in keinem Zusammenhang stehen können[455].

4. Identitätsfeststellung an einer Kontrollstelle nach § 12 I Nr. 4 nrw.PolG

Gemäß § 12 I Nr. 4 nrw.PolG ist die Identitätsfeststellung an einer Kontrollstelle zulässig, die die Polizei zur Verhütung von Straftaten einrichtet[456].

Unter Kontrollstellen sind Sperren zu verstehen, an denen Personen angehalten werden, um ihre Identität zu überprüfen sowie sie selbst oder ihre mitgeführten Sachen zu durchsuchen[457].

Die zu verhütenden Straftaten sind in der Vorschrift aufgeführt[458] bzw. ergeben sich aus § 129 a StGB[459].

Bei der Einrichtung einer Kontrollstelle handelt es sich um eine schlicht-hoheitliche Maßnahme, also um einen Realakt, der für sich gesehen noch nicht in

---

454 *Kay/Böcking*, PolR NRW, B Rn. 132.

455 *Kay/Böcking*, PolR NRW, B Rn. 132 mit kritischer Einschätzung des in dieser Hinsicht wenig geglückten Tatbestandes; auch *P. J. Tettinger*, Bes. VerwR/1, Rn. 390 weist darauf hin, daß aufgrund des Übermaßverbotes offensichtlich Unbeteiligte nicht in die Überprüfung einbezogen werden dürfen.

456 Siehe dazu *P. J. Tettinger*, Bes. VerwR/1, Rn. 488, 500 (Fall 20).

457 *C. Gusy*, PolR, Rn.201; *F. Rachor*, in: Lisken/Denninger, Hdb. d. PolR, F Rn. 221; *E. Rasch*, in: C.H. Ule, Verwaltungsgesetze des Bundes und der Länder, Bd. III, Erster Halbband, § 9 ME Rn. 18; *H. Wagner*, in: AltKomm, PolG NRW, § 9 Rn. 18; vgl. zum Begriff der Kontrollstellen allgemein *R. Riegel*, Polizeiliche Personenkontrolle, S. 34.

458 Besonderer Bedeutung kommt dabei § 27 VersG i.d.F. d. Bek. v. 15.11.1978 (BGBl. I S. 1790), zul. geänd. d. Ges. v. 11.8.1999 (BGBl. I S. 1818), zu; vgl. dazu etwa *H. Wagner*, in: AltKomm, PolG NRW, § 9 Rn. 32 ff.

459 StGB i.d.F. d. Bek. v. 13.11.1998 (BGBl. I S. 3322), zul. geänd. d. Ges. v. 2.8.2000 (BGBl. I S. 1253).

die Rechte Dritter eingreift, jedenfalls soweit er im öffentlichen Verkehrsraum durchgeführt wird[460].

Formell bedarf es der Zustimmung des Innenministers bzw. einer von ihm beauftragten Stelle[461], es sei denn, es liegt Gefahr im Verzug vor, d.h. eine Situation, die so dringlich ist, daß die Zustimmung der zuständigen Stelle nicht abgewartet werden kann, ohne den Gefahrenabwehrerfolg zu gefährden[462].

In materieller Hinsicht bedarf es einer gewissen Wahrscheinlichkeit, daß Personen, die eine der in § 12 I Nr. 4 nrw.PolG genannten Straftaten begehen wollen, an der Kontrollstelle festgestellt und dadurch letztlich an der Begehung gehindert werden können[463].

Bezüglich der Adressaten des Vorgehens nach § 12 I Nr. 4 nrw.PolG ist wie in den Fällen des § 12 I Nr. 2 und 3 nrw.PolG ein Rückgriff auf die §§ 4 bis 6 nrw.PolG entbehrlich. Vielmehr kann an einer Kontrollstelle die Identität jeder Person festgestellt werden, wobei sich Ausnahmen aus dem Grundsatz der Verhältnismäßigkeit ergeben können. So hat die Identitätsfeststellung wiederum bei solchen Personen zu unterbleiben, die offensichtlich in keinerlei Beziehung zu der erwarteten Straftat stehen (z.B. Kinder)[464].

IV. Vollzugselemente bei § 12 nrw.PolG

Liegen eine oder mehrere Voraussetzungen des § 12 I nrw.PolG vor, so ist die Polizei befugt, die Identität der betreffenden Person nach pflichtgemäßem Ermessen festzustellen. Vorab ist dabei zu betonen, daß aufgrund der weitgefaßten Tatbestandsvoraussetzungen des § 12 I Nr. 2 bis 4 nrw.PolG der Beachtung des Verhältnismäßigkeitsgrundsatzes bei den Maßnahmen der Identitätsfeststellung große Bedeutung zukommt. Dieses verfassungsmäßig verankerten Korrektivs bedarf es um so mehr, wenn die Polizei außerhalb konkreter Gefährdungslagen oder gegen nicht unmittelbar als Störer ausgewiesene Personen vorgeht[465].

§ 12 II nrw.PolG enthält nun eine Konkretisierung der Ermächtigung zur Identitätsfeststellung. In S. 1 ist zunächst davon die Rede, daß die Polizei „die zur Feststellung der Identität erforderlichen Maßnahmen treffen" kann.

---

460 *H. Tegtmeyer*, PolG NRW, § 12 Rn. 24, 25.

461 Gemäß VV nrw.PolG 12.17 zu § 12, abgedruckt z.B. bei *H. Tegtmeyer*, PolG NRW, ist dies die zuständige Bezirksregierung.

462 *Kay/Böcking*, PolR NRW, B Rn. 133.

463 *Kay/Böcking*, PolR NRW, B Rn. 133; *H. Tegtmeyer*, PolG NRW, § 12 Rn. 26, 27.

464 *Kay/Böcking*, PolR NRW, B Rn. 133; *H. Tegtmeyer*, PolG NRW, § 12 Rn. 28.

465 Vgl. etwa *Drews/Wacke/Vogel/Martens*, Gefahrenabwehr, S. 186.

Angesichts dieser Terminologie fällt eine gewisse Parallelität zu den Formulierungen der Generalklausel des § 8 I nrw.PolG auf. Nach dieser Vorschrift kann die Polizei die „notwendigen Maßnahmen" treffen zur Abwehr einer im einzelnen Falle bestehenden, konkreten Gefahr. In § 12 II 2-4 nrw.PolG werden nun jedoch die zur Identitätsfeststellung erforderlichen Maßnahmen näher bezeichnet. Dabei wird durch den Begriff „insbesondere" in § 12 II 2 nrw.PolG zum Ausdruck gebracht, daß die aufgeführten Handlungsweisen zwar nicht abschließend sind, die dort nicht genannten Maßnahmen aber nur dann von § 12 I 1 nrw.PolG erfaßt werden, wenn sie denen nach § 12 II 2 bis 4 nrw.PolG vergleichbar sind[466].

Der Ermächtigungsumfang des § 12 nrw.PolG ist daher primär anhand der in § 12 II 2 bis 4 nrw.PolG genannten Begriffe im einzelnen zu bestimmen.

Diese in der Vorschrift über die Identitätsfeststellung geregelten Befugnisse werden ergänzt durch andere Standardmaßnahmen, z.B. die erkennungsdienstliche Behandlung gemäß § 14 nrw.PolG, auf die gegebenenfalls gesondert bzw. zusätzlich zurückzugreifen ist, wenn auch deren Zulässigkeitsvoraussetzungen vorliegen[467].

1. Ermächtigung nach § 12 II 2 nrw.PolG

Nach § 12 II 2 nrw.PolG ist die Polizei befugt, den Betroffenen zwecks Identitätsfeststellung anzuhalten, nach seinen Personalien zu befragen und zu verlangen, daß er Angaben bezüglich seiner Identität macht und mitgeführte Ausweispapiere zur Prüfung aushändigt.

Hinsichtlich der Termini „befragen" und „verlangen" wurde bereits festgestellt, daß hierdurch jeweils eine Befugnis zum Erlaß von entsprechenden Verfügungen umschrieben wird, nicht hingegen eine Ermächtigung zur Vornahme tatsächlicher Handlungen in Form von Realakten[468].

Nach § 12 II 2, 1. Alt. nrw.PolG ist die Polizei zur Durchführung der Identitätsfeststellung auch berechtigt, den Betroffenen anzuhalten, wobei dieser Begriff nicht mit dem in S. 3 umschriebenen Terminus „festhalten" verwechselt werden darf. Das „Anhalten" stellt einen notwendigen Begleiteingriff der Identitätsfeststellung dar[469]. Es soll sich dabei um eine kurzfristige Freiheitsbeschränkung (nicht Freiheitsentziehung i.S.d. Art. 104 II GG) handeln, und zwar für die Dauer einer normalen Identitätsfeststellung am Ort des Geschehens[470]. Wann insgesamt

---

466 *H. Tegtmeyer*, PolG NRW, § 12 Rn. 31.

467 vgl. dazu *K. Habermehl*, POR, Rn. 541.

468 Vgl. dazu S. 90 f.

469 *C. Gusy*, PolR, Rn. 203.

470 Vgl. *H. Tegtmeyer*, PolG NRW, § 12 Rn. 32 und § 9 Rn. 18; a.A. *Drews/Wacke/Vogel/Martens*, Gefahrenabwehr, S. 187 m.w.N.

von einer Freiheitsbeschränkung und wann von einer Freiheitsentziehung i.S.d. Art. 104 II GG gesprochen werden kann, ist im einzelnen äußerst umstritten[471].

Ein großer Teil der Literatur setzt sich für eine kategorische Einteilung dahingehend ein, daß das Anhalten stets eine Freiheitsbeschränkung, jedes Festhalten[472] hingegen immer eine Freiheitsentziehung i.S.d. Art. 104 II GG darstellt[473].

Nach der Rechtsprechung besteht hingegen lediglich ein gradueller Unterschied. Die Abgrenzung ist daher im Einzelfall nach der Intensität des Eingriffs vorzunehmen, insbesondere nach Art und Dauer der Maßnahme[474].

Ohne dieser Diskussion im einzelnen nachzugehen, ist jedenfalls festzuhalten, daß diese Frage nicht in Zusammenhang mit der hier zu erörternden Problematik der Vollzugselemente steht. Es läßt sich nicht etwa sagen, daß von einer Freiheitsbeschränkung dort die Rede ist, wo die Freiheit des Betroffenen durch Verfügungen tangiert wird, und Freiheitsentziehungen demgegenüber anzunehmen sind, wo die Bewegungsfreiheit durch tatsächliche (Zwangs-) Maßnahmen eingeschränkt wird. Die Qualifikation des Anhaltens als bloße Freiheitsbeschränkung ist daher kein Indiz dafür, daß mit diesem Terminus lediglich die Befugnis zum Erlaß einer Verfügung gemeint ist.

Aufschluß darüber kann allerdings die systematische Stellung dieser Formulierung in § 12 II 2 nrw.PolG vermitteln. Dort wird der Begriff „anhalten" unmittelbar neben den Begriffen „befragen" und „verlangen" genannt, was als Hinweis darauf gewertet werden kann, daß die Polizei nur dazu ermächtigt wird, den Betroffenen aufzufordern stehenzubleiben, um die anschließende Identitätsfeststellung zu ermöglichen. Dies erscheint auch insofern als sinnvoll, als erst in den S. 3 und 4 die Maßnahmen[475] bezeichnet sind, die ergriffen werden können, wenn bei der Identitätsfeststellung Schwierigkeiten auftreten. Die Anwendung des Verfügungs-/Vollstreckungsmodells in bezug auf das „Anhalten" ermöglicht auch die sachgerechte Bewältigung der dabei denkbaren Fallkonstellationen[476].

---

471 Aus der Rspr. vgl. insbesondere BVerfGE 22, S. 21 (26), allerdings ohne endgültige Stellungnahme; BGHZ 82, S. 261 (265 ff.); ausführlich zum Meinungsstand siehe *P. Hantel*, Der Begriff der Freiheitsentziehung in Art. 104 II GG, S. 110 ff; *C. Gusy*, NJW 1992, S. 457 (458 ff.).

472 Dazu sogleich S. 134 ff.

473 *H. Tegtmeyer*, PolG NRW, § 12 Rn. 32, 36; *E. Rasch*, Allg. POR, in: C.H. Ule, Verwaltungsgesetze des Bundes und der Länder, Bd. III, Erster Halbband, § 9 ME Rn. 28; siehe auch die Nachweise bei BGHZ 82, S. 261 (266 ff.).

474 Vgl. EGMR, NJW 1984, S. 544 (547); BVerwGE 62, S. 318 f.; VG Berlin, NVwZ-RR 1990, S. 188; VG Bremen, NVwZ 1986, S. 862; BayObLG, DÖV 1984, S. 515 (516).

475 Dazu sogleich S. 134 ff.

476 Im Ergebnis ebenso, allerdings ohne nähere Begründung, *J. Schwabe*, NJW 1983, S. 369 (371); auch *F. Rachor*, in: Lisken/ Denninger, Hdb. d. PolR, F Rn. 44 geht hin-

Bleibt der Betroffene stehen, so kann die Polizei nunmehr mit der eigentlichen Identitätsfeststellung beginnen, weigert er sich hingegen, so richtet sich die Durchsetzung der auf das Anhalten gerichteten Verfügung nach anderen Normen[477].

Allerdings erscheint es sachgerecht und lebensnah, der Polizei aufgrund der Befugnis zum Anhalten gemäß § 12 II 2, 1. Alt. nrw.PolG zumindest das Recht einzuräumen, sich dem Betroffenen in den Weg zu stellen, um so die weiteren Maßnahmen durchführen zu können. Für diese tatsächliche Maßnahme bedarf es daher keines Rückgriffs auf die §§ 50 ff. nrw.PolG.

2. Ermächtigung gemäß § 12 II 3 nrw.PolG

§ 12 II 3 nrw.PolG gibt der Polizei das Recht, die betroffene Person festzuhalten, wenn die Identität auf andere Weise nicht oder nur unter erheblichen Schwierigkeiten festgestellt werden kann[478].

Der Begriff „festhalten" wird von der herrschenden Literatur als Synonym für eine Freiheitsentziehung i.S.d. Art. 104 II GG aufgefaßt[479], ohne daß dies allerdings, wie oben schon gezeigt, Einfluß auf die hier zu beantwortende Frage hat.

Anerkannt ist ferner, daß die Polizei aufgrund des § 12 II 3 nrw. PolG auch befugt ist, die betreffende Person zur Dienststelle mitzunehmen, wenn die Identitätsfeststellung ansonsten nicht möglich erscheint[480].

Die Terminologie „festhalten" deutet aber vor allem auf einen weitergehenden Ermächtigungsinhalt als die Formulierung „anhalten" hin[481], nämlich dahin-

---

sichtlich der Befugnis zum Anhalten von der Anwendung des Verfügungs-/Vollstreckungsmodells aus; die in diesem Zusammenhang verwendete Formulierung „kurzfristiges Festhalten" gemäß §§ 14 I, 15 I saarl.PolG deutet hingegen eher auf eine Befugnis zum tatsächlichen Eingreifen hin.

477 Entweder nach § 12 II 3 und 4 nrw.PolG oder nach dem allgemeinen Vollstreckungsrecht (§§ 50 ff. nrw.PolG).

478 Zu beachten sind dabei die „freiheitssichernden Vorschriften" der §§ 36-38 nrw.PolG, da § 36 I 1 nrw.PolG ausdrücklich das Festhalten gemäß § 12 II 3 nrw.PolG einbezieht.

479 Siehe bereits Fn. 473 bzw. zur Auffassung der Rspr. Fn. 474; im nrw.PolG wird der Begriff „festhalten" durchgängig für freiheitsentziehende Maßnahmen benutzt (vgl. insbesondere § 36 I, ferner die §§ 37, 38, 39 I Nr. 1, 43 Nr. 3, 49 II, 62 nrw.PolG).

480 Vgl. etwa *C. Gusy*, PolR, Rn. 205; *Kay/Böcking*, PolR NRW, B Rn. 134; *F.-L. Knemeyer*, POR, Rn. 173; *P. J. Tettinger*, Bes. VerwR/1, Rn. 391; *H. Wagner*, in: AltKomm, PolG NRW, § 9 Rn. 57 ff.; ausdrücklich vorgesehen ist diese sog. „Sistierung" etwa in den §§ 26 II 3 bw.PolG, 21 III 3 berl.ASOG, 4 III Nr. 6 hamb.DVPolG; 18 IV hess.SOG; 29 III 2 mv.SOG; 9 II Nr. 6 saarl.PolG; 19 II 3 sächs.PolG; 20 IV s.anh.SOG; 181 III 2 sh.LVwG.

481 Vgl. insoweit *Drews/Wacke/Vogel/Martens*, Gefahrenabwehr, S. 187.

gehend, daß die Polizei dazu berechtigt wird, sich einer Person zu bemächtigen, und zwar nicht bloß durch den Erlaß von Verfügungen, sondern durch tatsächliches Handeln, im konkreten Sinnzusammenhang durch Anwendung unmittelbaren Zwangs gegen die betreffende Person. Gestützt wird diese Betrachtungsweise wiederum durch die Einordnung dieser Terminologie in § 12 II 3 nrw. PolG. Nur wenn eine Identitätsfeststellung auf andere Weise, sprich gemäß § 12 II 2 nrw.PolG, nicht oder nur unter erheblichen Schwierigkeiten möglich ist[482], kann die betroffene Person festgehalten werden. Das Festhalten stellt die ultima ratio in diesem konkreten Zusammenhang dar. Dies ergibt sich letztlich aus einer konsequenten Anwendung des Verhältnismäßigkeitsgrundsatzes. Das Festhalten ist nur zulässig, wenn eine Maßnahme auf niedrigerer Eingriffsstufe nicht zum Erfolg führt[483]. Dadurch wird auch die Subsidiarität dieser Vorgehensweise verdeutlicht, die vergleichbar ist mit der in den §§ 50 ff. nrw.PolG zum Ausdruck kommenden allgemeinen Subsidiarität des Verwaltungszwangs[484]. Man könnte § 12 II 3 nrw.PolG daher als quasi-vollstreckungsrechtliche Spezialnorm für die Identitätsfeststellung begreifen, in der geregelt wird, was zu geschehen hat, wenn den Verfügungen nach § 12 II 2 nrw.PolG nicht Folge geleistet wird, bzw. wenn diese Verfügungen keinen Erfolg versprechen.

Gestützt wird dieser Befund ferner durch den Umstand, daß die §§ 36 ff. nrw. PolG dezidierte Regelungen bezüglich einzelner Modalitäten des Festhaltens treffen. Es handelt sich dabei um Verfahrensnormen, die speziell auf die polizeiliche Maßnahme des Festhaltens zugeschnitten sind, so daß man auch diese Vorschriften als Sonderregelungen gegenüber dem allgemeinen Vollstreckungsrecht gemäß §§ 50 ff. nrw.PolG begreifen kann.

Nach alledem ermächtigt § 12 II 3 nrw.PolG die Polizei also nicht nur zu Verfügungen, sondern auch - und sogar primär - zu tatsächlichem Handeln in Form des Festhaltens einer Person, wobei die damit zusammenhängende Anwendung unmittelbaren Zwanges freilich wiederum auf das begriffsnotwendig in dem Terminus „festhalten" enthaltene Maß beschränkt ist[485]. Konkret bedeutet dies, daß die Polizei bei Vorliegen der Voraussetzungen die Person ergreifen und an der weiteren Fortbewegung hindern kann. Zu beachten ist dabei allerdings die bereits angesprochene Problematik, daß gemäß § 12 I Nr. 3 und Nr. 4 nrw.PolG eine Identitätsfeststellung unabhängig von einer konkreten Störereigenschaft

482 Dies ist vor allem dann der Fall, wenn der Betroffene keine Angaben macht und sich weigert, Ausweispapiere auszuhändigen, vgl. *H. Tegtmeyer*, PolG NRW, § 12 Rn. 38; siehe auch *F. Rachor*, in: Lisken/Denninger, Hdb. d. PolR, F Rn. 135.

483 *F. Rachor*, in: Lisken/Denninger, Hdb. d. PolR, F Rn. 135.

484 Hier ist wiederum auf das verfassungsrechtliche Postulat der Vorherigkeit sprachlicher vor tatsächlicher Gewalt zu verweisen; siehe dazu bereits S. 109, Fn. 369.

485 Vgl. dazu oben S. 122.

bzw. einer konkreten Gefahr erlaubt ist. Vor diesem Hintergrund der „Vorverlagerung" der Gefahrenabwehr verdient der Verhältnismäßigkeitsgrundsatz besondere Beachtung. Dies muß verstärkt dann gelten, wenn man der hier vertretenen Auffassung folgt und in der Befugnis zum Festhalten auch die Befugnis zur damit notwendigerweise verbundenen Zwangsanwendung sieht. Dies bedeutet nämlich einen im Vergleich zum Erlaß bloßer Verfügungen erheblich schwerwiegenderen Eingriff, so daß in den Fällen des § 12 II Nr. 3 und Nr. 4 nrw.PolG insoweit ein besonders vorsichtiges und umsichtiges Handeln der Polizei zu verlangen ist.

Kommt es beim Festhalten zu einem irregulären Geschehensablauf, d.h. zu aktiver Gegenwehr des Betroffenen, und wird dabei der mit dem schlichten Festhalten notwendigerweise verbundene Zwang überschritten, so reicht § 12 II 3 nrw.PolG als Ermächtigungsnorm in jedem Fall nicht mehr aus, und es bedarf eines Rückgriffs auf die §§ 50 ff. nrw.PolG.

3. Ermächtigung gemäß § 12 II 4 nrw.PolG

Für die Möglichkeit der Polizei, gemäß § 12 II 4 nrw.PolG den Betroffenen oder seine Sachen zu durchsuchen, wenn die Voraussetzungen des S. 3 gegeben sind, gelten an sich die Ausführungen zu § 12 II 3 nrw.PolG entsprechend. Die konkrete Skizzierung der mit dem Begriff „durchsuchen" verbundenen Vollzugselemente soll jedoch den Darstellungen zu den §§ 39, 40 nrw.PolG vorbehalten bleiben, da sich diese Vorschriften zentral mit der Durchsuchung von Sachen und Personen beschäftigen und der Begriffsinhalt insoweit augenscheinlich nicht von der Vorschrift des § 12 II 4 nrw. PolG abweicht. Zu bemerken ist allerdings, daß § 12 II 4 nrw.PolG insofern als Spezialvorschrift gegenüber den §§ 39, 40 nrw.PolG zu verstehen ist, als in ihm ausschließlich das Durchsuchen zwecks Auffinden von Ausweispapieren geregelt ist[486].

486 *K. Habermehl*, POR, Rn. 544; *Kay/Böcking*, PolR NRW, B Rn. 134; *E. Rasch*, Allg. POR, in:C.H. Ule, Verwaltungsgesetze des Bundes und der Länder, Bd. III, Erster Halbband, § 9 ME Rn. 29; *H. Tegtmeyer*, PolG NRW, § 12 Rn. 38; *H. Wagner*, in: AltKomm, PolG NRW, § 9 Rn. 60.

B. Erkennungsdienstliche Maßnahmen gemäß § 14 nrw.PolG[487]

I. Allgemeine Anmerkungen

Ebenso wie § 12 nrw.PolG ermöglicht auch § 14 nrw.PolG Eingriffe in das Recht auf informationelle Selbstbestimmung nach Art. 2 I i.V.m. Art. 1 I GG. Zum Teil können die Maßnahmen nach dieser Vorschrift auch Beeinträchtigungen des Grundrechts auf körperliche Unversehrtheit aus Art. 2 II 1 GG mit sich bringen[488]. Betroffen sind schließlich auch das Grundrecht aus Art. 2 II 2 GG, da die Durchführung erkennungsdienstlicher Maßnahmen begrifflich ein Festhalten und gegebenenfalls eine Sistierung des Betroffenen voraussetzen[489], und, wenn man das Vorliegen einer Freiheitsentziehung bejaht, die Vorschrift des Art. 104 II GG[490].

Entsprechende Vorschriften im repressiven, strafprozessualen Bereich finden sich in den §§ 81 b, c und 163 b StPO[491]. Besonderes Augenmerk muß dabei § 81 b, 2. Alt. StPO gelten, da sich diese bundesrechtliche Norm im Anwendungsbereich mit der landesrechtlichen Regelung des § 14 I Nr. 2 nrw.PolG überschneidet[492]. In beiden Fällen geht es um die vorbeugende Bekämpfung von Straftaten und damit um den präventiven Bereich polizeilicher Tätigkeit.

Ohne nun im einzelnen der damit verbundenen kompetenziellen Problematik[493] nachzugehen, ist zumindest festzuhalten, daß § 81 b, 2. Alt. StPO nach Art. 31 GG Vorrang vor der landesrechtlichen Normierung zu gewähren ist, und daß dadurch der Anwendungsbereich des § 14 I Nr. 2 nrw.PolG auf die Fälle beschränkt ist, in denen die Tatbestandsvoraussetzungen des § 81 b, 2. Alt. StPO

---

487 Vgl. § 10 ME PolG; § 36 bw.PolG; Art. 14 bay.PAG; § 23 berl. ASOG; § 13 brand.PolG; § 31 brem.PolG; § 7 hamb.DVPolG; § 19 hess.SOG; § 31 mv.SOG; § 15 nds.GefAG; § 11 rp.POG; § 10 saarl.PolG; § 20 sächs.PolG; § 21 s.anh.SOG; § 183 sh.LVwG; § 16 thür.PAG.

488 *Kay/Böcking*, PolR NRW, B Rn. 139.

489 *Berner/Köhler*, PAG, Art. 14 Rn. 4.

490 Siehe dazu die bereits im Rahmen des § 12 nrw.PolG erörterte Thematik der Abgrenzung zwischen Freiheitsbeschränkung und Freiheitsentziehung in Zusammenhang mit der Maßnahme des Festhaltens, S. 132 f.

491 Für das Bußgeldverfahren vgl. den Verweis in § 46 OWiG.

492 Vgl. *P. J. Tettinger*, Bes. VerwR/1, Rn. 396.

493 Vgl. dazu etwa *K. Habermehl*, POR, Rn. 552 m.w.N.; siehe dazu auch *F.-L. Knemeyer*, POR, Rn. 179, der den Bund in diesem Zusammenhang nicht für gesetzgebungsbefugt hält und eine Anwendung des § 81 b, 2. Alt. StPO überdies deswegen für unzulässig hält, weil das Polizeirecht als spezielleres Gesetz eine Befugnis zur Vornahme erkennungsdienstlicher Maßnahmen für präventiv-polizeiliche Zwecke bietet, die zudem einen weiteren Anwendungsbereich habe.

nicht erfüllt sind[494]. Ob etwa ursprünglich zur Durchführung eines Strafverfahrens nach § 81 b, 1. Alt. StPO erhobene Unterlagen nach dessen Einstellung für Zwecke des Erkennungsdienstes aufbewahrt und verwertet werden können, richtet sich ausschließlich nach den Voraussetzungen für die Anfertigung und Aufbewahrung erkennungsdienstlicher Unterlagen gemäß § 81 b, 2. Alt. StPO[495].

II. Begriffliche Erläuterungen

Begrifflich sind erkennungsdienstliche Maßnahmen dadurch gekennzeichnet, daß sie gezielt auf die Erfassung der äußeren Merkmale eines bestimmten Betroffenen gerichtet sind, um anhand derer seine Identität festzustellen[496]. § 14 nrw.PolG stellt eine ergänzende Maßnahme zur Identitätsfeststellung nach § 12 nrw. PolG dar.

Wegen der besonderen Intensität der damit verbundenen Eingriffe in die Persönlichkeitssphäre des Betroffenen und der besonderen Probleme hinsichtlich der Archivierung der gewonnenen Erkenntnisse sind die erkennungsdienstlichen Maßnahmen in den Ländern in einer separaten Vorschrift reglementiert[497].

III. Überblick über die Zulässigkeitsvoraussetzungen[498]

1. Erkennungsdienstliche Maßnahmen zur Identitätsfeststellung gemäß § 14 I Nr. 1 nrw.PolG

§ 14 I Nr. 1 nrw.PolG regelt die erkennungsdienstlichen Maßnahmen zur Vornahme einer Identitätsfeststellung gemäß § 12 nrw. PolG, wodurch beide Vorschriften in einen unlösbaren Zusammenhang gestellt werden.

Voraussetzung ist zunächst, daß bereits die Identitätsfeststellung für sich betrachtet gemäß § 12 nrw.PolG rechtmäßig ist[499].

494 Vgl. dazu *K. Habermehl*, POR, Rn. 552; *Kay/Böcking*, PolR NRW, B Rn. 139; *H. Tegtmeyer*, PolG NRW, § 14 Rn. 10; *H. Wagner*, AltKomm, PolG NRW, § 10 Rn. 20; ferner *Berner/Köhler*, PAG, Art. 14 Rn. 6; vgl. dazu auch später S. 139.

495 Siehe BVerwG, DÖV 1990, S. 117; *P. J. Tettinger*, Bes. VerwR/1, Rn. 396 und Rn. 386, 400 (Fall 20).

496 *K. Habermehl*, POR, Rn. 549; siehe auch VGH München, BayVBl. 1984, S. 272 (274); *Berner/Köhler*, PAG, Art. 14 Rn. 3.

497 *K. Habermehl*, POR, Rn. 549; vgl. Fn. 487.

498 Ausführliche Darstellung der Zulässigkeitsvoraussetzungen unter Berücksichtigung der einschlägigen Vorschriften aller Bundesländer bei *F. Rachor*, in: Lisken/Denninger, Hdb. d. PolR, F Rn. 236 ff.

§ 14 I Nr. 1 nrw.PolG läßt erkennungsdienstliche Maßnahmen nur dann zu, wenn eine Identitätsfeststellung auf andere Weise nicht oder nur unter erheblichen Schwierigkeiten möglich ist. Damit greift diese Norm die Formulierung des § 12 II S. 3 und 4 nrw.PolG auf und verdeutlicht, daß die erkennungsdienstliche Behandlung zur Identitätsfeststellung ultima ratio sein soll[500].

§ 14 I Nr. 1 nrw. PolG kommt also zum Zuge, wenn die in § 12 II S. 1 und 2 nrw.PolG genannten Maßnahmen nicht ausreichen, wenn also Widerstände zu überwinden sind, etwa weil der Betroffene die Angaben verweigert oder lügt, weil er bewußtlos ist, die Erinnerung verloren hat oder seine Angaben zweifelhaft sind[501]. Das verfassungsrechtliche Übermaßverbot gebietet allerdings, zunächst andere, weniger eingriffsintensive Möglichkeiten zur Identitätsfeststellung auszuschöpfen (z.B. Erkundigungen bei Dritten)[502].

Der Adressat der Maßnahme ergibt sich aus der Norm, d.h. er ist diejenige Person, deren Identität nach § 12 nrw.PolG festgestellt werden soll[503].

2. Erkennungsdienstliche Maßnahmen zur vorbeugenden Erkennung von Straftaten nach § 14 I Nr. 2 nrw. PolG

§ 14 I Nr. 2 nrw.PolG kommt, wie bereits gezeigt, nur zur Anwendung, wenn es an einer der Voraussetzungen des § 81 b, 2. Alt. StPO fehlt[504]. Die Norm greift somit ein, wenn es an der Beschuldigteneigenschaft i.S.d. § 81 b, 2. Alt. StPO fehlt, wenn es also etwa um Maßnahmen gegen Strafunmündige (Personen unter 14 Jahren – vgl. § 19 StGB), gegen Personen, die rechtskräftig verurteilt oder freigesprochen wurden oder gegen Personen, bei denen das Strafverfahren eingestellt worden ist, geht[505].

§ 14 I Nr. 2 nrw.PolG setzt sodann voraus, daß der Betroffene einer rechtswidrigen Tat verdächtig ist, wobei es sich um einen durch Tatsachen fundierten Verdacht handeln muß. Ein solcher kann auch durchaus noch vorliegen, wenn

---

499 Siehe dazu *F. Rachor*, in: Lisken/Denninger, Hdb. d. PolR, F Rn. 237; *H. Wagner*, AltKomm, PolG NRW, § 10 Rn. 17.

500 Vgl. *Drews/Wacke/Vogel/Martens*, Gefahrenabwehr, S. 189; *K. Habermehl*, POR, Rn. 550; *Kay/Böcking*, PolR NRW, B Rn. 141.

501 *Kay/Böcking*, PolR NRW, B Rn. 141.

502 *Berner/Köhler*, PAG, Art. 14 Rn. 5.

503 *Kay/Böcking*, PolR NRW, B Rn. 141.

504 Siehe dazu bereits oben S. 137 f.

505 Vgl. *Drews/Wacke/Vogel/Martens*, Gefahrenabwehr, S. 189; *K. Habermehl*, POR, Rn. 553; *Kay/Böcking*, PolR NRW, B Rn. 142; *H. Tegtmeyer*, PolG NRW, § 14 Rn. 11; *H. Wagner*, AltKomm, PolG NRW, § 10 Rn. 21.

das Strafverfahren nach §§ 153 ff. StPO eingestellt worden ist oder ein Freispruch mangels Beweises erfolgte[506].

Weiteres konstituierendes Merkmal des § 14 I Nr. 2 nrw.PolG ist die Wiederholungsgefahr. Es muß sich dabei nicht um eine konkrete Gefahr handeln, sondern es genügt, daß nach Art und Ausführung der Tat unter kriminologischen und kriminalistischen Gesichtspunkten die Gefahr der Wiederholung besteht[507]. Vor allem bei Triebtätern läßt sich dies in der Regel annehmen[508].

Zu beachten ist schließlich, daß die erkennungsdienstlichen Maßnahmen zur Verhütung oder Aufklärung künftiger Straftaten das geeignete und am wenigsten belastende Mittel sein müssen. Durch den Begriff „erforderlich“ in § 14 I Nr. 2 nrw.PolG wird insoweit noch einmal explizit auf das Verhältnismäßigkeitsprinzip hingewiesen[509].

Der Adressat der Maßnahme ergibt sich wiederum unmittelbar aus der Befugnisnorm selbst[510].

IV. Vollzugselemente bei § 14 nrw.PolG

Wenn die tatbestandlichen Voraussetzungen des § 14 I Nr.1 oder Nr. 2 nrw.PolG gegeben sind, kann die Polizei, wiederum nach pflichtgemäßem Ermessen, erkennungsdienstliche Maßnahmen vornehmen, wozu nach § 14 IV nrw.PolG gehören:

1. die Abnahme von Finger- und Handflächenabdrücken,
2. die Aufnahme von Lichtbildern,
3. die Feststellung äußerer körperlicher Merkmale,
4. Messungen.

Durch den Begriff „insbesondere“ wird hervorgehoben, daß es sich nicht um eine enumerative Aufzählung handeln soll, daß allerdings sonstige denkbare erkennungsdienstliche Maßnahmen den explizit genannten hinsichtlich Art und Intensität vergleichbar sein müssen[511].

---

506 *Kay/Böcking*, PolR NRW, B Rn. 142; vgl. auch *Kleinknecht/Meyer-Goßner*, StPO, § 81 b Rn. 7.

507 Vgl. BVerwGE 26, S. 169 (171), wobei es in diesem Urteil allerdings um die Frage der Aufbewahrung einmal angefertigter erkennungsdienstlicher Unterlagen geht; *Kay/Böcking*, PolR NRW, B Rn. 142.

508 *Kay/Böcking*, PolR NRW, B Rn. 142; *H. Tegtmeyer*, PolG NRW, § 14 Rn. 11.

509 Vgl. *Kay/Böcking*, PolR NRW, B Rn. 142; vgl. auch den korrespondierenden Terminus „notwendig“ in § 81 b, 2. Alt. StPO.

510 *Kay/Böcking*, PolR NRW, B Rn. 142; *F.-L. Knemeyer*, POR, Rn. 180.

511 Vgl. *K. Habermehl*, POR, Rn. 558; *Kay/Böcking*, PolR NRW, B Rn. 140; *F. Rachor*, in: Lisken/Denninger, Hdb. d. PolR, F Rn. 233.

Entscheidendes Merkmal der Maßnahmen nach § 14 nrw.PolG ist ihre offene Durchführung gegenüber dem Betroffenen, die im Kontrast zu den heimlichen Vorgehensweisen der Polizei (z.B. verdeckte Film- oder Tonaufzeichnungen bei Demonstrationen) zu sehen ist. Für derartige Maßnahmen bedarf es eigener, gerade die Heimlichkeit legitimierender Ermächtigungen[512].

Ferner kommen bei § 14 nrw.PolG nur auf den äußeren Körper bezogene Maßnahmen bzw. Untersuchungen in Betracht, die Entnahme von Körperzellen oder Blutproben ist daher jedenfalls nach dieser Vorschrift nicht gestattet[513].

Was nun die Frage nach immanenten Vollzugselementen betrifft, so bereitet die Vorschrift des § 14 nrw.PolG keine nennenswerten Schwierigkeiten. Bei allen in § 14 IV nrw.PolG ausdrücklich umschriebenen Handlungsweisen handelt es sich um tatsächliche Verrichtungen; der Wortlaut ist insofern eindeutig. Die Polizei wird ermächtigt, durch eigene Maßnahmen Fingerabdrücke zu erstellen, Lichtbilder aufzunehmen, äußere Körpermerkmale festzustellen und Messungen durchzuführen. Auch andere Mittel zur erkennungsdienstlichen Behandlung können tatsächlich angewendet werden, vorausgesetzt wiederum, daß sie keine schwerwiegenderen Grundrechtseingriffe als die explizit zugelassenen Maßnahmen darstellen[514].

Freilich ist es dabei in aller Regel hilfreich und aufgrund des Verhältnismäßigkeitsgrundsatzes auch geboten, das eigene Vorgehen durch Verfügungen an den Betroffenen zu begleiten. Denkbar sind dabei z.B. das Gebot, den Finger auf eine näher bezeichnete Stelle zu pressen, die richtige Position bei der Lichtbildaufnahme einzunehmen, sich bei der Untersuchung hinsichtlich bestimmter körperlicher Merkmale ruhig zu verhalten etc. [515]. Im Vordergrund steht jedoch die Befugnis zur Vornahme tatsächlicher Handlungen.

Hinsichtlich der in Zusammenhang mit erkennungsdienstlichen Maßnahmen in Betracht kommenden Möglichkeit der Zwangsanwendung läßt sich ebenfalls auf die oben, 2. Teil, gemachten generellen Erkenntnisse zurückgreifen.

Die Vorschrift des § 14 nrw.PolG berechtigt insoweit zur Anwendung unmittelbaren Zwangs, als er begriffsnotwendig mit den einzelnen erkennungsdienstlichen Maßnahmen verbunden ist.

---

512 *K. Habermehl*, POR, Rn. 559; *R. Riegel*, DVBl. 1979, S. 709 (713); a.A. *W.-R. Schenke*, Jura 1988, S. 257 (262).

513 *H. Tegtmeyer*, PolG NRW, § 14 Rn. 22.

514 Vgl. oben Fn. 511.

515 Speziell im Hinblick auf die Maßnahmen nach § 14 IV nrw.PolG wird dabei die Entbehrlichkeit einer grundsätzlichen Annahme von zugrundeliegenden (konkludenten) Duldungsgeboten deutlich, die hier in der Tat bloße „konstruktive Füllsel" wären.

So darf die Polizei etwa, unmittelbar auf diese Standardmaßnahme gestützt, die Hand der erkennungsdienstlich zu behandelnden Person führen[516], ihren Kopf bei der Lichtbildaufnahme in die richtige Position bringen und ihren Körper bei der Untersuchung auf bestimmte äußere Merkmale abtasten etc.

Kommt es hingegen zu einem aktiven Widerstand, so reicht die Standardbefugnis alleine als Ermächtigungsgrundlage zur Zwangsanwendung nicht mehr aus; in diesem Fall muß auf die Vorschrift des § 50 nrw.PolG zurückgegriffen werden. Es handelt sich in diesen Fällen dann um die vollstreckungsrechtliche Durchsetzung der zuvor erlassenen Begleitverfügung, so daß man sich wieder innerhalb des „herkömmlichen" Schemas bewegt.

Aufgrund der besonderen Intensität der mit erkennungsdienstlichen Maßnahmen verbundenen Eingriffen in die Persönlichkeitssphäre des Betroffenen[517] muß auch bei dieser Vorschrift der Verhältnismäßigkeitsgrundsatz beachtet werden. Die erkennungsdienstlichen Maßnahmen sind ferner unter besonderer Beachtung der Würde des Menschen durchzuführen[518]. Das hat wiederum insbesondere dann zu gelten, wenn man, wie hier, § 14 nrw.PolG als Befugnis der Polizei ansieht, tatsächlich und in gewissem Umfang sogar unter Anwendung von Zwang zu handeln[519].

C. Gewahrsam gemäß § 35 nrw.PolG[520]

I. Allgemeine Anmerkungen

Die Ingewahrsamnahme nach § 35 nrw.PolG dient der Gefahrenabwehr durch Entziehung der persönlichen Bewegungsfreiheit im Sinne des Art. 2 II 2 i.V.m. Art. 104 II GG[521] und ist mit Rücksicht auf den Rang des geschützten Rechtsguts nur aus besonders gewichtigen Gründen zulässig[522].

---

516 Vgl. *A. Schmitt Kammler*, NWVBl. 1995, S. 166 (170).

517 Siehe *K. Habermehl*, POR, Rn. 549.

518 *E. Rasch*, Allg. POR, in: C.H. Ule, Verwaltungsgesetze des Bundes und der Länder, Bd. III, Erster Halbband, § 10 ME Rn. 4.

519 Siehe in diesem Sinne schon oben S. 135 f.

520 Vgl. § 13 ME PolG; § 28 bw.PolG; Art. 17 bay.PAG; § 30 berl. ASOG; § 17 brand.PolG; § 15 brem.PolG; § 13 hamb.SOG; § 32 hess.SOG; § 55 mv.SOG; § 18 nds.GefAG; § 14 rp.POG; § 13 saarl.PolG; § 22 sächs.PolG; § 37 s.anh.SOG; § 204 sh.LVwG; § 19 thür.PAG.

521 Vgl. *V. Götz*, Allg. POR, Rn. 228; *Kay/Böcking*, PolR NRW, B Rn. 240; *H. Tegtmeyer*, PolG NRW, § 35 Rn. 2.

522 Vgl. BVerfGE 22, S. 180 (219); 35, S. 185 (190); 53, S. 152 (158 f.); BVerwGE 45, S. 51 (56); *Drews/Wacke/Vogel/Martens*, Gefahrenabwehr, S. 197.

Im Gegensatz zu anderen polizeirechtlichen Vorschriften, die ebenfalls die Fortbewegungsfreiheit des Betroffenen tangieren[523], zeichnet sich der Gewahrsam nach § 35 nrw.PolG dadurch aus, daß bei ihm die Freiheitsentziehung der erstrebte Zweck der polizeilichen Maßnahme ist, während sie ansonsten lediglich eine Begleiterscheinung bzw. das Mittel zur Erreichung des eigentlichen polizeilichen Ziels darstellt[524]. Bei der Ingewahrsamnahme handelt es sich somit um eine der einschneidensten Standardmaßnahmen[525]. Detaillierte Regelungen zum Verfahren in diesem Zusammenhang, insbesondere für die Behandlung festgehaltener Personen und die Dauer der Freiheitsentziehung, finden sich in den §§ 36 ff. nrw.PolG[526]. Für die richterliche Entscheidung über Zulässigkeit und Fortdauer der Freiheitsentziehung ist gemäß § 36 II 1 nrw.PolG das Amtsgericht zuständig.

II. Begriffliche Erläuterungen

Unter dem Begriff des Gewahrsams[527] wird allgemein ein mit hoheitlicher Gewalt hergestelltes Rechtsverhältnis verstanden, kraft dessen einer Person die Freiheit dergestalt entzogen ist, daß sie von der Polizei in einer dem polizeilichen Zweck entsprechenden Weise verwahrt und daran gehindert wird, sich fortzubegeben[528]. Der Begriff des „Gewahrsams" ist dabei zu unterscheiden von dem des „amtlichen Gewahrsams" (vgl. § 64 I Nr. 4 und 5 nrw.PolG), der jede Verwahrung bei Behörden und Gerichten umfaßt und nicht nur den Gewahrsam zur Gefahrenabwehr[529].

---

523 So etwa die Vorführung nach § 10 nrw.PolG, das Festhalten zur Identitätsfeststellung nach § 12 II 3 nrw.PolG oder die Personendurchsuchung gemäß § 39 nrw.PolG.

524 *K. Habermehl*, POR, Rn. 577; *Kay/Böcking*, PolR NRW, B Rn. 242; *H. Tegtmeyer*, PolG NRW, § 35 Rn. 1.

525 Vgl. *F.-L. Knemeyer*, POR, Rn. 220; *F. Rachor*, in: Lisken/Denninger, Hdb. d. PolR, F Rn. 271.

526 Vgl. *P.J. Tettinger*, Bes. VerwR/1, Rn. 405; siehe zum Verfahren bei der Ingewahrsamnahme aus der Rspr. BVerwGE 45, S. 51 (62 ff.); OVG Münster, NJW 1980, S. 138 (139).

527 Instruktiv dazu *C. Stoermer*, Der polizeirechtliche Gewahrsam, S. 25.

528 OVG Münster, NJW 1980, S. 138 f.; VG Bremen, NVwZ 1986, S. 862; *F. Rachor*, in: Lisken/Denninger, Hdb. d. PolR, F Rn. 271; *E. Rasch*, Allg. POR, in: C.H. Ule, Verwaltungsgesetze des Bundes und der Länder, Band III, Erster Halbband, § 13 Rn. 1; *H. Wagner*, in: AltKomm, PolG NRW, § 13 Rn. 2.

529 *H. Tegtmeyer*, PolG NRW, § 35 Rn. 1.

Bei der Örtlichkeit, in der die Ingewahrsamnahme vollzogen wird, muß es sich nicht zwangsläufig um eine spezielle Gewahrsamseinrichtung handeln[530]; in Betracht kommen neben einer Arrestzelle z.B. auch ein Polizeifahrzeug[531] oder ein Krankenhauszimmer[532]. Auch die Einschließung mehrerer Personen (z.B. Demonstranten) in einem sogenannten „Kessel“ kann eine Ingewahrsamnahme darstellen[533].

Kein Gewahrsam im Sinne des § 35 nrw.PolG liegt vor, wenn sich eine Person aus eigenem Entschluß in polizeiliche Obhut begibt, da es dann am Eingriffscharakter des Geschehens fehlt[534].

Zu einem besonderen, und vor allem in der Gegenwart immer aktueller werdenden, Problemkreis gehört die Frage der rechtlichen Einordnung des sogenannten Verbringungsgewahrsams[535].

Es handelt sich dabei um Fälle, bei denen die Polizei Personen (z.B. Stadtstreicher oder randalierende Demonstranten[536]) mit dem Fahrzeug an einen anderen Ort bringt, um auf diese Weise eine Störung zu beseitigen.

Die rechtliche Zulässigkeit derartiger Maßnahmen ist äußerst umstritten.

Insbesondere bei den „Stadtstreicher-Fällen“ wird ein solches polizeiliches Procedere überwiegend als unzulässig erachtet[537]. Zum Teil wird dabei bereits die Einschlägigkeit der Standardmaßnahme des Gewahrsams und insgesamt das Vorhandensein einer Rechtsgrundlage verneint[538].

---

530 OVG Münster, NJW 1980, S. 138 (139); OVG Bremen, NVwZ 1987, S. 235 (236 f.); VG Berlin, NVwZ-RR 1990, S. 188 (189); *K. Habermehl*, POR, Rn. 577; *F. Rachor*, in: Lisken/Denninger, Hdb. d. PolR, F Rn. 272.

531 Speziell dazu siehe VG Bremen, NVwZ 1986, S. 862 (863).

532 *F. Rachor*, in: Lisken/Denninger, Hdb. d. PolR, F Rn. 272.

533 Zur rechtlichen Problematik, insbesondere zur Frage der Anwendbarkeit der Gewahrsamsvorschrift in diesen Fällen vgl. VG Berlin, NVwZ-RR 1990, S. 188 ff. („Berliner Kessel“); VG Mainz, NVwZ-RR 1991, S. 242 ff. („Mainzer Kessel“); LG Hamburg, NVwZ 1987, S. 833 f. („Hamburger Kessel“); *F. Rachor*, in: Lisken/Denninger, Hdb. d. PolR, F Rn. 272.

534 *Kay/Böcking*, PolR NRW, B Rn. 242; *K. Habermehl*, POR, Rn. 577 spricht in diesen Fällen von „Obhutsgewahrsam“; vgl. die Regelungen in § 28 I Nr. 2 a bw.PolG; vgl. ferner *F. Rachor*, in: Lisken/Denninger, Hdb. d. PolR, F Rn. 280, der von „unechtem Gewahrsam“spricht.

535 Vgl. hierzu *A.-M. Kappeler*, DÖV 2000, S. 227 ff.; *R. Leggereit*, NVwZ 1999, S. 263 ff.

536 *F. Rachor*, in: Lisken/Denninger, Hdb. d. PolR, F Rn. 281.

537 *F. Rachor*, in: Lisken/Denninger, Hdb. d. PolR, F Rn. 281; *R. Maaß*, NVwZ 1985, S. 151 (157); *Möller/Wilhelm*, Allg. POR, S. 177; a.A. *A. Greiner*, Die Polizei 1979, S. 92 (95).

538 Vgl. *K. Habermehl*, POR, Rn. 577; *A.-M. Kappeler*, DÖV 2000, S. 227 (234); *F. Rachor*, in: Lisken/Denninger, Hdb. d. PolR, F Rn. 281.

Bei den Fallgruppen der randalierenden oder störenden Demonstranten hält die Rechtsprechung teilweise den Verbringungsgewahrsam für ein milderes Mittel gegenüber dem längerfristigen Einsperren in einem Polizeifahrzeug und sieht ihn daher nicht von vornherein als unzulässig an[539]. Demgegenüber wird allerdings geltend gemacht, daß es sich bei dem Verbringen an einen anderen Ort nicht um eine in der Standardmaßnahme der Ingewahrsamnahme enthaltene Minusmaßnahme handelt, sondern um ein aliud, für das im Polizeirecht keine Ermächtigungsgrundlage existiert[540].

III. Überblick über die Zulässigkeitsvorausetzungen[541]

1. Schutzgewahrsam gemäß § 35 I Nr. 1 nrw.PolG

§ 35 I Nr. 1 nrw.PolG sieht eine Ingewahrsamnahme einer Person zu ihrem eigenen Schutz und damit in ihrem eigenen Interesse vor, unabhängig davon, ob dies von der Person selbst erkannt wird oder nicht[542]. Unerheblich ist auch, ob der Betroffene sich selbst, möglicherweise schuldhaft, in die Gefahrenlage gebracht hat[543].

Auch wenn es um Rechtsgüter des Betroffenen selbst geht, kann es sich um eine Gefahr für die öffentliche Sicherheit handeln, insbesondere, wenn es um Leben und Gesundheit geht[544]. Zwar ist grundsätzlich jeder für seinen Gesundheitszustand persönlich verantwortlich, jedoch wird die öffentliche Sicherheit dann tangiert, wenn die Grenzen bloßer Selbstgefährdung überschritten werden oder wenn ein indisponibles Rechtsgut wie das Leben betroffen ist, so daß ein Einschreiten im Falle eines Suizids durchaus gerechtfertigt sein kann[545].

---

539 Vgl. OVG Bremen, NVwZ 1987, S. 235 (237); BayObLG, NVwZ 1990, S. 194 (196 f.); siehe dazu auch *Kay/Böcking*, PolR NRW, B Rn. 242.

540 *A.-M. Kappeler*, DÖV 2000, S. 227 (233 f.); *F. Rachor*, in: Lisken/Denninger, Hdb. d. PolR, F Rn. 281.

541 Ausführliche Darstellung der Zulässigkeitsvoraussetzungen unter Berücksichtigung der einschlägigen Vorschriften aller Bundesländer bei *F. Rachor*, in: Lisken/Denninger, Hdb. d. PolR, F Rn. 282 ff.

542 *Kay/Böcking*, PolR NRW, B Rn. 243.

543 *K. Habermehl*, POR, Rn. 580; *H. Wagner*, in: AltKomm, PolG NRW, § 12 Rn. 9; *P. J. Tettinger*, Bes. VerwR/1, Rn. 403 führt folgerichtig als Beispiel schlicht die hilflose Lage einer Person an.

544 Vgl. *H. Wagner*, in: AltKomm, PolG NRW, § 12 Rn. 7; dem Grad nach muß es sich um eine konkrete Gefahr im Sinne des § 8 I nrw.PolG handeln, vgl. *H. Tegtmeyer*, PolG NRW, § 35 Rn. 3.

545 *Kay/Böcking*, PolR NRW, B Rn. 243; auch *V. Götz*, Allg. POR, Rn. 290 und *K. Habermehl*, POR, Rn. 580 subsumieren die Ingewahrsamnahme Suizidgefährdeter unter § 35 I Nr. 1 nrw.PolG.

Zur Abwehr der bestehenden Gesundheits- oder Lebensgefahr muß die Ingewahrsamnahme erforderlich sein, d.h. hier wird erneut das Prinzip der Erforderlichkeit und damit letztlich der Verhältnismäßigkeitsgrundsatz zur Zulässigkeitsvoraussetzung erhoben. Kommt die Anwendung anderer, milderer Mittel in Betracht, scheidet der Gewahrsam dementsprechend aus[546].

Wie der Begriff „insbesondere" zu Beginn des 2. Halbsatzes des § 35 I Nr. 1 nrw.PolG zu erkennen gibt, faßt der Schutzgewahrsam vor allem solche Konstellationen ins Auge, in denen sich eine Person aufgrund ihres Zustandes der bestehenden Gesundheits- oder Lebensgefahr nicht bewußt ist[547], oder, trotz möglicherweise vorhandenen klaren Bewußtseins, sich nicht angemessen selbst helfen und versorgen kann[548]. Da besonders dabei ein großes Interesse der Allgemeinheit an der Gefahrenabwehr besteht, kann die Ingewahrsamnahme in diesen Fällen auch bereits zur Abwehr geringfügiger Gesundheitsgefahren vollzogen werden. Häufig im Alltag vorkommendes Beispiel ist die schlafend vorgefundene, volltrunkene Person[549]. In diesem Fall wird häufig auch von „Ausnüchterungsgewahrsam" gesprochen[550].

Was die polizeiliche Adressatenbestimmung im Rahmen des § 35 I Nr. 1 nrw.PolG betrifft, gelten die allgemeinen Regeln der §§ 4-6 nrw.PolG[551].

2. Ingewahrsamnahme zur Verhinderung von Straftaten oder Ordnungswidrigkeiten von erheblicher Bedeutung gemäß § 35 I Nr. 2 nrw.PolG

Nach § 35 I Nr. 2 nrw.PolG kommt der Gewahrsam in Betracht, wenn er zur Abwehr einer unmittelbar bevorstehenden Straftat oder einer Ordnungswidrigkeit[552] von erheblicher Bedeutung unerläßlich ist[553]. Es reicht dabei aus, wenn es

546 *Kay/Böcking*, PolR NRW, B Rn. 243; vgl. auch *F. Rachor*, in: Lisken/Denninger, Hdb. d. PolR, F Rn. 304.

547 Die freie Willensbestimmung ausschließender Zustand.

548 Sonst in hilfloser Lage.

549 *Kay/Böcking*, PolR NRW, B Rn. 243.

550 *K. Habermehl*, POR, Rn. 580; *F. Rachor*, in: Lisken/Denninger, Hdb. d. PolR, F Rn. 301.

551 *Kay/Böcking*, PolR NRW, B Rn. 243.

552 Zur besonderen Problematik der Ingewahrsamnahme zwecks Verhinderung von Ordnungswidrigkeiten vgl. *F. Rachor*, in: Lisken/Denninger, Hdb. d. PolR, F Rn. 288 ff.

553 Z.B. Ingewahrsamnahme von Krawallmachern im Vorfeld einer Großdemonstration, BVerfGE 83, S. 24 ff.; Ingewahrsamnahme von Drogenhändlern, OLG Hamburg, DÖV 1998, S. 39 ff.

um tatbestandsmäßige, rechtswidrige Handlungen geht, auf die Schuldfähigkeit bzw. ein Verschulden kommt es demgegenüber nicht an[554].

Bei der Ordnungswidrigkeit muß es sich um eine solche von erheblicher Bedeutung handeln, wodurch erneut wieder der Verhältnismäßigkeitsgrundsatz betont wird. Maßgebend ist in erster Linie, inwieweit andere durch die Ordnungswidrigkeit unzumutbar beeinträchtigt oder gestört werden[555].

Die Begehung oder Fortsetzung der rechtswidrigen Tat muß unmittelbar bevorstehen. Sie muß also noch andauern oder ihre Durchführung muß mit an Sicherheit grenzender Wahrscheinlichkeit in allernächster Zeit zu erwarten sein[556].

Durch den Terminus „unerläßlich" wird schließlich erneut der Grundsatz der Erforderlichkeit miteinbezogen, so daß auch hier die Frage nach etwaigen milderen Maßnahmen (z.B. Verbotsverfügung, Platzverweisung oder Sicherstellung) gestellt werden muß[557]. Der in der Rechtssprache ansonsten nicht gebräuchliche Begriff der „Unerläßlichkeit" soll in besonderem Maße verdeutlichen, daß der Gewahrsam das äußerste Mittel zur Verhinderung von Schäden ist[558].

3. Ingewahrsamnahme zur Durchsetzung einer Platzverweisung gemäß § 35 I Nr. 3 nrw.PolG

§ 35 I Nr. 3 nrw.PolG ermöglicht eine kurzfristige Freiheitsentziehung, wenn diese erforderlich ist, um eine Platzverweisung nach § 34 nrw.PolG durchzusetzen[559]. Personen, die einer ausgesprochenen Platzverweisung nicht nachkommen, können aufgrund dieser Vorschrift also vorübergehend in Gewahrsam genommen werden, wenn dies unerläßlich, also erforderlich ist[560].

---

554 *Kay/Böcking*, PolR NRW, B Rn. 244; *E. Rasch*, Allg. POR, in: C.H. Ule, Verwaltungsgesetze des Bundes und der Länder, Bd. III, Erster Halbband, § 13 ME Rn. 5; *H. Tegtmeyer*, PolG NRW, § 35 Rn. 7.

555 *Kay/Böcking*, PolR NRW, B Rn. 244; vgl. auch *H. Tegtmeyer*, PolG NRW, § 35 Rn. 7, 8.

556 Es liegt demnach Deckungsgleichheit mit dem Begriff der gegenwärtigen Gefahr vor, vgl. *Kay/Böcking*, PolR NRW, B Rn. 244; *H. Tegtmeyer*, PolG NRW, § 35 Rn. 7; *K. Habermehl*, POR, Rn. 581 verwendet synonym den Begriff der „akuten Gefahr"; vgl. in diesem Sinne auch *F. Rachor*, in: Lisken/Denninger, Hdb. d. PolR, F Rn. 293.

557 *Kay/Böcking*, PolR NRW, B Rn. 244; vgl. auch *H. Wagner*, in: AltKomm, PolG NRW, § 13 Rn. 20.

558 Vgl. dazu BVerfG, EuGRZ 1991, S. 41 (44); *F. Rachor*, in: Lisken/Denninger, Hdb. d. PolR, F Rn. 299.

559 Auf die Formulierung „durchzusetzen" und die damit assoziierte Zwangsanwendung ist später, in Zusammenhang mit der Frage nach immanenten Vollzugselementen bei der Vorschrift des § 35 nrw. PolG, einzugehen.

560 Siehe dazu *Kay/Böcking*; PolR NRW, B Rn. 245.

4. Ingewahrsamnahme zum Schutz privater Rechte gemäß § 35 I Nr. 4 nrw.PolG

§ 35 I Nr. 4 nrw.PolG betrifft ausdrücklich einen Anwendungsfall des Schutzes privater Rechte[561]. Besonderes Gewicht liegt daher auf der Klärung der sachlichen Zuständigkeit nach § 1 II nrw.PolG. Eine Ingewahrsamnahme muß danach zum Schutz eines privaten Rechts unerläßlich, also wiederum erforderlich, sein und es müssen zudem die Voraussetzungen der §§ 229, 230 BGB, in denen das Selbsthilferecht des Bürgers geregelt ist, vorliegen[562]. Die Befugnis zur Ingewahrsamnahme knüpft also unmittelbar an dieses Selbsthilferecht an, um die Ausübung privater Zwangsanwendung zu vermeiden[563].

Der Verhältnismäßigkeitsgrundsatz tritt bei § 35 I Nr. 4 nrw.PolG besonders in den Vordergrund und verpflichtet die Polizei, sorgfältig zu prüfen, ob gerichtliche Hilfe tatsächlich nicht früher zu erreichen oder ob der Zweck der Maßnahme nicht durch mildere Maßnahmen zu erreichen ist. So wird eine Ingewahrsamnahme dann nicht erforderlich sein, wenn bereits eine Durchsuchung zur Auffindung von Sachen des Schuldners führt, mit denen der Anspruch gesichert werden kann[564].

Ist eine Ingewahrsamnahme allerdings zur Sicherung des privaten Rechts unerläßlich, so ist das in § 230 III BGB und in den §§ 36 ff. nrw.PolG vorgesehene Verfahren zu beachten. Soweit ein Antrag auf persönlichen Sicherheitsarrest im Sinne von § 230 III BGB bereits gestellt ist, genügt es, daß die Polizei den Schuldner unverzüglich dem Arrestgericht vorführt, wenn die Ingewahrsamnahme in dessen Zuständigkeitsbereich erfolgt[565].

5. Ingewahrsamnahme von Minderjährigen gemäß § 35 II nrw.PolG

Bei dieser Vorschrift geht es ausschließlich um den Schutz des elterlichen Sorgerechts nach § 1631 BGB. Dieses steht grundsätzlich beiden Elternteilen zu (§ 1626 I BGB). Dies gilt auch bei nicht miteinander verheirateten Eltern im Falle einer entsprechenden beiderseitigen Erkärung (§ 1626 a I Nr. 1 BGB) oder wenn

561 Zu Recht weist *H. Tegtmeyer*, PolG NRW, § 35 Rn. 12 darauf hin, daß mit dieser Vorschrift auch erreicht werden soll, daß Selbsthilfeaktionen nach Möglichkeit unterbleiben, so daß letztlich auch der Schutz des davon Betroffenen bezweckt wird.

562 *Kay/Böcking*, PolR NRW, B Rn. 246; *P. J. Tettinger*, Bes. VerwR/1, Rn. 403 (Fn. 9); modifizierend in dieser Hinsicht *H. Tegtmeyer*, PolG NRW, § 35 Rn. 13, der es ausreichen läßt, wenn die Voraussetzungen des § 229 BGB in den wesentlichen Punkten erfüllt sind; zu den Voraussetzungen der §§ 229, 230 BGB im einzelnen vgl. etwa *H. Heinrichs*, in: Palandt, BGB, § 229 Rn. 2 ff., § 230 Rn. 1 ff.

563 *Kay/Böcking*, PolR NRW, B Rn. 246.

564 Vgl. *Kay/Böcking*, PolR NRW, B Rn. 246.

565 *H. Tegtmeyer*, PolG NRW, § 35 Rn. 14.

die Eltern einander heiraten (§ 1626 a I Nr. 2 BGB). Ansonsten ist die Mutter die alleinige Inhaberin des Sorgerechts (§ 1626 a II). Bei Mündeln übt der Vormund dieses Recht aus (§§ 1793, 1800 BGB). Minderjährig sind gemäß § 2 BGB solche Personen, die das 18. Lebensjahr noch nicht vollendet haben, so daß § 35 II nrw.PolG folglich nicht auf entmündigte Personen anwendbar ist, die das 18. Lebensjahr bereits vollendet haben[566].

Die Minderjährigen haben sich dann der Obhut der Eltern entzogen, wenn sie sich zumindest über einen gewissen Zeitraum ohne deren Wissen und ohne deren Kenntnis bezüglich des Aufenthaltsortes entfernt haben[567]. Es kommt nicht darauf an, ob von dem Minderjährigen eine Gefahr ausgeht[568] oder ihm eine Gefahr droht[569].

Liegen die vorgenannten Voraussetzungen vor, hat die Polizei nach pflichtgemäßem Ermessen zu entscheiden, ob sie die Minderjährigen dem Jugendamt oder den Sorgeberechtigten überstellt. Eine Einlieferung in das Polizeigewahrsam ist jedenfalls nach § 1 II nrw.Gewahrsamsordnung ausgeschlossen[570].

6. Ingewahrsamnahme von Personen außerhalb der Vollzugsanstalt gemäß § 35 III nrw.PolG

§ 35 III nrw.PolG gestattet die Ingewahrsamnahme von Gefangenen und deren Rückführung in die Justizvollzugsanstalt. Durch diese Vorschrift wird eine Lücke[571] im Bereich des Strafvollzugs geschlossen, die dadurch entsteht, daß die Polizei einen entwichenen oder sich sonst unerlaubt außerhalb der Anstalt bewegenden Häftling gemäß § 87 StVollzG[572] nur auf Ersuchen der Vollzugsbehörde ergreifen darf. Fehlt es an einem entsprechenden Ersuchen und liegt auch kein

566 *Kay/Böcking*, PolR NRW, B Rn. 247, der freilich noch die alte Rechtslage vor der Änderung durch das Gesetz zur Reform des Kindschaftsrechts (Kindschaftsreformgesetz) vom 16.12.1997 (BGBl. I 2942) zugrundelegt.

567 *Kay/Böcking*, PolR NRW, B Rn. 247; *E. Rasch*, Allg. POR, in: C.H. Ule, Verwaltungsgesetze des Bundes und der Länder, Bd. III, Erster Halbband, § 13 ME Rn. 6; *H. Tegtmeyer*, PolG NRW, § 35 Rn. 15.

568 *H. Wagner*, in: AltKomm, PolG NRW, § 13 Rn. 21; siehe ferner die VV nrw.PolG 35.2 zu § 35.

569 *E. Rasch*, Allg. POR, in: C.H. Ule, Verwaltungsgesetze des Bundes und der Länder, Bd. III, Erster Halbband, § 13 ME Rn. 6.

570 *Kay/Böcking*, PolR NRW, B Rn. 247.

571 Dazu siehe *R. Riegel*, DÖV 1979, S. 201 (202).

572 StVollzG v. 16.3.1976 (BGBl. I S. 581, ber. S. 2088 und 1977 I S. 436), zul. geänd. d. Ges. v. 27.12.2000 (BGBl. I S. 2043).

Vorführungsbefehl oder ein Vollstreckungshaftbefehl nach § 457 I 2 StPO vor, so kommt ein polizeiliches Handeln gemäß § 35 III nrw.PolG in Betracht[573].

Diese Bestimmung betrifft allerdings lediglich Fälle der Untersuchungshaft, des Vollzugs einer Freiheitsstrafe oder einer Maßregel der Besserung und Sicherung (vgl. §§ 63, 64 oder 66 StGB)[574]. Entfernt sich eine Person dagegen aus einer gefahrenabwehrenden Unterbringung im Sinne der §§ 10 oder 17 nrw.PsychKG[575], kann die Polizei sie nur auf der Grundlage von § 35 I Nr. 1, 2 oder II nrw.PolG in Gewahrsam nehmen, es sei denn, es liegt ein Amts- oder Vollzugshilfeersuchen vor[576].

IV. Vollzugselemente bei § 35 nrw.PolG

§ 35 nrw.PolG ermächtigt die Polizei dazu, eine Person bei Vorliegen einer oder mehrerer der aufgezeigten Tatbestände in Gewahrsam zu nehmen. Auch diese Vorschrift läßt dabei vom Wortlaut her erkennen, daß sie vordergründig die Durchführung tatsächlicher Maßnahmen im Auge hat. Dabei stellt sich insbesondere hier die Frage nach Art und Umfang der von § 35 nrw.polG mitumfaßten Zwangsanwendung, da die Ingewahrsamnahme ohnehin einen besonders intensiven Eingriff in die Freiheit einer Person darstellt. Zudem läßt sich aufgrund der unmittelbaren körperlichen Involvierung des Betroffenen die tatsächliche von der zwangsweisen Durchführung dieser Maßnahme kaum trennen[577].

Speziell hinsichtlich der Zwangsanwendung ergeben sich interessante Aspekte aus § 35 I Nr. 3 nrw.PolG, wonach eine Ingewahrsamnahme zur Durchsetzung einer Platzverweisung durchgeführt werden kann. Der Terminus „durchsetzen" vermittelt dabei den Eindruck, als befinde man sich im Abschnitt über das Vollstreckungsrecht und nicht im Bereich der polizeilichen Befugnisnormen.

Dennoch wird zum Teil speziell im Hinblick auf § 35 I Nr. 3 nrw. PolG betont, daß diese Vorschrift keinerlei Zwangsanwendung bzw. Vollzugsmaßnahmen gestatte. Deren Zulässigkeit richte sich vielmehr ausschließlich nach den §§ 50 ff. nrw.PolG[578].

---

573 *Kay/Böcking*, PolR NRW, B Rn. 248; *H. Tegtmeyer*, PolG NRW, § 35 Rn. 17; vgl. zu den rechtlichen Bedenken gegenüber dieser Vorschrift, vor allem hinsichtlich fehlender Gesetzgebungskompetenz der Länder in diesem Bereich *F. Rachor*, in: Lisken/ Denninger, Hdb. d. PolR, F Rn. 309.

574 *Kay/Böcking*, PolR NRW, B Rn. 248; *H. Tegtmeyer*, PolG NRW, § 35 Rn. 17.

575 Nrw.PsychKG v. 17.12.1999 (GV.NRW S. 662/SGV.NRW 2128).

576 *Kay/Böcking*, PolR NRW, B Rn. 248.

577 Siehe in diesem Sinne bereits oben S. 95 f.

578 So *Kay/Böcking*, PolR NRW, B Rn. 245; *F.-L. Knemeyer*, POR, Rn. 226; *H. Tegtmeyer*, PolG NRW, § 35 Rn. 10, § 34 Rn. 4.

Nach anderer Ansicht wird der Gewahrsam zur Durchsetzung einer Platzverweisung dagegen sogar explizit als „echte Zwangsmaßnahme“ bezeichnet[579]. Die Placierung der Vorschrift im Abschnitt über die polizeilichen Befugnisse sei dabei ein Zeichen für den „Pragmatismus des Polizeirechts“[580]. Gleichzeitig sei sie aber auch ein Beleg dafür, wie mit leichter Hand zugunsten von der Polizei formulierter praktischer Bedürfnisse[581] auf die rechtssichernden Erfordernisse einer klaren Normstruktur verzichtet werde. Die ausgeklügelte Regelungstechnik der Vorschriften über die polizeiliche Zwangsanwendung mit ihren Begriffsbestimmungen und Aufzählungen der einzelnen Zwangsmittel werde durch derartigen Pragmatismus wertlos[582].

Beide der vorgenannten Auffassungen vermögen allerdings nicht zu überzeugen.

Die Ansicht, daß § 35 I Nr. 3 nrw.PolG zu keinerlei Zwangsanwendung ermächtige, sondern daß insoweit ausschließlich auf die §§ 50 ff. nrw.PolG zurückgegriffen werden müsse, ist schon aufgrund der allgemeinen Ausführungen zum Ermächtigungsumfang der Standardmaßnahmen im engeren Sinne[583] abzulehnen und widerspricht der hier vertretenen Konzeption.

Der Ansatz, § 35 I Nr. 3 nrw.PolG als „echte Zwangsmaßnahme“ auszuweisen, die ausnahmsweise in den Abschnitt über die polizeilichen Befugnisse integriert wurde, trägt jedoch ebenfalls nicht. Allein der Umstand, daß der Begriff „durchsetzen“ verwendet wird, darf nicht ohne weiteres zu der Annahme verleiten, hier handele es sich um eine vollstreckungsrechtliche Maßnahme. Man könnte ebenso davon ausgehen, daß durch diese Formulierung lediglich zum Ausdruck gebracht werden soll, daß nach erfolgloser Platzverweisung nunmehr eine Ingewahrsamnahme möglich ist und daß dadurch klargestellt wird, daß die Standardmaßnahmen im nrw.PolG oftmals nicht einzeln, sondern in Kombination

---

579 Vgl. *F. Rachor*, in:Lisken/Denninger, Hdb. d. PolR, F Rn. 310; *Möller/Wilhelm*, Allg. POR, S. 104 sprechen insoweit von einem Fall geregelter „Sondervollstreckung“.

580 *Berner/Köhler*, PAG, Art. 17 Rn. 12; *F. Rachor*, in: Lisken/Denninger, Hdb. d. PolR, F Rn. 310.

581 Eine Befugnis zur Ingewahrsamnahme zwecks Durchsetzung einer Platzverweisung wird u.a. deswegen für notwendig erachtet, weil nicht allgemein auszuschließen sei, daß eine Platzverweisung trotz der Befugnisse zur Anwendung unmittelbaren Zwangs nicht durchgesetzt werden könne, etwa weil sie durch Wiederholungsaktionen unterlaufen werde oder weil unmittelbarer Zwang nicht während der ganzen zur Gefahrenabwehr erforderlichen Zeit durchführbar sei, vgl. Bay.VerfGH, BayVBl. 1990, S. 685 (687).

582 *F. Rachor*, in: Lisken/Denninger, Hdb. d. PolR, F Rn. 310.

583 Siehe dazu S. 116 ff.

zum Einsatz kommen und aufeinander aufbauen, indem etwa eine Maßnahme die andere vorbereitet oder unterstützt[584].

Der Umfang der immanenten Vollzugselemente ist daher bei § 35 I Nr. 3 nrw.PolG, wie auch in allen anderen Fällen dieser Vorschrift (und auch sonst im Recht), auf „herkömmliche“ Weise zu bestimmen, d.h. es ist wie bei den anderen Standardmaßnahmen im engeren Sinne ausgehend vom Wortlaut, gegebenenfalls unter Hinzuziehung systematischer und teleologischer Aspekte zu erkunden, zu welchen konkreten Tathandlungen und zu welchen begriffsnotwendig damit verbundenen Zwangsmaßnahmen die Ingewahrsamnahme berechtigt.

Primär ergibt sich demnach der Umfang der Vollzugselemente aus dem oben[585] umschriebenen Begriff des „Gewahrsams“. Die Polizei kann also nach dieser Vorschrift eine Person tatsächlich an einem Ort festhalten, sie gegebenenfalls - bei Unterbringung in einer Gewahrsamseinrichtung, Überführung eines Minderjährigen an die Sorgeberechtigten oder das Jugendamt im Falle des § 35 II nrw.PolG oder Rückführung eines entwichenen Gefangenen in die Justizvollzugsanstalt im Falle des § 35 III nrw.PolG - an diese Orte verbringen und dort unter Umständen in einem umschlossenen und verriegelten Raum einsperren. Diese tatsächlichen Handlungen (Vollzugselemente im weiteren Sinne) lassen sich allerdings bei der Ingewahrsamnahme, wie zuvor schon angesprochen, nicht ohne die Komponente der Zwangsanwendung (Vollzugselemente im engeren Sinne) betrachten, da es sich ausschließlich um unmittelbar auf die Person gerichtete Maßnahmen handelt. Insofern gilt es also, das begriffsnotwendig in der Terminologie „Gewahrsam“ enthaltene Maß an unmittelbarem Zwang zu bestimmen.

Dazu gehören alle Handlungen, die sich nicht gegen einen aktiv Widerstandleistenden richten, wie z.B. das Ergreifen des Betroffenen am Arm, das Festhalten während der Verbringung in die vorgesehene Gewahrsameinrichtung[586] und das Einsperren in derselben. In diesen Fällen bedarf es somit keines Rückgriffs auf die Ermächtigungsgrundlagen des § 50 I und II[587] nrw.PolG. Soweit diese Maßnahmen unter den unmittelbaren Zwang im Sinne von § 58 nrw. PolG zu subsumieren sind, sind freilich wiederum die §§ 57 ff. nrw.PolG hinsichtlich der Art und Weise der Anwendung zu beachten[588]. Zudem ist das besondere, in §§ 36

584 Weiteres Beispiel dafür ist etwa die Durchsuchung einer Person (§ 39 nrw.PolG) mit anschließender Sicherstellung (§ 43 nrw.PolG) eines aufgefundenen gefährlichen Gegenstandes.

585 Siehe S. 143 ff.

586 So weist auch *K. Habermehl*, POR, Rn. 530 darauf hin, daß die Befugnis zur Ingewahrsamnahme das Recht beinhalte, den Betroffenen tatsächlich und notfalls gewaltsam abzuführen.

587 Im Falle der Bewußtlosigkeit der in Gewahrsam zu nehmenden Person.

588 Vgl. dazu oben S. 67 f.

ff. nrw.PolG geregelte Verfahren seitens der Polizei einzuhalten, so daß eine Gefährdung der Rechtspositionen des Betroffenen durch Nichtanwendung der §§ 50 ff. nrw.PolG nicht zu besorgen ist.

Erneut gilt jedoch, daß bei aktiver Gegenwehr, etwa durch eine wild um sich schlagende oder die Polizeibeamten gezielt angreifende Person, der Erlaß begleitender Verfügungen notwendig wird, deren zwangsweise Durchsetzung sich dann wiederum an §§ 50 ff. nrw.PolG zu orientieren hat, da der Ermächtigungsumfang des § 35 nrw.PolG in diesen Fällen überschritten wird.

D. Durchsuchung von Personen gemäß § 39 nrw.PolG[589]

I. Allgemeine Anmerkungen

§ 39 nrw.PolG regelt die Durchsuchung von Personen zum Zwecke der Gefahrenabwehr. Dies gilt auch, soweit sie im Zusammenhang mit strafprozessualen Maßnahmen steht, aber vorrangig der Gefahrenabwehr dient, z.B. bei der Durchsuchung eines Festgenommenen zur Eigensicherung[590].

Über § 39 nrw.PolG hinaus ist die Durchsuchung von Personen speziell in § 12 II 4 nrw.PolG geregelt[591], wobei § 39 I 1 nrw.PolG zur Klarstellung[592] des Konkurrenzverhältnisses dienen soll. Soweit die Polizei Personendurchsuchungen im Rahmen ihrer repressiven Tätigkeit durchführt, sind vor allem die §§ 102, 103 und 111 StPO einschlägig[593].

Die Personendurchsuchung ist als Eingriff in Art. 2 I GG zu qualifizieren und bedeutet zudem eine Freiheitsbeschränkung (vgl. Art. 104 I GG) für die Dauer der Maßnahme. Die Adressaten der Maßnahme ergeben sich in allen Fällen des § 39 nrw.PolG aus der Ermächtigungsgrundlage selbst[594].

Besondere Durchführungsmodalitäten für die Personendurchsuchung sind in § 39 III nrw.PolG geregelt.

589 Vgl. § 17 ME PolG; § 29 bw.PolG; Art. 21 bay.PAG; § 34 berl. ASOG; § 21 brand.PolG; § 19 brem.PolG; § 15 hamb.SOG; § 36 hess.SOG; § 53 mv.SOG; § 22 nds.GefAG; § 18 rp.POG; § 17 saarl.PolG; § 23 sächs.PolG; § 41 s.anh.SOG; § 202 sh.LVwG; § 23 thür.PAG.

590 *Kay/Böcking*, PolR NRW, B Rn. 253.

591 Dort muß das Durchsuchen allerdings ausschließlich auf das Auffinden von Ausweispapieren gerichtet sein, vgl. S. 136.

592 Siehe dazu *F. Rachor*, in: Lisken/Denninger, Hdb. d. PolR, F Rn. 351; *H. Wagner*, in: AltKomm, PolG NRW, § 17 Rn. 2.

593 *Kay/Böcking*, PolR NRW, B Rn. 253; *E. Rasch*, Allg. POR, in: C.H. Ule, Verwaltungsgesetze des Bundes und der Länder, Bd. III, Erster Halbband, § 17 ME Rn. 1.

594 *Kay/Böcking*, PolR NRW, B Rn. 253; vgl. auch *F.-L. Knemeyer*, POR, Rn. 239.

Unter Durchsuchung wird die Suche nach Sachen oder Spuren in der Kleidung des Betroffenen oder an seinem Körper verstanden[595]. Im Regelfall ist dies die Nachschau in den Jacken-, Mantel- oder Hosentaschen des Betroffenen und bedeutet damit einen vergleichsweise harmlosen Eingriff[596].

Daneben soll jedoch nach überwiegender Auffassung auch die Suche in Körperhöhlen und Körperöffnungen erfaßt werden[597]. Diese Suche soll sich allerdings auf „ohne Hilfsmittel einsehbare“[598] bzw. auf „ohne weiteres“ zugängliche[599] Körperhöhlen bzw. -öffnungen beschränken[600].

Abzugrenzen ist in solchen Fällen jedenfalls die Durchsuchung von der Untersuchung[601], wobei der Unterschied zum einen in der Zwecksetzung beider Maßnahmen liegt.

Während die Durchsuchung dem Auffinden von körperfremden Gegenständen dient, haben körperliche Untersuchungen den Zweck, die Beschaffenheit und den Zustand des Körpers selbst festzustellen[602]. Hierzu gehört auch die Feststellung, ob sich Fremdkörper im Körperinneren befinden[603].

595 *C. Gusy*, PolR, Rn. 219; *F. Rachor*, in: Lisken/Denninger, Hdb. d. PolR, F Rn. 344; *H. Wagner*, in: AltKomm, PolG NRW, Vor §§ 17-29 Rn. 2.

596 *F. Rachor*, in: Lisken/Denninger, Hdb. d. PolR, F Rn. 344.

597 *E. Denninger u.a.*, AE PolG, § 24 III 1; *Drews/Wacke/Vogel/Martens*, Gefahrenabwehr, S. 201; *K. Habermehl*, POR, Rn. 598; *E. Rasch*, Allg. POR, in: C.H. Ule, Verwaltungsgesetze des Bundes und der Länder, Bd. III, Erster Halbband, § 17 ME Rn. 1; vgl. auch § 19 II brem.PolG.

598 *Drews/Wacke/Vogel/Martens*, Gefahrenabwehr, S. 201; *C. Gusy*, PolR, Rn. 220; vgl. auch § 19 II brem.PolG.

599 *K. Habermehl*, POR, Rn. 598; *H. Tegtmeyer*, PolG NRW, § 39 Rn. 1; *E. Rasch*, Allg. POR, in: C.H. Ule Verwaltungsgesetze des Bundes und der Länder, Bd. III, Erster Halbband, § 17 ME Rn. 1.

600 Zur Kritik bezüglich der Unklarheit solcher Formulierungen vgl. *F. Rachor*, in: Lisken/Denninger, Hdb. d. PolR, F Rn. 345 ff. mit Beispielen.

601 Während die körperliche Untersuchung in kaum einem Landespolizeigesetz geregelt ist (Ausnahmen: § 36 V hess.SOG, § 41 V s.anh.SOG regeln die körperliche Untersuchung zum Schutz der Person selbst; § 18 a hamb.SOG regelt die ärztliche Untersuchung im Abschnitt über den unmittelbaren Zwang), ist sie für den strafprozessualen Bereich in § 81 b StPO ausdrücklich vorgesehen.

602 *Drews/Wacke/Vogel/Martens*, Gefahrenabwehr, S. 201; *E. Rasch*, Allg. POR, in: C.H. Ule, Verwaltungsgesetze des Bundes und der Länder, Bd. III, Erster Halbband, § 17 ME Rn. 1; *H. Tegtmeyer*, PolG NRW, § 39 Rn. 1.

603 *Möller/Wilhelm*, Allg. POR, S.182; *F. Rachor*, in: Lisken/Denninger, Hdb. d. PolR, F Rn. 346.

Zum Teil wird neben der Zwecksetzung auch noch die Eingriffsintensität als Unterscheidungskriterium herangezogen[604]. Die Untersuchung ist danach der gegenüber der Durchsuchung schwerwiegendere Eingriff, so daß etwa Maßnahmen, die nur mit medizinischen Hilfsmitteln durchgeführt werden können, aufgrund der Eingriffsintensität nicht mehr von der Durchsuchungsbefugnis gedeckt sein sollen. Unter diesen Prämissen ist wohl nur eine Nachschau in Mund, Nase und Ohren unproblematisch von der Befugnis zur Personendurchsuchung gedeckt[605]. Die Ausdehnung der Befugnis zur Personendurchsuchung auf körperliche Untersuchungen sowie die Stützung letzterer auf die polizeirechtliche Generalklausel[606] werden überwiegend abgelehnt[607].

III. Überblick über die Zulässigkeitsvoraussetzungen[608]

1. Durchsuchung der Person im Rahmen des Festhaltens nach § 39 I Nr. 1 nrw.PolG

§ 39 I Nr. 1 nrw.PolG regelt die Durchsuchung von Personen, die nach dem nrw.PolG oder nach anderen Rechtsvorschriften festgehalten werden können[609]. Unter „festhalten" sind dabei Freiheitsentziehungen und -beschränkungen[610] im

---

604 VGH München, NVwZ-RR 1999, S. 310; *F. Rachor*, in: Lisken/Denninger, Hdb. d. PolR, F Rn. 346; vgl. auch *H. Tegtmeyer*, PolG NRW, § 39 Rn. 1; zum Bereich des Strafprozeßrechts vgl. *C. Roxin*, StrafverfahrensR, § 35 Rn. 16 f.; a.M. *Kleinknecht/Meyer-Goßner*, StPO, § 81 a Rn. 9, der allein auf die Zwecksetzung abstellt.

605 Zu weiteren Einzelheiten und Problemkreisen siehe *F. Rachor*, in: Lisken/Denninger, Hdb. d. PolR, F Rn. 346 f.

606 So *R. Riegel*, POR in der BRD, S. 136; *H. Tegtmeyer*, PolG NRW, § 39 Rn. 1.

607 *K. Habermehl*, POR, Rn. 598; *F. Rachor*, in: Lisken/Denninger, Hdb. d. PolR, F Rn. 347, der von einer gewollten Regelungslücke ausgeht; *E. Rasch*, Allg. POR, in: C.H. Ule, Verwaltungsgesetze des Bundes und der Länder, Bd. III, Erster Halbband, § 17 ME Rn. 1 a.

608 Ausführliche Darstellung der Zulässigkeitsvoraussetzungen unter Berücksichtigung der einschlägigen Vorschriften aller Bundesländer bei *F. Rachor*, in: Lisken/Denninger, Hdb. d. PolR, F Rn. 349 ff.

609 *C. Gusy*, PolR, Rn. 219 hält es für sinnvoll, § 39 I Nr. 1 nrw.PolG so zu verstehen, daß eine Durchsuchung nur in Betracht kommt, wenn die betreffende Person auch tatsächlich festgehalten wird, da ansonsten ein reiner „Gefahraufklärungstatbestand" geschaffen worden wäre; a.M. *K.-H. Schumann*, Grundriß des POR, S. 102, der es für ausreichend hält, wenn die rechtliche Möglichkeit zum Festhalten gegeben ist.

610 *F. Rachor*, in: Lisken/Denninger, Hdb. d. PolR, F Rn. 353; *H. Tegtmeyer*, PolG NRW, § 39 Rn. 4 und *H. Wagner*, in: AltKomm, PolG NRW, § 17 Rn. 3 sprechen dagegen ausschließlich von Freiheitsentziehungen.

Rahmen der Vorführung, des Festhaltens zur Identitätsfeststellung und des Gewahrsams zu verstehen. Die häufigsten Anwendungsfälle dieser Norm im Falle des Festhaltens nach anderen Rechtsvorschriften sind die vorläufige Festnahme nach § 127 II StPO und die Verhaftung zur Vollstreckung richterlicher Haft- oder Vorführbefehle[611].

Zweck dieser Ermächtigung ist der Schutz der Polizeibeamten und dritter Personen vor Angriffen, der Schutz des Betroffenen vor eigenen Verletzungen und schließlich die ungefährdete Durchführung der jeweiligen Maßnahme, indem aufgrund der Durchsuchungsbefugnis das Auffinden von potentiell gefährlichen Gegenständen wie Waffen, gefährlichen Werkzeugen oder fluchtfördernden Hilfsmitteln ermöglicht wird[612]. Die Durchsuchung kann aus diesem Grunde auch bereits zu Beginn der Durchführung der jeweiligen Maßnahme erfolgen, damit der gefahrenabwehrende Aspekt wirken kann[613].

Es kommt dabei nicht auf das Vorliegen einer konkreten Gefahr, sondern auf die situative Gefährlichkeit an. Allerdings ist auch hier erneut die Beachtung des Verhältnismäßigkeitsgrundsatzes geboten[614].

2. Durchsuchung zur Auffindung von Sicherstellungsgegenständen nach § 39 I Nr. 2 nrw.PolG

Nach § 39 I Nr. 2 nrw.PolG kann die Polizei eine Person durchsuchen, wenn Tatsachen die Annahme rechtfertigen, daß von ihr Sachen mitgeführt werden, die nach § 43 nrw.PolG sichergestellt werden können[615]. Die Ermächtigung des § 39 I Nr. 2 nrw.PolG ist daher durch die Zulässigkeitsvoraussetzungen des § 43 nrw.PolG aufzufüllen[616], so daß zunächst deren Vorliegen zu überprüfen ist[617].

---

611 *Kay/Böcking*, PolR NRW, B Rn. 255; zu den Bedenken bezüglich der Zuständigkeit des Landesgesetzgebers in diesem Bereich vgl. *K. Habermehl*, POR, Rn. 524, 584.

612 *Kay/Böcking*, PolR NRW, B Rn. 255; vgl. auch *V. Götz*, Allg. POR, Rn. 297; *H. Wagner*, AltKomm, PolG NRW, § 17 Rn. 8.

613 Vgl. dazu *Kay/Böcking*, PolR NRW, B Rn. 255; *H. Tegtmeyer*, PolG NRW, § 39 Rn. 4.

614 *Kay/Böcking*, PolR NRW, B Rn. 255; *H. Tegtmeyer*, PolG NRW, § 39 Rn. 4.

615 Vgl. dazu *P. J. Tettinger*, Bes. VerwR/1, Rn. 488, 500 (Fall 20); strafprozessuale Sicherstellungsbefugnisse bleiben im Rahmen des § 39 I Nr. 2 nrw.PolG von vornherein außer Betracht, vgl. *K. Habermehl*, POR, Rn. 601; *Kay/Böcking*, PolR NRW, B Rn. 256; *H. Tegtmeyer*, PolG NRW, § 39 Rn. 6; *H. Wagner*, in: AltKomm, PolG NRW, § 17 Rn. 10.

616 *C. Gusy*, PolR, Rn. 219; *Kay/Böcking*, PolR NRW, B Rn. 256; vgl. auch *F. Rachor*, in: Lisken/Denninger, Hdb. d. PolR, F Rn. 354; *H. Tegtmeyer*, PolG NRW, § 39 Rn. 8.

617 Zu den Zulässigkeitsvoraussetzungen des § 43 nrw.PolG siehe später S. 181 ff.

Tatsachen, die die Annahme rechtfertigen, daß die Person Sachen mit sich führt, sind objektive Gegebenheiten, nicht bloße Vermutungen. Sie liegen vor, wenn sie wahrgenommen werden oder durch Nachdenken, logische Schlußfolgerungen oder Erkundigungen in Erfahrung gebracht werden; sie müssen den Schluß auf das Mitführen der Gegenstände durch die Person zulassen[618].

3. Durchsuchung einer Person, die sich in hilfloser Lage befindet, gemäß § 39 I Nr. 3 nrw.PolG

Sinn und Zweck der Personendurchsuchung nach § 39 I Nr. 3 nrw. PolG ist es, zum einen den Grund der Hilflosigkeit aufzuklären, zum anderen wichtige Anhaltspunkte oder Gegenstände, die für die Hilfeleistung und für die Benachrichtigung von Angehörigen erforderlich sind (z.B. Kranken- oder Unfallpaß, Benachrichtigungskarten, Medikamente etc.), aufzufinden[619].

4. Durchsuchung von Personen an „gefährlichen" oder „gefährdeten" Orten gemäß § 39 I Nr. 4 und 5 nrw.PolG

Voraussetzung der Durchsuchung nach § 39 I Nr. 4 bzw. Nr. 5 nrw.PolG ist die Tatsache, daß sich die Person an einem der in § 12 I Nr. 2 oder Nr. 3 nrw.PolG genannten Orte aufhält[620]. Es ist nicht erforderlich, daß dort auch ihre Identität festgestellt werden darf, d.h. es kann auch eine bereits der Polizei bekannte Person durchsucht werden. Das Ziel der Durchsuchung ist hier jedenfalls nicht die Identifizierung der Person, sondern die Abwehr der an den bezeichneten Orten nachweisbaren Gefahren[621].

Da es sich bei der Durchsuchung um einen schwerwiegenderen Eingriff als bei der Identitätsfeststellung handelt und zudem in § 39 I Nr. 4 und 5 nrw.PolG eine reine „Ortshaftung" vorgesehen ist, verdient der Grundsatz der Verhältnismäßigkeit erneut besondere Beachtung. Zeigt bereits eine Befragung oder Iden-

---

618 *Kay/Böcking*, PolR NRW, B Rn. 256; *K. Habermehl*, POR, Rn. 601 fordert, daß hinreichende tatsächliche Anhaltspunkte für mindestens einen Gefahrenverdacht vorliegen.

619 Vgl. *V. Götz*, Allg. POR, Rn. 297; *C. Gusy*, PolR, Rn. 219; *K. Habermehl*, POR, Rn. 602; *Kay/Böcking*, PolR NRW, B Rn. 257; *E. Rasch*, Allg. POR, in: C.H. Ule, Verwaltungsgesetze des Bundes und der Länder, Bd. III, Erster Halbband, § 17 ME Rn. 6; *H. Tegtmeyer*, PolG NRW, § 39 Rn. 10; *H. Wagner*, in: AltKomm, PolG NRW, § 17 Rn. 12; zu den Begriffen „die freie Willensbestimmung ausschließender Zustand" und „sonst in hilfloser Lage" siehe bereits oben S. 146.

620 Vgl. daher zu den Begriffen S. 128 f. und S. 129 f.

621 *Kay/Böcking*, PolR NRW, B Rn. 258; vgl. auch schon die Erläuterungen zu § 12 nrw.PolG, S. 129.

titätsfeststellung, daß die betreffende Person mit den zu bekämpfenden Gefahren in keinerlei Zusammenhang stehen kann, scheidet eine Durchsuchung aus[622].

5. Durchsuchung zur Abwehr von Gesundheits- und Lebensgefahren gemäß § 39 II nrw.PolG

Die in § 39 II nrw.PolG normierte Befugnis der Durchsuchung zur Abwehr von Gesundheits- und Lebensgefahren dient der Eigensicherung von Polizeibeamten sowie dem Schutz dritter Personen[623] bei der Durchführung von Identitätsfeststellungen, Vorführungen oder für den Fall, daß eine Person von einem Ort zum anderen verbracht wird. § 39 I Nr. 1 nrw.PolG greift als speziellere Norm hingegen dann ein, wenn es um das „Festhalten“ einer Person geht[624].

Für das Durchsuchen ergeben sich dabei mehrere alternative Voraussetzungen: Entweder greifen die Befugnisse zur Identitätsfeststellung nach den §§ 9 II oder 12 I nrw.PolG durch oder die Identität soll nach anderen Rechtsvorschriften, wie etwa nach §§ 163 b oder 111 StPO, festgestellt werden. Entsprechendes gilt, wenn es um die Vorführung einer Person nach anderen Rechtsvorschriften, etwa nach § 230 StPO oder § 44 II, III Wehrpflichtgesetz[625], geht oder wenn eine Person von einem zum anderen Ort verbracht wird (z.B. von einem Anhalteort in ein Krankenhaus zur Entnahme einer Blutprobe bei Verdacht einer Trunkenheitsfahrt nach § 316 StGB). In all diesen Fällen muß die Maßnahme auf das Auffinden von Waffen, anderen gefährlichen Werkzeugen und Explosivmitteln gerichtet und nach den Umständen erforderlich sein zum Schutz der Polizeibeamten oder von Dritten gegen eine Gefahr für Leib oder Leben[626]. In besonderem Maße ist auch hier wiederum der Verhältnismäßigkeitsgrundsatz zu beachten, so daß die Durchsuchung nach dieser Vorschrift nur in Frage kommt, wenn mildere Maßnahmen, wie etwa die Aufforderung, Auskunft über einen verdächtigen Gegenstand zu geben, keinen Erfolg versprechen[627].

---

622 *Kay/Böcking*, PolR NRW, B Rn. 258; *H. Tegtmeyer*, PolG NRW, § 39 Rn. 11; *J. Vahle*, Die Polizei 1984, S. 277 (282); *H. Wagner*, in: AltKomm, PolG NRW, § 17 Rn. 14.

623 *F.-L. Knemeyer*, POR, Rn. 237; *F. Rachor*, in: Lisken/Denninger, Hdb. d. PolR, F Rn. 358; *E. Rasch*, Allg. POR, in: C.H. Ule, Verwaltungsgesetze des Bundes und der Länder, Bd. III, Erster Halbband, § 17 ME Rn. 8.

624 *Kay/Böcking*, PolR NRW, B Rn. 259.

625 WPflG i.d.F. d. Bek. v. 15.12.1995 (BGBl. I S. 1756), zul. geänd. d. Ges. v. 25.3.1997 (BGBl. I S. 726).

626 Dabei muß es sich wiederum nicht um eine konkrete Gefahr handeln, sondern es genügt, wenn situative oder vorhergehende Erkenntnisse die Annahme einer Gefahr rechtfertigen, vgl. *Kay/Böcking*, PolR NRW, B Rn. 259; dazu auch *H. Tegtmeyer*, PolG NRW, § 39 Rn. 13.

627 *Kay/Böcking*, PolR NRW, B Rn. 259.

Gegenstände, die bei einer Durchsuchung nach § 39 II nrw.PolG aufgefunden werden, können nach überwiegender Meinung gemäß § 43 Nr. 3 nrw.PolG sichergestellt werden[628].

IV. Vollzugselemente bei § 39 nrw.PolG

§ 39 nrw.PolG gehört, wie auch die nachfolgenden Durchsuchungsermächtigungen, zu den Standardmaßnahmen, deren Wortlaut am deutlichsten zu erkennen gibt, daß hier eine Befugnis zum realen Handeln und nicht lediglich zum Erlaß von Verfügungen normiert ist.

So weist *Rachor*, der allgemein die Standardmaßnahmen im engeren Sinne als Realakte begreift[629], konkret für die Personendurchsuchung darauf hin, daß es sich dabei um eine Maßnahme handele, die nur von der Polizei selbst vorgenommen und deshalb auch nicht zwangsweise durchgesetzt werden könne. Freilich beinhalte die Durchsuchungsbefugnis daneben auch das Recht der Polizei, ihr Vorgehen durch an die betreffende Person gerichtete Verfügungen zu begleiten. Hierzu gehöre z.B. die Aufforderung an den Betroffenen, sein Fahrzeug zu verlassen, sich in einer bestimmten Position hinzustellen und bis zum Ende der Maßnahme stehenzubleiben[630]. Ferner müsse es ihm möglich sein, seine Taschen etc. selbst auszuleeren, soweit damit der Durchsuchungserfolg ebenfalls gewährleistet sei. Der Erlaß von Begleitverfügungen bzw. das Recht des Betroffenen, gesuchte Sachen von alleine herauszugeben, entspringe wiederum dem Verhältnismäßigkeitsgedanken[631].

Dennoch bleibt es dabei: Primär ermächtigt § 39 nrw.PolG zur Vornahme tatsächlicher Handlungen, z.B. zum Abtasten der Kleidung, zum Griff in die Taschen[632], zum Betrachten und Einsehen von Mund, Nase und Ohren etc. Auch wenn man diese oder vergleichbare Maßnahmen als Zwangsanwendung begreift, richtet diese sich allein nach § 39 nrw.PolG[633], da es sich um das begriffsnotwendig in dieser Befugnis enthaltene Maß handelt.

---

628 Vgl. dazu *H. Tegtmeyer*, PolG NRW, § 39 Rn. 16, der eine verfassungskonforme Auslegung des § 43 Nr. 3 nrw.PolG vornimmt.

629 Vgl. oben S. 108, Fn. 364.

630 *F. Rachor*, in: Lisken/Denninger, Hdb. d. PolR, F Rn. 349.

631 *F. Rachor*, in: Lisken/Denninger, Hdb. d. PolR, F Rn. 349.

632 *K. Habermehl*, POR, Rn. 607.

633 Dies gilt auch bei der Durchsuchung von bewußtlosen Personen, so daß auch hier nicht etwa auf die Regelung über den Sofortvollzug gemäß § 50 II nrw.PolG zurückgegriffen werden muß.

Eines ist dabei allerdings wiederum zu beachten: Da einige der Tatbestände des § 39 nrw.PolG auf das Erfordernis einer konkreten Gefahr verzichten und zum Teil sogar eine reine „Ortshaftung“ als Grund zum polizeilichen Tätigwerden genügen lassen[634], verlangt der Verhältnismäßigkeitsgrundsatz um so mehr Beachtung, als § 39 nrw.PolG nicht nur zum Erlaß von Verfügungen, sondern zur Vornahme tatsächlicher Maßnahmen mit entsprechend höherer Eingriffsintensität ermächtigt. Das Übermaßverbot, und damit die Frage nach in Betracht kommenden milderen Mitteln, erlangt also hier in Zusammenhang mit den immanenten Vollzugselementen bei § 39 nrw.PolG erneut herausragende Bedeutung.

Im übrigen gilt dann wieder das allgemein zur Vollstreckung von Standardmaßnahmen im engeren Sinne Gesagte:

Eine Vollstreckung zur Beugung des Willens des Betroffenen kommt nur dann in Betracht, wenn er die tatsächliche Durchführung der Maßnahme nicht duldet, sondern sich ihr aktiv widersetzt, so daß er beispielsweise festgehalten werden muß. Diese Zwangsanwendung richtet sich dann wieder nach den allgemeinen Vorschriften[635]. Es handelt sich dabei um die Durchsetzung der in der konkreten Situation von der Polizei erlassenen Begleitverfügung.

Diese für die Ermächtigung nach § 39 nrw.PolG aufgestellten Grundsätze hinsichtlich immanenter Vollzugselemente können in gleicher Weise auch für die Durchsuchungsbefugnis nach § 12 II 4 nrw.PolG Geltung beanspruchen, soweit es um die Durchsuchung von Personen geht, freilich mit der Maßgabe, daß es bei der Maßnahme nur um das Auffinden von Ausweispapieren geht.

E. Durchsuchung von Sachen gemäß § 40 nrw.PolG[636]

I. Allgemeine Anmerkungen

Mit § 40 nrw.PolG ist der Polizei neben dem Recht der Personendurchsuchung eine spezielle Durchsuchungsbefugnis im Hinblick auf Sachen an die Hand gegeben worden.

Ebenso wie § 39 I, 1. Hlbs. nrw.PolG impliziert auch § 40 I, 1. Hlbs. nrw.PolG einen deklaratorischen Hinweis bezüglich der besonderen Durchsuchungsbefugnis in § 12 II 4 nrw.PolG[637].

---

634 Siehe § 39 I Nr. 4 und Nr. 5 nrw.PolG.

635 *K. Habermehl*, POR, Rn. 607.

636 Vgl. § 18 ME PolG; § 30 bw.PolG; Art. 22 bay.PAG; § 35 berl. ASOG; § 22 brand.PolG; § 20 brem.PolG; § 15 a hamb.SOG; § 37 hess.SOG; § 57 mv.SOG; § 23 nds.GefAG; § 19 rp.POG; § 18 saarl.PolG; § 24 sächs.PolG; § 42 s.anh.SOG; § 206 sh.LVwG; § 24 thür.PAG.

637 *H. Wagner*, in: AltKomm, PolG NRW, § 18 Rn. 4.

Die Durchsuchung von Sachen ist primär als vorbereitender bzw. als Begleiteingriff zu sonstigen polizeilichen Maßnahmen zu verstehen[638].

Wird sie ohne Einverständnis des Betroffenen durchgeführt, wird regelmäßig der Schutzbereich des Art. 14 GG tangiert. Diese Grundrechtsbestimmung umfaßt über den bürgerlich-rechtlichen Eigentumsbegriff hinaus alle vermögenswerten Rechte[639], also auch Besitz- und Aneignungsrechte. § 40 nrw.PolG ist damit als Vorschrift anzusehen, die Inhalt und Schranken des Eigentums bestimmt[640].

Der Adressat der Befugnis nach § 40 nrw.PolG ergibt sich wie bei § 39 nrw.PolG aus der Bestimmung selbst, ohne daß es der Anwendung der §§ 4 bis 6 nrw.PolG bedarf[641].

Spezielle Verfahrensmodalitäten für die Durchsuchung von Sachen sind in § 40 II nrw.PolG geregelt.

Parallele Befugnisse zur Sachdurchsuchung im repressiven Tätigkeitsbereich der Polizei lassen sich den §§ 102 ff. und 111 I 2 StPO entnehmen.

II. Begriffliche Erläuterungen

Begrifflich ist die Durchsuchung von Sachen die Suche in oder an einer Sache nach anderen Sachen oder Personen[642]. Soweit die Voraussetzungen zur Durchsuchung einer Sache vorliegen, darf sie – soweit sie zugänglich ist - auch betreten werden, auch wenn dies im Gegensatz zur Ermächtigung nach § 41 nrw.PolG nicht ausdrücklich erwähnt wird[643].

Sachen im Sinne dieser Vorschrift sind primär bewegliche Gegenstände wie Gepäckstücke, Kleidungsstücke, Taschen und Fahrzeuge. Erfaßt werden aber auch unbewegliche Sachen wie Grundstücke und Grundstücksbestandteile[644].

---

638 *C. Gusy*, PolR, Rn. 221.

639 Vgl. BVerfGE 89, S. 1 (5 f.); *H. D. Jarass*, in: Jarass/Pieroth, GG, Art. 14 Rn. 6; *Pieroth/Schlink*, Grundrechte, Rn. 901.

640 *Kay/Böcking*, PolR NRW, B Rn. 261; zur Einschlägigkeit des Art. 14 GG bei Sachdurchsuchungen siehe auch *Drews/Wacke/Vogel/Martens*, Gefahrenabwehr, S. 202.

641 *Kay/Böcking*, PolR NRW, B Rn. 261.

642 *K. Habermehl*, POR, Rn. 608; *E. Rasch*, Allg. POR, in: C.H. Ule, Verwaltungsgesetze des Bundes und der Länder, Bd. III, Erster Halbband, § 18 ME Rn. 1; *H. Wagner*, in: AltKomm, PolG NRW, § 18 Rn. 1.

643 *Kay/Böcking*, PolR NRW, B Rn. 262.

644 Siehe dazu *F.-L. Knemeyer*, POR, Rn. 241; *K. Habermehl*, POR, Rn. 608; *F. Rachor*, in: Lisken/Denninger, Hdb. d. PolR, F Rn. 363; *E. Rasch*, Allg. POR, in: C.H. Ule, Verwaltungsgesetze des Bundes und der Länder, Bd. III, Erster Halbband, § 18

Abzugrenzen ist die Durchsuchung von Sachen sowohl gegenüber der Befugnis nach § 39 nrw.PolG als auch gegenüber dem Recht des Betretens bzw. Durchsuchens von Wohnungen gemäß § 41 nrw.PolG. So greift bei Kleidungsstücken, die sich am Körper einer Person befinden, nicht § 40 nrw.PolG, sondern § 39 nrw.PolG ein; geht es um befriedete Besitztümer oder um Wohnungen, greift § 41 nrw.PolG als Spezialnorm ein[645].

III. Überblick über die Zulässigkeitsvoraussetzungen[646]

1. Durchsuchung von Sachen, die eine Person mitführt, welche nach § 39 nrw.PolG durchsucht werden darf, gemäß § 40 I Nr. 1 nrw.PolG

Die Befugnis nach § 40 I Nr. 1 nrw.PolG ergänzt die Ermächtigung des § 39 nrw.PolG, indem sie die Durchsuchung von Sachen immer dann zuläßt, wenn auch eine Durchsuchung der betreffenden Person zulässig ist. Voraussetzung ist also zunächst, daß einer der Tatbestände des § 39 nrw.PolG eingreift[647].

Die Ausdehnung der Durchsuchung einer Person auf die von ihr mitgeführte Sache entspricht dem Interesse an einer effektiven Gefahrenabwehr und ist insbesondere für einen sicheren Vollzug von Freiheitsentziehungen (§ 39 I Nr. 1 nrw.PolG) und im Hinblick auf die Eigensicherung (§ 39 II nrw.PolG) von Bedeutung[648].

ME Rn. 1; *H. Tegtmeyer*, PolG NRW, § 40 Rn. 1, 2; *H. Wagner*, in: AltKomm, PolG NRW, § 18 Rn. 1.

645 Zur Abgrenzung der einzelnen Durchsuchungsbefugnisse vgl. *F. Rachor*, in: Lisken/Denninger, Hdb. d. PolR, F Rn. 363; *H. Wagner*, in: AltKomm, PolG NRW, § 18 Rn. 1; bei unbefriedeten Besitztümern kommt hingegen wiederum § 40 nrw.PolG zum Zuge; bei Wohnwagen oder Zelten ist danach zu differenzieren, ob sie bewohnt sind oder nicht, vgl. *H. Wagner*, aaO.

646 Ausführliche Darstellung der Zulässigkeitsvoraussetzungen unter Berücksichtigung der einschlägigen Vorschriften aller Bundesländer bei *F. Rachor*, in: Lisken/Denninger, Hdb. d. PolR, F Rn. 364 ff.

647 *Kay/Böcking*, PolR NRW, B Rn. 263; vgl. auch *K. Habermehl*, POR, Rn. 610; *F. Rachor*, in: Lisken/Denninger, Hdb. d. PolR, F Rn. 364 spricht in diesem Zusammenhang von einem „Generalverweis"; allgemein zur Kritik bezüglich der Verweisungstechnik dieser Standardmaßnahme vgl. *H. Wagner*, in: AltKomm, PolG NRW, § 18 Rn. 2.

648 *Kay/Böcking*, PolR NRW, B Rn. 263; *H. Tegtmeyer*, PolG NRW, § 40 Rn. 4.

Mitgeführte Sachen im Sinne dieser Bestimmung sind z.B. Handtaschen, Aktentaschen oder Koffer, aber auch ein Kraftfahrzeug, welches allerdings lediglich der Fahrer, nicht ein bloßer Mitfahrer, mit sich führt, so daß nur gegenüber dem Fahrer die Befugnis eingreift[649].

Mitführen im Sinne dieser Vorschrift bedeutet, daß die Person jederzeit Zugriff auf die Sache hat[650].

2. Durchsuchung zur Auffindung von Personen gemäß § 40 I Nr. 2 nrw.PolG

Die Durchsuchungsbefugnis gemäß § 40 I Nr. 2 nrw.PolG soll die Ingewahrsamnahme einer Person, die Befreiung einer widerrechtlich festgehaltenen Person oder die Auffindung und damit den Schutz für Leben und Gesundheit einer hilflosen Person ermöglichen. Tatsachen, die die Annahme belegen, daß die entsprechende Person in der Sache gefunden wird, sind objektiv nachvollziehbare Fakten, etwa als Folge eigener Wahrnehmung, logischer Schlußfolgerungen oder Erkundigungen seitens der handelnden Polizeibeamten[651].

Die Befugnis erstreckt sich auf bewegliche Sachen und auch auf Grundstücke, soweit hierfür nicht § 41 nrw.PolG eingreift.

3. Durchsuchung zur Sicherstellung von Sachen gemäß § 40 I Nr. 3 nrw.PolG

§ 40 I Nr. 3 nrw.PolG ermächtigt zur Durchsuchung von Sachen, wenn Tatsachen die Annahme rechtfertigen, daß Sachen in ihnen gefunden werden, die sichergestellt werden dürfen.

Die Norm ist dementsprechend aufzufüllen durch die Voraussetzungen des § 43 nrw.PolG[652]. Diese Befugnis verdeutlicht, worum es bei der Suche nach Sachen im Regelfall geht, nämlich um deren Sicherstellung[653].

§ 40 I Nr. 3 nrw.PolG ist insbesondere dann einschlägig, wenn es um die Durchsuchung von Sachen geht, die nicht im Sinne des § 40 I Nr. 1 nrw.PolG mitgeführt werden[654].

---

649 *Kay/Böcking*, PolR NRW, B Rn. 263.
650 *F. Rachor*, in: Lisken/Denninger, Hdb. d. PolR, F Rn. 367.
651 *Kay/Böcking*, PolR NRW, B Rn. 264 mit Beispielen.
652 Siehe insoweit die Parallele zu § 39 I Nr. 2 nrw.PolG; vgl. oben S. 156.
653 *F. Rachor*, in: Lisken/Denninger, Hdb. d. PolR, F Rn. 370.
654 *Kay/Böcking*, PolR NRW, B Rn. 265 mit Beispiel; vgl. auch *H. Tegtmeyer*, PolG NRW, § 40 Rn. 6.

4. Durchsuchung von Sachen an „gefährlichen" und „gefährdeten" Orten gemäß § 40 I Nr. 4 bzw. Nr. 5 nrw.PolG

§ 40 I Nr. 4 und Nr. 5 nrw.PolG ergänzen die polizeilichen Möglichkeiten zur Gefahrenabwehr an „gefährlichen" (verrufenen) und an „gefährdeten" Orten[655].

Beide Befugnisse ermöglichen wiederum die Durchsuchung von Sachen, die nicht von einer Person mitgeführt werden[656].

§ 40 I Nr. 4 nrw.PolG erhält eigenständige Bedeutung in Fällen, in denen eine Sache nicht mitgeführt wird[657], oder aber von einer Person mitgeführt wird, die nicht nach § 39 I Nr. 4 nrw.PolG durchsucht werden darf[658]. Ansonsten richtet sich die Durchsuchung von mitgeführten Sachen bereits nach § 40 I Nr. 1 nrw.PolG[659].

Letzteres gilt auch für die Befugnis des § 40 I Nr. 5 nrw.PolG. Da diese Ermächtigung ferner auf gefährdete Objekte abstellt, ist es ausreichend, daß von den betreffenden Sachen eine Gefährdung für das Objekt ausgehen kann[660].

5. Durchsuchung von Fahrzeugen an Kontrollstellen gemäß § 40 I Nr. 6 nrw.PolG

Das nrw.PolG erlaubt an einer Kontrollstelle im Sinne des § 12 I Nr. 4 nrw.PolG grundsätzlich nur die Personalienfeststellung. Zu diesem Zweck können dann auch die betreffende Person und die von ihr mitgeführten Sachen nach § 12 II 4 nrw.PolG durchsucht werden.

§ 40 I Nr. 6 nrw.PolG erweitert diese Befugnis nun und berechtigt die Polizei, auch Land-, Wasser- oder Luftfahrzeuge sowie darin enthaltene Sachen zur Identitätsfeststellung zu durchsuchen. Dadurch wird verhindert, daß bei Personen, die sich solcher Fahrzeuge bedienen, eine Identitätsfeststellung nicht durchgeführt

---

655 Siehe die entsprechenden Vorschriften der §§ 12 I Nr. 2 und 3, 39 I Nr. 4 und 5 nrw.PolG und die diesbezüglichen Erläuterungen, S. 128 f. und 129 f. bzw. S. 157 f.

656 *Kay/Böcking*, PolR NRW, B Rn. 266; *H. Tegtmeyer*, PolG NRW, § 40 Rn. 7.

657 Bei an gefährlichen Orten abgestellten und vermeintlich herrenlosen Gegenständen, vgl. *K. Habermehl*, POR, Rn. 613; siehe auch *E. Rasch*, Allg. POR, in: C.H. Ule, Verwaltungsgesetze des Bundes und der Länder, Bd. III, Erster Halbband, § 18 ME Rn. 6; *H. Wagner*, in: AltKomm, PolG NRW, § 18 Rn. 10.

658 *Kay/Böcking*, PolR NRW, B Rn. 266.

659 *Kay/Böcking*, PolR NRW, B Rn. 266; *F. Rachor*, in: Lisken/Denninger, Hdb. d. PolR, F Rn. 372.

660 *Kay/Böcking*, PolR NRW, B Rn. 267; *H. Tegtmeyer*, PolG NRW, § 40 Rn. 7; jeweils mit Beispielen.

werden kann[661]. Durch diese Befugnis ist aber vor allem eine Rechtsgrundlage für die Durchsuchung von Kofferräumen an Kraftfahrzeugen geschaffen worden[662].

Der Zweck dieser gegenüber jedermann zulässigen Durchsuchung muß mit dem der Errichtung der Kontrollstelle übereinstimmen. Es kann also nicht bloß aus Anlaß der Kontrollstelle wahllos durchsucht werden[663].

IV. Vollzugselemente bei § 40 nrw.PolG

Hinsichtlich der Vollzugselemente bei der Vorschrift des § 40 nrw.PolG gilt das zur Personendurchsuchung nach § 39 nrw.PolG Gesagte entsprechend[664], was bedeutet, daß die Unterschiede, die sich bei Maßnahmen gegenüber Personen einerseits und gegenüber Sachen andererseits ergeben, zu berücksichtigen sind.

§ 40 nrw.PolG ermächtigt damit die Polizei zu tatsächlichen Handlungen, die sich unmittelbar auf die betreffenden Sachen beziehen und außerdem zur Anwendung unmittelbaren Zwangs (gegen Sachen), zumindest soweit er begriffsnotwendig in der Sachdurchsuchung enthalten ist.

Die Polizei ist also zum realen Zugriff auf die Sache[665] befugt und zu allen Handlungen, die eine Durchsuchung zwangsläufig mit sich bringt. Sie darf z.B. Schränke oder andere Behältnisse öffnen, Gegenstände herausnehmen und begutachten, falls notwendig Einzelteile zur Nachschau abmontieren, soweit dies nicht zur Beschädigung oder Zerstörung der Sache führt[666], unbefriedete Grundstücke oder unbewohnte Wohnwagen betreten , Fahrzeuge besteigen etc.

Dabei ist freilich wiederum zu beachten, daß die Polizei bei Anwesenheit des Inhabers der Sache nach Möglichkeit gehalten ist, ihr tatsächliches Vorgehen durch Verfügungen anzukündigen oder zu begleiten, soweit der Gefahrenabwehrerfolg dadurch nicht gefährdet wird. Widersetzt sich der Betroffene den Maßnahmen, so beurteilt sich das weitere Geschehen dann wieder nach allgemeinem Vollstreckungsrecht.

---

661 *Kay/Böcking*, PolR NRW, B Rn. 268; *F. Rachor*, in: Lisken/Denninger, Hdb. d. PolR, F Rn. 373 begrenzt den Zweck der Durchsuchung von Fahrzeugen an Kontrollstellen dagegen scheinbar nicht auf die Feststellung der Identität.

662 *E. Rasch*, Allg. POR, in: C.H. Ule, Verwaltungsgesetze des Bundes und der Länder, Bd. III, Erster Halbband, § 18 ME Rn. 7; zur Durchsuchung eines Kraftfahrzeuges vgl. *P. J. Tettinger*, Bes. VerwR/1, Rn. 488, 500 (Fall 20).

663 *K. Habermehl*, POR, Rn. 614.

664 Vgl. dazu *K. Habermehl*, POR, Rn. 616.

665 *J. Schwabe*, NJW 1983, S. 369 (371).

666 Müssen Gegenstände zu ihrer Öffnung beschädigt werden, so darf dies nicht sachwidrig erfolgen, vgl. *C. Gusy*, PolR, Rn. 225.

Anders als bei der Personendurchsuchung führt die Sachdurchsuchung zu Konstellationen, in denen es um Sachen geht, deren Inhaber nicht oder jedenfalls nicht offensichtlich anwesend ist. Beispiel ist der verwaiste Koffer auf dem von einer Bombendrohung betroffenen Flughafen[667]. In derartigen Fällen berechtigt § 40 nrw.PolG die Polizei ebenfalls zum unmittelbaren Zugriff auf die Sache und zu den weiteren notwendigen Durchsuchungshandlungen. Eines Rückgriffs auf § 50 II nrw.PolG bedarf es dabei nicht[668].

Insgesamt verdient schließlich der Verhältnismäßigkeitsgrundsatz bei der tatsächlichen Durchführung von Maßnahmen nach § 40 nrw.PolG ebenso wie bei § 39 nrw.PolG, insbesondere wegen der Vorverlegung der Gefahrenschwelle in den meisten Tatbeständen dieser Vorschriften, besondere Beachtung[669].

F. Betreten und Durchsuchen von Wohnungen gemäß § 41 nrw.PolG[670]

I. Allgemeine Anmerkungen

Die Vorschrift des § 41 nrw.PolG regelt das Recht zum Betreten und Durchsuchen von Wohnungen durch die Polizei.

Als Eingriffe in das Grundrecht auf Unverletzlichkeit der Wohnung aus Art. 13 I GG[671] müssen solche polizeilichen Maßnahmen in ihren tatbestandlichen Voraussetzungen den qualifizierten Gesetzesvorbehalten der Art. 13 II und VII GG genügen[672]. Da das Grundrecht aus Art. 13 I GG häufig als lückenhaft kriti-

---

667 Anwendungsfall des § 40 I Nr. 5 nrw.PolG.

668 Bei der Personendurchsuchung stellt sich die Frage des Verhältnisses der Standardmaßnahme zur Regelung über den Sofortvollzug dagegen allenfalls bei Bewußtlosigkeit des Betroffenen.

669 Vgl. oben S. 160.

670 Vgl. § 19 ME PolG; § 31 bw.PolG; Art. 23 bay.PAG; § 36 berl. ASOG; § 23 brand.PolG; § 21 brem.PolG; § 16 hamb.SOG; § 38 hess.SOG; § 59 mv.SOG; § 24 nds.GefAG; § 20 rp.POG; § 19 saarl.PolG; § 25 sächs.PolG; § 43 s.anh.SOG; § 208 sh.LVwG; § 25 thür.PAG.

671 Von einem Eingriff kann allerdings auch hier nur die Rede sein, wenn die Maßnahme gegen oder ohne den Willen des Betroffenen durchgeführt wird, vgl. dazu BVerfGE 89, S. 1 (12); *G. Gornig*, in: v. Mangoldt/Klein/Starck, GG, Art. 13 Rn. 45; *J.-D. Kühne*, in: Sachs, GG, Art. 13 Rn. 23; *P. Kunig*, in: v. Münch/Kunig, GG, Art. 13 Rn. 19; aus der polizeirechtlichen Literatur *K. Habermehl*, POR, Rn. 622; *Kay/Böcking*, PolR NRW, B Rn. 270; *E. Rasch*, Allg. POR, in: C.H. Ule, Verwaltungsgesetze des Bundes und der Länder, Bd. III, Erster Halbband, § 19 ME Rn. 6; siehe auch § 41 I 1, 1. Hlbs. nrw.PolG.

672 Zu erinnern ist daher an die dortige Abstufung zwischen Durchsuchungen sowie sonstigen Eingriffen und Beschränkungen, vgl. *P. J. Tettinger*, Bes. VerwR/1, Rn. 407.

siert wird[673], begegnet auch die Determinierung seiner Eingriffsschranken einigen Schwierigkeiten[674]. Aufgrund damit verbundener verfassungsrechtlicher Unschärfen[675], insbesondere aber auch aufgrund der herausragenden Bedeutung dieses Grundrechts allgemein, sind bei der späteren Untersuchung der Zulässigkeitsvoraussetzungen des § 41 nrw.PolG und bei der Festlegung der immanenten Vollzugselemente die verfassungsrechtlichen Vorgaben besonders zu beachten. Unter Umständen bedürfen dabei einige der Tatbestände des § 41 nrw.PolG einer verfassungskonformen Auslegung.

Der Adressat polizeilicher Maßnahmen nach § 41 nrw.PolG ist der Wohnungsinhaber[676]. Besondere Verfahrensvorschriften für die Durchsuchung von Wohnungen sind in § 42 nrw.PolG geregelt, so vor allem die verfassungsrechtlich nach Art. 13 II GG grundsätzlich[677] gebotene richterliche Anordnung in § 42 I 1 nrw.PolG.

Parallele Befugnisse für die Tätigkeit der Strafverfolgungsbehörden lassen sich den §§ 102 ff. StPO entnehmen.

II. Begriffliche Erläuterungen

Zunächst gilt es bei der Vorschrift des § 41 nrw.PolG, wiederum unter besonderer Berücksichtigung der in Art. 13 GG gemachten Vorgaben, die Begriffe „Wohnung“, „Inhaber“, „betreten“ und „durchsuchen“ zu definieren bzw. voneinander abzugrenzen.

1. Wohnung

Für den Wohnungsbegriff hält § 41 I nrw.PolG eine Legaldefinition parat, wonach die Wohn- und Nebenräume, Arbeits, Betriebs- und Geschäftsräume sowie anderes befriedetes Besitztum erfaßt wird. Dieser Definition kommt dabei lediglich deklaratorische Bedeutung zu, da auch insoweit die verfassungsrechtlichen

---

673 BVerfGE 32, S. 54 (76); *E. Kern*, in: Neumann/Nipperdey/Scheuner, Die Grundrechte, Bd. 2, S. 106 ff.

674 *G. Gornig*, in: v. Mangoldt/Klein/Starck, GG, Art. 13 Rn. 58; *J.-D. Kühne*, in: Sachs, GG, Art. 13 Rn. 25 ff.; *P. Kunig*, in: v. Münch/Kunig, GG, Art. 13 Rn. 24; vgl. aus der polizeirechtlichen Literatur *F. Rachor*, in: Lisken/Denninger, Hdb. d. PolR, F Rn. 381; vgl. dazu auch *E. Schwan*, DÖV 1975, S. 661; *H. Wagner*, in: AltKomm, PolG NRW, Vorbem. zu §§ 19 und 20 Rn. 3 f.

675 So *F. Rachor*, in: Lisken/Denninger, Hdb. d. PolR, F Rn. 381.

676 *Kay/Böcking*, PolR NRW, B Rn. 270; vgl. auch *F.-L. Knemeyer*, POR, Rn. 248.

677 Ausnahme: Gefahr im Verzug.

Gegebenheiten zu beachten sind[678]. Aber auch nach Art. 13 GG ist der Wohnungsbegriff denkbar weit zu verstehen[679].

2. Wohnungsinhaber

Unter dem Wohnungsinhaber ist die Person zu verstehen, die rechtmäßig über die Wohnung verfügt. Das ist regelmäßig der unmittelbare Besitzer, bei Mietwohnungen also beispielsweise der Mieter. Auch der Schutz eines unrechtmäßigen Besitzers durch Art. 13 GG ist nicht schlechthin ausgeschlossen[680].

Der mittelbare Besitz anderer Berechtigter ist nicht maßgebend. Bei Arbeits- und Geschäftsräumen sind Wohnungsinhaber die Betriebs- und Geschäftsinhaber und daneben solche Angestellte, die stellvertretend dieses Recht wahrnehmen[681].

---

678 *F. Rachor*, in: Lisken/Denninger, Hdb. d. PolR, F Rn. 382; vgl. auch *H. Wagner*, in: AltKomm, PolG NRW, § 19 Rn. 1.

679 Siehe zum Wohnungsbegriff BVerfGE 32, S. 54 (68 ff.); 42, S. 212 (219); 44, S. 353 (371); 76, S. 83 (88); BAGE 19, S. 217 (225): Betriebs- und Geschäftsräume; BGHZ 31, S. 285 (289); *P. Kunig*, in: v. Münch/Kunig, GG, Art. 13 Rn. 10 f.; *B. Schmidt-Bleibtreu*, in: Schmidt-Bleibtreu/Klein, GG, Art. 13 Rn. 3.; *T. Fischer*, in: Tröndle/Fischer, StGB, § 123 Rn. 3 ff. mit näherer Erläuterung der einzelnen Begriffe; aus der polizeirechtlichen Literatur vgl. *Drews/Wacke/Vogel/Martens*, Gefahrenabwehr, S. 203; *C. Gusy*, PolR, Rn. 222; *F. Rachor*, in: Lisken/Denninger, Hdb. d. PolR, F Rn. 382; *E. Rasch*, Allg. POR, in: C.H. Ule, Verwaltungsgesetze des Bundes und der Länder, Bd. III, Erster Halbband, § 19 ME Rn. 2; *H. Tegtmeyer*, PolG NRW, § 41 Rn. 5 ff.; *P. J. Tettinger*, Bes. VerwR/1, Rn. 407; *H. Wagner*, in: AltKomm, PolG NRW, § 19 Rn. 4 ff. mit Aufzählung einzelner Beispiele. Nach der umstrittenen Rechtsprechung des *BVerfG* ist dagegen das Betreten von Geschäftsräumen zu den üblichen Geschäftszeiten nicht an Art. 13 VII (vormals III), sondern an Art. 2 I GG zu messen, vgl. BVerfGE 32, S. 54 (76 f.); siehe dazu *T. Maunz*, in: Maunz/Dürig, GG, Art. 13 Rn. 14 f.; *Pieroth/Schlink*, Grundrechte, Rn. 889 f. Im Hinblick auf Art. 8 EMRK geht der EuGH, EuGRZ 1989, S. 395 (401) von einem engeren Wohnungsbegriff aus und bezieht Geschäftsräume nicht mit ein.

680 Vgl. *H. D. Jarass*, in: Jarass/Pieroth, GG, Art. 13 Rn. 3; *P. Kunig*, in: v. Münch/Kunig, GG, Art. 13 Rn. 14; wohl auch BVerfGE 89, S. 1 (12); zu denken ist in diesem Zusammenhang vor allem an einen Mieter, der trotz wirksamer Kündigung seitens des Vermieters die Wohnung nicht verläßt; a.M. ein Großteil der polizeirechtlichen Literatur, siehe etwa *Kay/Böcking*, PolR NRW, B Rn. 272; vgl. auch *F. Rachor*, in: Lisken/Denninger, Hdb. d. PolR, F Rn. 385; *H. Tegtmeyer*, PolG NRW, § 41 Rn. 10 ff.; zu Problemfällen in diesem Zusammenhang vgl. u.a. *C. Gusy*, PolR, Rn. 222.

681 *Kay/Böcking*, PolR NRW, B Rn. 272; *H. Tegtmeyer*, PolG NRW, § 41 Rn. 12; ausführlich zum Träger des Grundrechts aus Art. 13 GG und damit zum Begriff des Wohnungsinhabers *H. Wagner*, in: AltKomm, PolG NRW, § 19 Rn. 7 ff. m.w.N.

Auch juristische Personen und Personenmehrheiten ohne Rechtsfähigkeit können Träger des Grundrechts aus Art. 13 GG sein[682].

§ 41 nrw.PolG kommt nur bei Fehlen der Einwilligung des bzw. der Wohnungsinhaber als Befugnisnorm zum Tragen, da nur dann von einem gesetzlich zu legitimierenden Eingriff die Rede sein kann[683].

3. Betreten und Durchsuchen

Von besonderer Bedeutung für die Vorschrift des § 41 nrw.PolG ist, angesichts der beiden unterschiedlichen Schrankenvorbehalte in Art. 13 II und VII GG[684], die Unterscheidung der beiden Begriffe „durchsuchen" und „betreten", bei denen später auch die Bestimmung der immanenten Vollzugselemente anzusetzen hat.

Durchsuchungen sind Tätigkeiten, die von einem ziel- und zweckgerichteten Suchen staatlicher Organe in einer Wohnung geprägt sind; Inhalt der Suche muß sein, etwas aufzuspüren, was der Inhaber der Wohnung von sich aus nicht offenlegen oder herausgeben will, etwas nicht klar zutage Liegendes, vielleicht Verborgenes, aufzudecken oder ein Geheimnis zu lüften[685]. Bei der Durchsuchung ist der Richtervorbehalt des Art. 13 II GG zu beachten, spezifische materielle Anforderungen stellt diese Vorschrift hingegen nicht[686].

Ein schlichtes Betreten liegt demgegenüber vor, wenn es an dem Merkmal des ziel- und zweckgerichteten Suchens fehlt. Inhaltlich umfaßt der Begriff das Eindringen, Verweilen sowie die dabei möglicherweise erfolgende Kenntnisnahme von Personen, Sachen oder Sachverhalten[687]. Aus verfassungsrechtlicher

---

682 BVerfGE 42, S. 212 (219) für Kommanditgesellschaft; 44, S. 353 (371) für Verein; 76, S. 83 (88) für Gesellschaft mit beschränkter Haftung; siehe auch *P. Kunig*, in: v. Münch/Kunig, GG, Art. 13 Rn. 8.

683 Vgl. *P. J. Tettinger*, Bes. VerwR/1, Rn. 408 mit Beispielen.

684 Ausführlich zur Bedeutung der Art. 13 II und VII (vormals III) GG für die polizeirechtliche Standardmaßnahme des Betretens und Durchsuchens von Wohnungen und zu in diesem Zusammenhang auftretenden Rechtsproblemen siehe *F. Rachor*, in: Lisken/Denninger, Hdb. d. PolR, F Rn. 389 ff.

685 BVerfGE 51, S. 97 (107); 75, S. 318 (327); BVerwGE 47, S. 31 (37); *J.-D. Kühne*, in: M. Sachs, GG, Art. 13 Rn. 27; *P. Kunig*, in: v. Münch/Kunig, GG, Art. 13 Rn. 25; siehe auch *V. Götz*, Allg. POR, Rn. 301; *K. Habermehl*, POR, Rn. 618; *J. Ruthig*, JuS 1998, S. 506 (508); *H. Tegtmeyer*, PolG NRW, § 41 Rn. 4.

686 *F. Rachor*, in: Lisken/Denninger, Hdb. d. PolR, F Rn. 390.

687 *Drews/Wacke/Vogel/Martens*, Gefahrenabwehr, S. 204; *Kay/Böcking*, PolR NRW, B Rn. 273; *F. Rachor*, in: Lisken/Denninger, Hdb. d. PolR, F Rn. 388; *E. Rasch*, Allg. POR, in: C.H. Ule, Verwaltungsgesetze des Bundes und der Länder, Bd III, Erster Halbband, § 19 ME Rn. 4; *H. Tegtmeyer*, PolG NRW, § 41 Rn. 3. Beide Maßnahmen, das Betreten und das Durchsuchen, setzen schon begrifflich die körperliche Anwesenheit der Polizeibeamten in der Wohnung voraus und sind ihrer

Sicht gilt für das Betreten zwar nicht der Richtervorbehalt des Art. 13 II GG, dafür sind jedoch die in materieller Hinsicht wesentlich schwereren Voraussetzungen[688] des Art. 13 VII GG, der sonstige Eingriffe und Beschränkungen regelt, zu beachten. Besonders wichtiger Anwendungsfall, und entscheidend aus polizeirechtlicher Sicht, ist dabei Art. 13 VII, 2. Alt. GG und die dort verwendete Terminologie der „dringenden Gefahr". Überwiegend wird darunter nicht eine in zeitlicher Hinsicht gesteigerte Gefahr, sondern eine Gefahr für ein besonders wichtiges Rechtsgut verstanden[689]. Beispielhaft führt Art. 13 VII GG die Behebung der Raumnot, die Bekämpfung von Seuchengefahr und den Schutz gefährdeter Jugendlicher auf. Soweit es in § 41 nrw.PolG also um ein Betreten geht, ist diese verfassungsrechtliche Vorgabe zu beachten[690] und gegebenenfalls in einzelne Tatbestände ergänzend hineinzulesen[691].

Natur nach nicht heimlich; begrifflich nicht darunter fallen der externe Einsatz oder der Einbau technischer Geräte, z.B. zum Abhören oder zur Anfertigung heimlicher Bild- oder Tonaufnahmen, so daß derartige Maßnahmen nicht auf diese Standardermächtigung gestützt werden können, vgl. *K. Habermehl*, POR, Rn. 619; siehe aber den speziell dafür eingefügten § 18 II nrw.PolG; vgl. ferner Art. 13 III-VI GG.

688 Vgl. *F. Rachor*, in: Lisken/Denninger, Hdb. d. PolR, F Rn. 391.

689 BVerwGE 47, S. 31 (40); *V. Götz*, Allg. POR, Rn. 304; *H. D. Jarass*, in: GG, Art. 13 Rn. 24; *F.-L. Knemeyer*, POR, Rn. 94; *P. Kunig*, in: v. Münch/Kunig, GG, Art. 13 Rn. 67; *F. Rachor*, in: Lisken/Denninger, Hdb. d. PolR, F Rn. 393 f.; *H. Tegtmeyer*, PolG NRW, § 41 Rn. 23; *R. Wendt*, in: Sachs, GG, Art. 13 Rn. 50; a.A. *K. Habermehl*, POR, Rn. 623, der das Erfordernis einer „dringenden" Gefahr alternativ in dem Sinne versteht, daß entweder eine zeitlich gesteigerte „akute" Gefahr oder aber eine Gefahr für ein wichtiges Rechtsgut vorliegen muß. Gegen die Annahme einer in zeitlicher Hinsicht qualifizierten Gefahr spricht jedoch, daß in Art. 13 VII, 2. Alt. von „Verhütung" die Rede ist, was eher auf eine zeitliche Vorverlagerung hindeutet, vgl. dazu *F. Rachor*, in: Lisken/Denninger, Hdb. d. PolR, F Rn. 394.

690 Zum Teil wird die Überlegung angestellt, ob die Voraussetzungen des Art. 13 VII GG nicht auch auf Durchsuchungen im Sinne des Art. 13 II GG anzuwenden sind, mit der Folge, daß die strengen Voraussetzungen des Art. 13 VII GG auch für Durchsuchungen gelten sollen; vgl. *K. Habermehl*, POR, Rn. 623; *E. Rasch*, Allg. POR, in: C.H. Ule, Verwaltungsgesetze des Bundes und der Länder, Bd. III, Erster Halbband, § 19 ME Rn. 5; dagegen jedoch zu Recht BVerfGE 57, S. 346 (355 f.) und *F. Rachor*, in: Lisken/Denninger, Hdb. d. PolR, F Rn. 390, da die Systematik des Art. 13 GG für eine solche Schlußfolgerung nichts hergibt.

691 Vgl. in diesem Sinne *K. Habermehl*, POR, Rn. 623; *P. Kunig*, in: v. Münch/Kunig, GG, Art. 13 Rn. 47 („verfassungskonforme Begrenzung im Wege einschränkender Auslegung"); *J. Schwabe*, NVwZ 1993, S. 1173 (1174); siehe auch die Erläuterungen zu den einzelnen Zulässigkeitsvoraussetzungen, S. 171 ff.

III. Überblick über die Zulässigkeitsvoraussetzungen[692]

1. Betreten und Durchsuchen zur Auffindung einer Person gemäß § 41 I Nr. 1 nrw.PolG

Die Ermächtigung des § 41 I Nr. 1 nrw.PolG ermöglicht das Betreten und Durchsuchen, wenn Tatsachen die Annahme rechtfertigen, daß sich an der betreffenden Örtlichkeit eine Person befindet, die nach § 10 III nrw.PolG vorgeführt oder nach § 35 nrw.PolG in Gewahrsam genommen werden darf[693]. Es wird also die Zulässigkeit eines Eingriffs in die persönliche Freiheit des Adressaten vorausgesetzt. Unter Tatsachen sind auch hier wieder objektive Fakten zu verstehen, die einen entsprechenden Schluß zulassen müssen[694].

Soweit es um eine Durchsuchung geht, ist diese ohne richterliche Anordnung nur bei Gefahr im Verzug zulässig. Liegt eine richterliche Entscheidung bezüglich der Freiheitsentziehung vor, so ist davon auszugehen, daß diese zugleich die Durchsuchung und damit den Eingriff in Art. 13 I GG mitumfaßt, es sei denn, die Anordnung bezieht sich explizit nur auf die Freiheitsbeeinträchtigung[695].

Besondere Beachtung bei Maßnahmen nach § 41 I Nr. 1 nrw.PolG verdient vor dem Hintergrund des ausgeprägten Schutzes durch Art. 13 GG erneut der Verhältnismäßigkeitsgrundsatz. Dies muß insbesondere für das Betreten und Durchsuchen zur Durchführung einer erkennungsdienstlichen Behandlung (§ 10 III Nr. 2 nrw.PolG) und zur Durchsetzung einer Platzverweisung (§ 35 I Nr. 3 nrw.PolG) oder zur Realisierung privater Rechte (§ 35 I Nr. 4 nrw. PolG) gelten[696].

2. Betreten und Durchsuchen zur Auffindung von Sachen gemäß § 41 I Nr. 2 nrw.PolG

Bei der Befugnis gemäß § 41 I Nr. 2 nrw.PolG müssen wiederum Tatsachen die Annahme rechtfertigen, daß sich in dem geschützten Raum eine Sache befindet, die nach § 43 I Nr. 1 nrw.PolG sichergestellt werden kann. Es müssen demnach

---

692 Ausführliche Darstellung der Zulässigkeitsvoraussetzungen unter Berücksichtigung der einschlägigen Vorschriften aller Bundesländer bei *F. Rachor*, in: Lisken/Denninger, Hdb. d. PolR, F Rn. 401 ff.

693 Zur Kritik bezüglich dieses „Verweisungsdschungels“ siehe *H. Wagner*, in: Alt-Komm, PolG NRW, § 19 Rn. 13.

694 *Kay/Böcking*, PolR NRW, B Rn. 274 mit Beispiel; *H. Tegtmeyer*, PolG NRW, § 41 Rn. 14.

695 *Kay/Böcking*, PolR NRW, B Rn. 274.

696 Vgl. *H. Tegtmeyer*, PolG NRW, § 41 Rn. 14.

die Voraussetzungen des § 43 I Nr. 1 nrw.PolG[697], also die Voraussetzungen einer Sicherstellung zur Abwehr einer gegenwärtigen Gefahr, vorliegen. Auf die anderen Fälle des § 43 nrw.PolG bezieht sich die Ermächtigung des § 41 I Nr. 2 nrw.PolG hingegen nicht[698].

3. Betreten und Durchsuchen zur Abwehr belästigender Immissionen gemäß § 41 I Nr. 3 nrw.PolG

§ 41 I Nr. 3 nrw.PolG räumt der Polizei die Möglichkeit ein, eine Wohnung zur Abwehr belästigender Immissionen zu betreten und zu durchsuchen. Diese Vorschrift steht insbesondere aufgrund der Formulierung „zur Abwehr belästigender Immissionen" im Mittelpunkt mancher Diskussionen und zum Teil heftiger Kritik[699], welcher hier jedoch nicht im einzelnen nachgegangen werden soll.

Immissionen sind Einwirkungen auf Menschen durch Licht, Luftverunreinigung, Wärme, Strahlen, Erschütterungen und Geräusche. Konkrete Gesundheitsgefahren sind dabei nicht erforderlich[700].

Diese Immissionen müssen zu einer erheblichen Belästigung der Nachbarschaft führen, d.h. ein entsprechender Erfolg muß bereits eingetreten sein. Zur Nachbarschaft gehören die Personen, die sich im Einwirkungskreis der Immissionen außerhalb der Wohnung befinden[701].

Insgesamt bedarf es im Rahmen der Befugnis nach § 41 I Nr. 3 nrw.PolG einer sorgfältigen Abwägung durch die handelnden Polizeibeamten, bei der Art und Ausmaß der Immissionen, Tageszeit und auch der jeweilige Ort zu berücksichtigen sind[702].

Soweit es im Rahmen des § 41 I Nr. 3 nrw.PolG um ein reines Betreten geht, ist unter Hinzuziehung des Art. 13 VII 2. Alt. GG das Vorliegen einer dringenden Gefahr zu fordern[703].

---

697 Dazu später S. 181 f.

698 *Kay/Böcking*, PolR NRW, B Rn. 275 mit Beispiel.

699 Nach *F. Rachor*, in: Lisken/Denninger, Hdb. d. PolR, F Rn. 406 ist die Bestimmung des § 41 I Nr. 3 nrw.PolG mit Art. 13 GG nicht vereinbar, da bloße Belästigungen vom Schrankenvorbehalt des Art. 13 III (jetzt VII) GG nicht erfaßt würden; für eine verfassungskonforme Auslegung setzt sich dagegen *J. Schwabe*, NVwZ 1993, S. 1173 (1174) ein.

700 *Kay/Böcking*, PolR NRW, B Rn. 276.

701 *Kay/Böcking*, PolR NRW, B Rn. 276; *H. Tegtmeyer*, PolG NRW, § 41 Rn. 16.

702 *Kay/Böcking*, PolR NRW, B Rn. 276 mit Beispielen.

703 Vgl. dazu S. 170.

4. Betreten und Durchsuchen zur Abwehr gegenwärtiger Gefahren gemäß § 41 I Nr. 4 nrw.PolG

§ 41 I Nr. 4 nrw.PolG berechtigt die Polizei zum Betreten und Durchsuchen von Wohnungen, wenn dies zur Abwehr einer gegenwärtigen Gefahr für die Rechtsgüter Leben, Gesundheit, Freiheit oder Sachen von bedeutendem Wert[704] erforderlich ist. Die Gefahr ist dabei sowohl in zeitlicher Hinsicht als auch in Bezug auf die Wertigkeit des gefährdeten Rechtsguts qualifiziert. Insbesondere aufgrund des letzten Aspekts erfüllt diese Vorschrift damit, ohne ergänzungsbedürftig zu sein, die verfassungsrechtlichen Vorgaben des Art. 13 VII, 2. Alt. GG[705].

Unerheblich ist im Rahmen des § 41 I Nr. 4 nrw.PolG, ob sich die Gefahr in der Wohnung selbst auswirkt (z.B. Gasgeruch), oder ob sie dort lediglich ihren Ursprung hat, sich aber außerhalb auswirkt (z.B. dadurch, daß ein Mann von einem Fenster aus mit einem Luftgewehr auf Passanten schießt). Ausnahmsweise kommt darüber hinaus eine Inanspruchnahme des Wohnungsinhabers nach § 6 nrw.PolG in Betracht, wenn eine Gefahr, die ansonsten mit der Wohnung in keinerlei Zusammenhang steht, nur von dort aus wirksam bekämpft werden kann[706].

5. Eingeschränkte Befugnis zur Nachtzeit gemäß § 41 II nrw.PolG

Nach § 41 II nrw.PolG ist die Ausübung der Befugnisse nach § 41 I Nr. 1 und 2 nrw.PolG während der Nachtzeit ausgeschlossen. Diese Beschränkung ist zwar an sich verfassungsrechtlich nicht geboten, entspringt aber letztlich einer seit dem PVG bestehenden „Tradition" und findet auch in der StPO ihren Niederschlag[707]. Der Begriff der Nachtzeit ergibt sich aus § 104 III StPO und umfaßt in der Zeit von April bis September den Zeitraum zwischen 21:00 und 04:00 Uhr, in der Zeit von Oktober bis März den Zeitraum zwischen 21:00 und 06:00 Uhr. Maßgebend ist dabei der Zeitpunkt des Beginns der Maßnahme[708].

---

704 Der Wert der Sache muß sich danach bestimmen, daß er zu den anderen genannten Rechtsgütern in einem gewissen Verhältnis steht, vgl. *H. Tegtmeyer*, PolG NRW, § 41 Rn. 18.

705 Vgl. *F. Rachor*, in: Lisken/Denninger, Hdb. d. PolR, F Rn. 404; *H. Tegtmeyer*, PolG NRW, § 41 Rn. 19.

706 *Kay/Böcking*, PolR NRW, B Rn. 277 mit Beispiel.

707 Vgl. *H. Tegtmeyer*, PolG NRW, § 41 Rn. 21.

708 *K. Habermehl*, POR, Rn. 626; *Kleinknecht/Meyer-Goßner*, StPO, § 104 Rn. 10; *E. Rasch*, Allg. POR, in: C.H. Ule, Verwaltungsgesetze des Bundes und der Länder, Bd. III, Erster Halbband, § 19 ME Rn. 9.

6. Betreten verrufener Orte zur Abwehr dringender Gefahren gemäß § 41 III nrw.PolG

Nach dieser Ermächtigung ist das Betreten von Wohnungen zur Abwehr dringender Gefahren[709] zu jeder Zeit gestattet, wenn Tatsachen die Annahme rechtfertigen[710], daß in den Räumen der in Nr. 1 a)-c) bezeichnete Mißbrauch betrieben wird[711].

Die Befugnis ermöglicht es der Polizei dementsprechend auch, ein befriedetes Besitztum zum Zwecke einer Razzia zu betreten. Daher sind auch Identitätsfeststellungen nach § 12 I Nr. 2 nrw.PolG innerhalb einer Wohnung möglich[712].

Daneben ist das Betreten einer Wohnung möglich, wenn die Räume der Prostitution dienen. Zwar handelt es sich dabei nicht zwangsläufig um Räume, in denen auch Straftaten verübt werden, zumal Prostitution nicht grundsätzlich als strafbare Handlung zu bewerten ist. Mit ihr sind jedoch häufig gewichtige Straftaten verbunden (z.B. Zuhälterei nach § 181 a StGB) und es handelt sich um einen bedeutenden Geschäftszweig der organisierten Kriminalität[713].

Insgesamt ist beim Betreten auf der Grundlage des § 41 III nrw. PolG in Anlehnung an Art. 13 VII, 2. Alt. GG das Vorliegen einer dringenden Gefahr und wiederum besondere Beachtung des Verhältnismäßigkeitsgrundsatzes zu fordern[714].

Durchsuchungen in Zusammenhang mit den genannten Orten sind nur unter den sonstigen Voraussetzungen des § 41 I, II nrw.PolG zulässig[715].

7. Betreten von Arbeits-, Betriebs- und Geschäftsräumen gemäß § 41 IV nrw.PolG

§ 41 IV nrw.PolG eröffnet der Polizei die Möglichkeit, öffentlich zugängliche Arbeits-, Betriebs- und Geschäftsräume sowie andere Räume und Grundstücke, die der Öffentlichkeit zugänglich sind[716], zu betreten, ohne daß es eines konkre-

---

709 Vgl. wiederum Art. 13 VII, 2. Alt. GG.

710 Aus dieser Formulierung ist zu schließen, daß der Anlaß für einen Eingriff ersichtlich in der betreffenden Wohnung liegen muß, *P. J. Tettinger*, Bes. VerwR, Rn. 409.

711 Vgl. dazu die Erläuterungen zu § 12 I Nr. 2 a)-c) nrw.PolG, S. 128 f.

712 *Kay/Böcking*, PolR NRW, B Rn. 279; siehe auch *H. Tegtmeyer*, PolG NRW, § 41 Rn. 22.

713 *Kay/Böcking*, PolR NRW, B Rn. 279.

714 *H. Tegtmeyer*, PolG NRW, § 41 Rn. 23; *F. Rachor*, in: Lisken/Denninger, Hdb. d. PolR, F Rn. 408 nimmt dagegen, unter näherer Begründung, die Verfassungswidrigkeit der Befugnisse zur Durchsuchung sogenannter „gefährlicher" Wohnungen an.

715 *Kay/Böcking*, PolR NRW, B Rn. 279.

716 Sonstige der Öffentlichkeit zugängliche Räume sind Kinos, Theater, Stadien, Badeanstalten, Kaufhäuser, Bahnhofswartesäle und dergleichen, vgl. *K. Habermehl*,

ten Anlasses bzw. einer konkreten Gefahr bedarf. Entscheidend ist, daß die betreffenden Räumlichkeiten der Öffentlichkeit zugänglich sind und sie Anwesenden zum weiteren Aufenthalt zur Verfügung stehen, also von ihnen weiterhin genutzt werden können[717].

Auch wenn das Betreten dieser Räume zu den üblichen Geschäftszeiten, insbesondere von der Rechtsprechung[718], nicht als Eingriff in den Schutzbereich des Art. 13 I GG gewertet, sondern Art. 2 I GG unterstellt wird, ist diese Maßnahme in die spezielle Ermächtigung des § 41 nrw.PolG aufgenommen worden[719].

IV. Vollzugselemente bei § 41 nrw.PolG

Hinsichtlich der grundsätzlichen Anerkennung von Vollzugselementen ergeben sich bei der Vorschrift des § 41 nrw.PolG, wie auch bei den zuvor dargestellten Durchsuchungsermächtigungen, keine nennenswerten Probleme. Speziell im Hinblick auf § 41 nrw.PolG läßt sich allerdings noch ein Argument finden, daß die Annahme immanenter Vollzugselemente bei dieser konkreten Befugnisnorm besonders stützt.

Durch Art. 13 I GG wird dem Inhaber einer Wohnung ein besonders ausgeprägter Schutz zuteil, der nur unter den besonderen, qualifizierten Voraussetzungen der Art. 13 II bis VII GG eingeschränkt werden darf[720]. Mit § 41 nrw.PolG hat der nordrhein-westfälische Landesgesetzgeber eine auf die Schrankenanforderungen der Abs. 2 und 7 zugeschnittene Standardmaßnahme geschaffen, so daß es als gerechtfertigt erscheint, nicht nur den Erlaß etwaiger Verfügungen, sondern vor allem die tatsächliche Durchführung von Maßnahmen, die den Grundrechtsschutz des Art. 13 I GG besonders tangieren, auf diese spezielle Vorschrift zu stützen. Bei § 41 nrw.PolG kommt also im Hinblick auf die §§ 50 ff. nrw.PolG

POR, Rn. 628; *E. Rasch*, Allg. POR, in: C.H. Ule, Verwaltungsgesetze des Bundes und der Länder, Bd. III, Erster Halbband, § 19 ME Rn. 13; *H. Wagner*, in: Alt-Komm, PolG NRW, § 19 Rn. 19.

717 *Kay/Böcking*, PolR NRW, B Rn. 280.

718 BVerfGE 32, S. 54 (76 f.) = NJW 1971, S. 2299 (2301); siehe dazu *F. Rachor*, in: Lisken/Denninger, Hdb. d. PolR, F Rn. 383 und *H. Tegtmeyer*, PolG NRW, § 41 Rn. 24, die einen Überblick über die vom BVerfG aufgestellten einzelnen Voraussetzungen geben, unter denen das Betreten von Arbeits-, Geschäfts- oder Betriebsräumen, gemessen an Art. 2 I GG, zulässig ist; zur Kritik vgl. u.a. *U. Battis*, JuS 1973, S. 25 (29 f.); *P. Dagtoglou*, JuS 1975, S. 753 (760 f.); *C. Gusy*, JuS 1980, S. 718 (720 f.); *E. Schwan*, DÖV 1975, S. 661 (662 ff.).

719 Zu verfassungsrechtlichen Bedenken gegen die Vorschrift des § 41 IV nrw.PolG vgl. *F. Rachor*, in: Lisken/Denninger, Hdb. d. PolR, F Rn. 409.

720 Vgl. dazu schon S. 169 f.

dem Spezialitätsgedanken eine besondere Bedeutung zu. § 41 nrw.PolG ist eine Sondervorschrift für die tatsächliche Durchführung der dort genannten Maßnahmen. Für die allgemeinen Vorschriften des Vollstreckungsrechts bleibt daneben nur Raum im Hinblick auf die Durchsetzung begleitender Verfügungen.

Insgesamt ist auch bei § 41 nrw.PolG der Ermächtigungsumfang durch eine vor allem am Wortlaut orientierte Auslegung im einzelnen zu bestimmen.

Das bedeutet, daß zunächst wieder die beiden in § 41 nrw.PolG angesprochenen Maßnahmen zu differenzieren sind, und zwar auf der einen Seite das „Durchsuchen", auf der anderen Seite das „Betreten" von Wohnungen. Die begriffliche Abgrenzung beider Termini ist bereits ausreichend geschildert worden[721]. Ausgehend davon ist nun zu klären, welche tatsächlichen Verrichtungen und gegebenenfalls welche Zwangsanwendungen von diesen Formulierungen umfaßt werden. Für beide Maßnahmen gilt freilich wiederum, daß die Polizei aus Gründen der Verhältnismäßigkeit gehalten ist, nach Möglichkeit ihr Vorgehen durch Verfügungen anzukündigen bzw. zu begleiten, soweit der Gefahrenabwehrerfolg hierdurch nicht gefährdet wird.

1. Betreten

Das Recht, eine Wohnung zu betreten, eröffnet der Polizei die Möglichkeit einzutreten, zu verweilen und zu beobachten bzw. von Personen, Sachen oder Sachverhalten Kenntnis zu nehmen[722]. Die Polizei kann sich also tatsächlich Eingang verschaffen[723], und zwar durch die regulären Eingänge wie auch durch Fenster, Keller oder Dachluken[724]. Wenn man dabei das körperliche Eindringen als Zwangsanwendung charakterisieren möchte, so ist dieses als begriffsnotwendiges Element des Betretens von § 41 nrw.PolG mit abgedeckt.

Soweit die Polizei allerdings darüber hinaus Gewalt gegen Sachen anwendet, z.B. ein Schloß aufbricht oder eine Tür gewaltsam öffnet, handelt es sich wiederum um die Anwendung unmittelbaren Zwangs gegen Sachen, die nicht mehr alleine auf die Standardermächtigung gestützt werden kann, sondern am allge-

721 Siehe S. 169 f.

722 Vgl. *K. Habermehl*, POR, Rn. 617.

723 Folgerichtig bezeichnet *C. Gusy*, PolR, Rn. 223 das Betreten explizit als Realakt.

724 *K. Habermehl*, POR, Rn. 617; beim tatsächlichen Betreten einer Wohnung sind freilich die oben bei den Zulässigkeitsvoraussetzungen schon angesprochenen verfassungsrechtlichen Regulative der Verhältnismäßigkeit und vor allem der Erforderlichkeit einer dringenden Gefahr (Art. 13 VII, 2. Alt. GG), wenn diese sich nicht schon unmittelbar aus dem jeweiligen Tatbestand des § 41 nrw.PolG ergibt, zu beachten.

meinen Vollstreckungsrecht zu messen ist[725]. Es handelt sich in diesen Fällen um die Durchsetzung einer auf das Öffnen der Tür gerichteten Begleitverfügung[726], im Falle der Abwesenheit des Wohnungsinhabers folgerichtig um eine Maßnahme im Sofortvollzug gemäß § 50 II nrw.PolG.

Auf das Vollstreckungsrecht ist auch dann zurückzugreifen, wenn sich beispielsweise der Wohnungsinhaber der Durchführung des Betretens aktiv widersetzt.

2. Durchsuchen

Die Befugnis, eine Wohnung zu durchsuchen, berechtigt die Polizei zur tatsächlichen Durchführung aller dazu erforderlichen Handlungen[727].

Dazu gehört notwendigerweise das Betreten des Raumes, außerdem das Verrücken von Möbelstücken, das Abnehmen von Bildern, unter Umständen das Abmontieren von Platten oder Verkleidungen, um Hohlräume einsehen zu können, soweit erforderlich auch das Aufreißen von Wänden und Fußböden etc.

Nicht dazu gehört, wie bei der Sachdurchsuchung, das Beschädigen oder Zerstören von Gegenständen, z.B. das Umwerfen von Schränken oder das Zerschlagen von Gefäßen[728].

Soweit es um den Inhalt von Einrichtungsgegenständen und damit um deren Öffnung geht, ist nicht § 41 nrw.PolG, sondern § 40 nrw.PolG einschlägig[729]. Werden Sachen tatsächlich aus der Wohnung abtransportiert, so richtet sich dies nach der Vorschrift des § 43 nrw.PolG[730].

Hinsichtlich der tatsächlichen Vornahme der Durchsuchung, der begriffsnotwendig enthaltenen Zwangsanwendung und deren Verhältnis zu den Vorschriften

---

725 *K. Habermehl*, POR, Rn. 617; *A. Schmitt-Kammler*, NWVBl. 1995, S. 166 (170), sieht hingegen auch solche Maßnahmen als noch von § 41 nrw.PolG gedeckt an, wobei er insoweit einen anderen Maßstab ansetzt, als er nicht nur den begriffsnotwendig enthaltenen, sondern allgemein den typischerweise mit einer Standardmaßnahme verbundenen Zwang auf diese Befugnis selbst stützt; vgl. bereits oben S. 107.

726 *K. Habermehl*, POR, Rn. 617 stützt diese konkrete Begleitverfügung auf die Generalermächtigung; nach der hier vertretenen Ansicht ist demgegenüber die Standardmaßnahme selbst, in der konkreten Konstellation also § 41 nrw.PolG, als Rechtsgrundlage heranzuziehen; vgl. dazu schon oben S. 121, Fn. 418.

727 Vgl. bereits die Anmerkungen zu § 39 nrw.PolG, S. 159 f. und zu § 40 nrw.PolG, S. 165 f.

728 *C. Gusy*, PolR, Rn. 225.

729 *K. Habermehl*, POR, Rn. 618.

730 *C. Gusy*, PolR, Rn. 225.

des allgemeinen Vollstreckungsrecht gilt das zur Sachdurchsuchung[731] und auch zum Betreten[732] Gesagte entsprechend.

Auch hier bedarf der Verhältnismäßigkeitsgrundsatz aufgrund der teilweise weit gefaßten Tatbestände des § 41 nrw.PolG besonderer Beachtung.

G. Sicherstellung gemäß § 43 nrw.PolG[733]

I. Allgemeine Anmerkungen

Abschließen soll die Einzelanalyse der Standardbefugnisse im engeren Sinne mit der Vorschrift des § 43 nrw.PolG.

Die Sicherstellung gehört zu den in der Praxis bedeutsamsten polizeilichen Standardbefugnissen. In diesem Zusammenhang ist vor allem auf das im polizeilichen Alltag häufig vorkommende Abschleppen von Fahrzeugen hinzuweisen, das dementsprechend auch in Rechtsprechung und Literatur umfassenden Erörterungen unterliegt[734]. Auch der Umfang der Vollzugselemente wird insbesondere bei dieser Standardmaßnahme kontrovers diskutiert[735].

II. Begriffliche Erläuterungen

Das nrw.PolG kennt - wie der ME PolG und die ihm folgenden anderen Landesgesetze[736] - nicht den Begriff der Beschlagnahme, sondern verwendet nur den der Sicherstellung[737]. In der StPO werden hingegen beide Termini erwähnt und auch deutlich unterschieden. So sind gemäß § 94 I StPO Gegenstände unter den dort genannten Voraussetzungen in Verwahrung zu nehmen oder in anderer Weise sicherzustellen. Einer Beschlagnahme bedarf es nach § 94 II StPO dann, wenn sich diese Gegenstände in dem Gewahrsam einer Person befinden und nicht freiwillig herausgegeben werden. Dabei soll die Sicherstellung den Oberbegriff für die Be-

731 Siehe S. 165 f.

732 Siehe S. 176 f.

733 Vgl. § 21 ME PolG; § 32 f. bw.PolG; Art. 25 bay.PAG; § 38 berl.ASOG; § 25 brand.PolG; § 23 brem.PolG; § 14 hamb.SOG; § 40 hess.SOG; § 61 mv.SOG; § 26 nds.GefAG; § 22 rp.POG; § 21 saarl.PolG; § 26 f. sächs.PolG; § 45 s.anh.SOG; § 210 sh.LVwG; § 27 thür.PAG.

734 Siehe dazu S. 195 ff.

735 Siehe dazu S. 185 ff.

736 Lediglich die §§ 33 bw.PolG und 27 sächs.PolG verwenden den Begriff der Beschlagnahme; vgl. dazu noch später S. 202 f.

737 Ebenso VwVfG und UZwG v. 10.3.1961 (BGBl. I S. 165), zul. geänd. d. Ges. v. 22.6.1998 (BGBl. I S. 1485).

schlagnahme und die sonstige Herstellung der staatlichen Gewalt über das Beweismittel darstellen[738]. Die einzelnen Verfahrensmodalitäten für die Sicherstellung finden sich in den §§ 94 ff. StPO. Zum Teil ist der Begriff „Beschlagnahme“ auch in der polizeirechtlichen Literatur gebräuchlich, wobei dann, ähnlich wie im strafprozessualen Bereich, die zwangsweise Durchsetzung der Sicherstellung, zumeist durch Anwendung unmittelbaren Zwangs, gemeint ist[739].

Eine Sicherstellung i.S.d. § 43 nrw.PolG liegt vor, wenn eine Sache durch hoheitliche Maßnahmen in einen gefahrenabwehrrechtlich sichereren Zustand versetzt wird[740]. Regelmäßig wird der Zweck einer Sicherstellung darin liegen, den Inhaber der tatsächlichen Gewalt (vor allem bei der Sicherstellung gefährlicher Sachen) oder auch generell jeden Dritten (so bei der Sicherstellung gefährdeter Sachen) von Zugriff oder Einwirkungsmöglichkeit auf die Sache auszuschließen, indem die Polizei sie in Verwahrung nimmt[741].

Dabei besteht jedoch schon Uneinigkeit[742], ob eine Sicherstellung begrifflich nur dann vorliegt, wenn es der eigentliche Zweck des polizeilichen Handelns ist, durch Begründung der amtlichen Verwahrung den Berechtigten und/oder Dritte vom Zugriff auszuschließen[743], oder ob es auch ausreicht, wenn die Begründung des amtlichen Aufbewahrungsbesitzes eher eine (lästige) Nebenfolge des eigentlich Bezweckten ist[744].

---

738 Vgl. *Kleinknecht/Meyer-Goßner*, StPO, § 94 Rn. 11; ähnlich *C. Roxin*, StrafverfahrensR, § 34 B. Rn. 4 ff.

739 *E. Denninger*, PolR, in: Meyer/Stolleis, StVwR für Hess., S. 293; *R. Hufnagel*, Die sicherheitsrechtlichen Befugnisse der Polizei- und Ordnungsbehörden, S. 118; *D. Böckenförde*, in: *Rietdorf/Heise/Böckenförde/Strehlau*, Ordnungs- und PolR in NRW, Vor §§ 32-37 PolG Rn. 3; *H. Wagner*, in: AltKomm, PolG NRW, Vorbem. zu §§ 21-24 Rn. 3, 5.

740 Vgl. in diesem Sinne *K. Habermehl*, POR, Rn. 633.

741 *K. Habermehl*, POR, Rn. 634; vgl. zur Definition der Sicherstellung auch *Drews/Wacke/Vogel/Martens*, Gefahrenabwehr, S. 209; *C. Gusy*, PolR, Rn. 236; *Kay/Böcking*, PolR NRW, Rn. 286; *F.-L. Knemeyer*, POR, Rn. 251; *F. Rachor*, in: Lisken/Denninger, Hdb. d. PolR, F Rn. 417; *E. Rasch*, Allg. POR, in: C.H. Ule, Verwaltungsgesetze des Bundes und der Länder, Bd. III, Erster Halbband, § 21 ME Rn. 1; *H. Wagner*, in: AltKomm, PolG NRW, Vorbem. zu §§ 21-24 Rn. 2.

742 Vgl. zum Meinungsstand *F. Rachor*, in: Lisken/Denninger, Hdb. d. PolR, F Rn. 417.

743 Vgl. *F.-L. Knemeyer*, POR, Rn. 251; *R. Steinhilber*, NJW 1983, S. 2429 (2430); *H. Siekmann*, NWVBl. 1996, S. 316 (317); *Tünnesen-Harmes*, Jura 1992, S. 45 (49) m.w.N.; *Würtenberger/Görs*, JuS 1981, S. 596 (599) m.w.N. in Fn. 30.

744 Vgl. VGH München, NJW 1984, S. 2962 (2964); NVwZ 1990, S. 180 (181); BayVBl. 1991, S. 434; *Berner/Köhler*, PAG, Art. 25 Rn. 1; *H. Geiger*, BayVBl. 1983, S. 10 (11); *J. Schwabe*, NJW 1983, S. 369 (372).

Diese höchst umstrittene Frage ist indes nicht Thema dieser Untersuchun;
und steht überdies nicht in unmittelbarem Bezug zur Problematik der Voll
zugselemente bei der Vorschrift des § 43 nrw.PolG., so daß eine nähere Darstel
lung hier unterbleibt.

Die Sicherstellung ist grundsätzlich nur vorübergehend und erfolgt regelmä
ßig nicht, ausgenommen den Fall der Vernichtung, um den Berechtigten dauer
haft von der Einwirkungsmöglichkeit auszuschließen. Dadurch unterscheidet sicl
die Sicherstellung von der Einziehung, die von vornherein auf einen dauerndeı
Besitzausschluß gerichtet ist (vgl. §§ 74 ff. StGB)[745]. Sichergestellt werden kön
nen alle Sachen im Sinne des § 90 BGB, wobei es sich in der Regel um bewegli
che Sachen (Waffen, Munition etc.) handeln wird. Denkbar ist aber auch di
Sicherstellung von Immobilien (z.B. zur Beschaffung von Unterkünften für Ob
dachlose)[746].

Keine Sicherstellung liegt vor, wenn eine herrenlose bewegliche Sache ode
ein herrenloses Tier von der Polizei in Obhut genommen wird, da in einem sol
chen Fall keine vorhandene Verfügungsgewalt entzogen wird. Es liegt dement
sprechend kein Rechtseingriff vor, sondern es handelt sich um eine schlicht
hoheitliche Maßnahme[747].

Problematischer wird es schon, wenn Polizeibeamte eine Sache, der keine Ge
fahr droht und von der eine solche auch nicht ausgeht, nur vorübergehend zuı
Gefahrenabwehr verwenden (z.B. eine Leiter für die Rettung eines Kindes au
einem Baum)[748]. Noch schwieriger fällt es, die oben schon angesprochenen Ab
schleppfälle rechtlich einzuordnen[749].

745 *K. Habermehl*, POR, Rn. 634.

746 Vgl. *E. Rasch*, Allg. POR, in: C.H. Ule, Verwaltungsgesetze des Bundes und deı Länder, Band III, Erster Halbband, § 21 ME Rn. 4.

747 Vgl. *Kay/Böcking*, PolR NRW, Rn. 286; *H. Tegtmeyer*, PolG NRW, § 43 Rn. 3, deı diese Maßnahme auf die Aufgabenzuweisungsnorm des § 1 nrw.PolG stützen will; siehe auch *Berner/Köhler*, PAG, Art. 25 Rn. 10; anders allerdings, wenn eine Sache durch Dereliktion herrenlos geworden ist, da hierdurch die polizeirechtliche Verantwortung nicht berührt wird, vgl. *F. Rachor*, in: Lisken/Denninger, Hdb. d. PolR, F Rn. 420.

748 *Kay/Böcking*, PolR NRW, Rn. 286; *H. Tegtmeyer*, PolG NRW, § 43 Rn. 5: keine Sicherstellung, sondern Maßnahme nach § 8 I nrw.PolG.

749 Dazu später S. 195 ff.

III. Überblick über die Zulässigkeitsvoraussetzungen[750]

§ 43 nrw.PolG enthält drei verschiedene Tatbestände, bei deren Vorliegen jeweils eine Sicherstellung durchgeführt werden kann.

1. Sicherstellung zur Abwehr einer gegenwärtigen Gefahr gemäß § 43 Nr. 1 nrw.PolG

§ 43 Nr. 1 nrw.PolG gestattet die Sicherstellung, um eine gegenwärtige Gefahr abzuwehren. Es muß sich um eine in zeitlicher Hinsicht qualifizierte konkrete Gefahr handeln[751]. Ferner greift die Befugnis nur, da § 43 Nr. 1 nrw.PolG selbst kein Rechtsgut bezeichnet, wenn es sich um eine gegenwärtige Gefahr für die öffentliche Sicherheit (vgl. § 8 I nrw.PolG) handelt[752]. Da der Gefahrenbegriff in § 43 Nr. 1 nrw.PolG näher qualifiziert ist, wird diese Vorschrift auch als „eingeschränkte Generalklausel" bezeichnet[753].

Die Gefahr kann von der Sache selbst ausgehen, z.B. von einem gefährlichen freilaufenden Tier oder von einem Kraftfahrzeug mit erheblichen verkehrsgefährdenden Defekten, wobei es keine Rolle spielt, wenn die Gefahr erst durch eine Verbindung der Sache mit einem anderen Stoff entsteht[754].

Die Gefahr kann weiterhin durch den Zustand des Besitzers, z.B. durch einen betrunkenen Jagdscheininhaber mit Gewehr, oder die Intention des Besitzers, z.B. die Absicht, einen an sich harmlosen Gegenstand als Waffe einzusetzen, begründet werden[755].

---

750 Ausführliche Darstellung der Zulässigkeitsvoraussetzungen unter Berücksichtigung der einschlägigen Vorschriften aller Bundesländer bei *F. Rachor*, in: Lisken/Denninger, Hdb. d. PolR, F Rn. 423 ff.

751 *H. Wagner*, in: AltKomm, PolG NRW, § 21 Rn. 3.

752 *Berner/Köhler*, PAG, Art. 25 Rn. 8; *Kay/Böcking*, PolR NRW, Rn. 287.

753 *F. Rachor*, in: Lisken/Denninger, Hdb. d. PolR, F Rn. 423; *Heise/Riegel*, ME PolG, Begründung zu § 21, S. 83.

754 *Kay/Böcking*, PolR NRW, Rn. 287; vgl. auch *C. Gusy*, PolR, Rn. 236; *F. Rachor*, in: Lisken/Denninger, Hdb. d. PolR; *E. Rasch*, Allg. POR, in: C. H. Ule, Verwaltungsgesetze des Bundes und der Länder, Band III, Erster Halbband, § 21 ME Rn. 1; *H. Wagner*, in: AltKomm, PolG NRW, § 21 Rn. 4.

755 Vgl. *Kay/Böcking*, PolR NRW, Rn. 287; siehe auch *F. Rachor*, in: Lisken/Denninger, Hdb. d. PolR, F Rn. 424; *E. Rasch*, Allg. POR, in: C. H. Ule, Verwaltungsgesetze des Bundes und der Länder, Band III, Erster Halbband, § 21 ME Rn. 9; *P. J. Tettinger*, Bes. VerwR/1, Rn. 488, 500 (Fall 20): Sicherstellung von potentiellen Waffen im Vorfeld einer Demonstration; *H. Wagner*, in: AltKomm, PolG NRW, § 21 Rn. 4, zu den Problemen bei der Annahme einer gegenwärtigen Gefahr in Zusammenhang mit der Sicherstellung und zu Einzelfällen vgl. *Wagner*, aaO, Rn. 5 ff.; zur Sicherstellung hormonbehandelter Kälber vgl. OVG Münster, NJW 1988, S. 2968 f.; *P. J. Tettinger*, aaO, Rn. 410 f.

Auch an die rechtliche Stellung des Besitzers kann der Gefahrenbegriff des § 43 Nr. 1 nrw.PolG anknüpfen. So kommen als Gegenstände einer Maßnahme nach dieser Vorschrift solche Sachen in Betracht, deren Besitz, Gebrauch oder Betrieb einer behördlichen Erlaubnis bedarf. Das Mitführen einer Waffe ohne waffenbehördliche Erlaubnis nach dem Waffengesetz und ähnliche Sachverhalte sind Rechtsverletzungen, die je nach Lage des Einzelfalles zur polizeilichen Sicherstellung der jeweiligen Sache berechtigen können[756].

Die soeben vorgenommene Unterscheidung nach verschiedenen Sachverhalten, bei denen eine Gefahr im Sinne des § 43 Nr. 1 nrw.PolG gegeben ist, vermag allerdings keine systembildende Funktion zu erfüllen, sondern kann lediglich einen Überblick über den Anwendungsbereich dieser Vorschrift verschaffen[757].

Die Gefahr für die öffentliche Sicherheit muß gegenwärtig sein, d.h. das schädigende Ereignis muß unmittelbar bevorstehen oder bereits begonnen haben[758].

An die Gegenwärtigkeit der Gefahr werden bei § 43 nrw.PolG relativ geringe Anforderungen gestellt. Man kann sagen, daß die Praxis dieses Merkmal demjenigen der „konkreten Gefahr“ annähert[759].

Die Inanspruchnahme von Personen gemäß § 43 Nr. 1 nrw.PolG richtet sich nach den allgemeinen Grundsätzen der §§ 4-6 nrw. PolG[760].

2. Sicherstellung zum Schutz vor Verlust oder Beschädigung einer Sache gemäß § 43 Nr. 2 nrw.PolG

Nach § 43 Nr. 2 nrw.PolG ist eine Sicherstellung möglich, um den Eigentümer oder rechtmäßigen Inhaber der tatsächlichen Gewalt vor Verlust oder Beschädigung der Sache zu schützen[761]. Die Befugnis ist ein Anwendungsfall des Schutzes privater Rechte[762]. Rechtmäßiger Inhaber der tatsächlichen Gewalt ist der rechtmäßige unmittelbare Besitzer. Für die Sache muß die Gefahr des Verlustes oder der Beschädigung begründet sein. Da der Rechtsträger für den Schutz der Sache grundsätzlich selbst verantwortlich ist, kommt die Maßnahme nach § 43 Nr. 2 nrw.PolG nur dann in Betracht, wenn er abwesend oder nicht in der Lage

756 Vgl. *F. Rachor*, in: Lisken/Denninger, Hdb. d. PolR, F Rn. 424.
757 Vgl. *F. Rachor*, in: Lisken/Denninger, Hdb. d. PolR, F Rn. 425.
758 Zum Begriff der gegenwärtigen Gefahr siehe bereits oben S. 64.
759 Dazu mit Beispielen aus der Rspr. *C. Gusy*, PolR, Rn. 236.
760 *Kay/Böcking*, PolR NRW, Rn. 287.
761 Zu einem Beispiel aus der Rspr. vgl. OVG Koblenz, DÖV 1989, S. 173 ff.
762 *Kay/Böcking*, PolR NRW, Rn. 288; *F. Rachor*, in: Lisken/Denninger, Hdb. d. PolR, F Rn. 431; *E. Rasch*, Allg. POR, in: C. H. Ule, Verwaltungsgesetze des Bundes und der Länder, Band III, Erster Halbband, § 21 ME Rn. 10.

ist, den Schutz selbst zu übernehmen[763]. Des weiteren ist erforderlich, da in den Fällen des § 43 Nr. 2 nrw.PolG die Sicherstellung ausschließlich zugunsten des Berechtigten erfolgt, daß der Zweck der Maßnahme auch tatsächlich in dessen Interesse liegt. Ungeschriebenes Tatbestandsmerkmal ist daher der wirkliche oder mutmaßliche Wille des Berechtigten[764]. Ansonsten könnte der Betroffene gegen seinen Willen mit Kosten belastet werden, deren Entstehungsgrund weder im öffentlichen noch in seinem privaten Interesse liegt[765].

Trotz ihrer Zielrichtung handelt es sich bei der Sicherstellung nach § 43 Nr. 2 nrw.PolG um einen Eingriff in die Sachherrschaft, so daß die einzelnen Voraussetzungen für Eingriffe in die Rechtssphäre eines anderen, insbesondere der Verhältnismäßigkeitsgrundsatz, zu beachten sind.

Soweit eine Konkurrenz zwischen dem Tatbestand der Nr. 1 und dem der Nr. 2 gegeben ist, ist § 43 Nr. 1 vorrangig heranzuziehen, da der Schutz privater Rechte nach § 1 II nrw.PolG nur subsidiär Aufgabe der Polizei ist[766].

Adressat der Maßnahme ist der Eigentümer oder der Inhaber der tatsächlichen Sachherrschaft[767].

3. Sicherstellung einer Sache, die von einer festgehaltenen Person mitgeführt wird, gemäß § 43 Nr. 3 nrw.PolG

§ 43 Nr. 3 nrw.PolG gestattet die Sicherstellung einer Sache, die von einer Person mitgeführt wird, die nach dem nrw.PolG oder anderen Rechtsvorschriften festgehalten werden darf, vorausgesetzt, daß die Sache für die unter a)-d) genannten Zwecke verwendet werden kann. Die Vorschrift rechtfertigt damit die Sicherstellung von gefährlichen Dingen, die eine festgehaltene Person mitführt, ohne daß es einer konkreten Gefahr bedarf. Für die Gefährlichkeit einer Sache ist auf ihre grundsätzliche Eignung abzustellen, die beispielsweise bei Waffen, Werkzeugen, Nadeln, Rasierklingen etc. gegeben ist[768]. Die gesetzliche Ausnahme vom Erfordernis einer konkreten Gefahr läßt sich mit der bei einer Freiheitsbeschränkung erfahrungsgemäß bestehenden besonderen Gefahrenlage

763 *Kay/Böcking*, PolR NRW, Rn. 288.

764 Vgl. § 683 BGB; siehe dazu *E. Denninger u.a.*, AE PolG, § 31 Rn. 6; *F. Rachor*, in: Lisken/Denninger, Hdb. d. PolR, F Rn. 431.

765 *F. Rachor*, in: Lisken/Denninger, Hdb. d. PolR, F Rn. 431; vgl. § 46 III nrw.PolG.

766 *Kay/Böcking*, PolR NRW, Rn. 288.

767 *Kay/Böcking*, PolR NRW, Rn. 288.

768 *Kay/Böcking*, PolR NRW, Rn. 289; siehe auch *Berner/Köhler*, PAG, Art. 25 Rn. 12; *C. Gusy*, PolR, Rn. 236; *F. Rachor*, in: Lisken/Denninger, Hdb. d. PolR, F Rn. 433, 437; *E. Rasch*, Allg. POR, in: C. H. Ule, Verwaltungsgesetze des Bundes und der Länder, Band III, Erster Halbband, § 21 ME Rn. 11.

rechtfertigen[769]. Es handelt sich bei § 43 Nr. 3 nrw.PolG um den gesetzlichen Tatbestand einer abstrakten Gefahr[770].

Unter „festhalten" ist nicht nur eine Freiheitsentziehung im Sinne des § 104 I GG zu verstehen, sondern es können auch unterhalb dieser Schwelle liegende Freiheitsbeeinträchtigungen den Tatbestand erfüllen[771]. Gleichgültig ist dabei auf welche Rechtsvorschriften diese Freiheitsbeeinträchtigungen gestützt werden. Entscheidend ist jedenfalls, daß nicht nur die gesetzlichen Voraussetzungen vorliegen, sondern daß die Person auch de facto festgehalten wird[772].

Ein Mitführen von Gegenständen ist anzunehmen, wenn der Betroffene auf die Gegenstände jederzeit und ohne größere Schwierigkeiten einwirken kann, was insbesondere bei am Körper oder in der Kleidung getragenen Sachen in Betracht kommt[773].

Der Adressat der Maßnahme ergibt sich unmittelbar aus der Befugnis des § 43 Nr. 3 nrw.PolG[774].

Als Zweck der Sicherstellung bei festgehaltenen Personen werden der Schutz des Festgehaltenen, die Eigensicherung der Beamten und die Gewährleistung der Ordnung im Gewahrsam angeführt[775].

IV. Vollzugselemente bei § 43 nrw.PolG

Sind nun ein oder mehrere Tatbestände des § 43 nrw.PolG erfüllt, so kann die Polizei aufgrund dieser Vorschrift eine Sache nach pflichtgemäßem Ermessen „sicherstellen". Von der Auslegung dieses Begriffes hängt nun die konkrete Bestimmung des Ermächtigungsumfangs des § 43 nrw.PolG ab.

Dabei ist zunächst darauf hinzuweisen, daß sich der Vorgang der Sicherstellung in mehrere Abschnitte zergliedern läßt:

---

769 *Berner/Köhler*, PAG, Art. 25 Rn. 12; *F. Rachor*, in: Lisken/Denninger, Hdb. d. PolR, F Rn. 433.

770 *F. Rachor*, in: Lisken/Denninger, Hdb. d. PolR, F Rn. 433.

771 Anders aber nach § 14 I Nr. b) hamb.SOG, § 61 I Nr. 2 mv.SOG, § 210 I Nr. 2 sh.LVwG, wo jeweils eine Sicherstellung nur im Falle polizeilichen Gewahrsams vorgesehen ist.

772 *F. Rachor*, in: Lisken/Denninger, Hdb. d. PolR, F Rn. 434.

773 *F. Rachor*, in: Lisken/Denninger, Hdb. d. PolR, F Rn. 435.

774 *Kay/Böcking*, PolR NRW, Rn. 289.

775 *E. Rasch*, Allg. POR, in: C. H. Ule, Verwaltungsgesetze des Bundes und der Länder, Band III, Erster Halbband, § 21 ME Rn. 11; vgl. ferner *Heise/Riegel*, ME PolG, Begründung zu § 21, S. 83; Amtliche Begründung zu § 21 saarl.PolG, LT-Dr. 9/1929, S. 23; etwas anders *F. Rachor*, in: Lisken/Denninger, Hdb. d. PolR, F Rn. 436, der die Ordnung im Gewahrsam nicht als Zweck akzeptiert, dafür aber die Verhinderung der Flucht als gesetzgeberische Intention miteinbeziehen will.

Man kann unterscheiden zwischen der Besitzbegründung durch die Polizei und der anschließenden Obhutsausübung[776]. Der Akt der Besitzbegründung läßt sich streng genommen noch weiter aufteilen in die Aufhebung des Gewahrsams beim Berechtigten und in die Gewahrsamsbegründung durch die Polizei[777].

Die Begründung polizeilichen Gewahrsams an der Sache und erst recht ihre amtliche Verwahrung kann nur durch die Polizei selbst erfolgen. Umgekehrt können diese Maßnahmen dem Betroffenen nicht als Handlungspflichten obliegen. Dementsprechend ist es auch nicht möglich, sie als Durchsetzung eines (fingierten) Verwaltungsaktes oder als Zwangsmaßnahmen ohne vorangegangenen Verwaltungsakt zu begreifen. Sie sind auch nicht als Durchsetzung einer möglicherweise bestehenden Duldungspflicht zu verstehen. Die Durchsetzung einer solchen Duldungspflicht könnte allenfalls darin bestehen, den Widerstand des Betroffenen zu brechen, ihn also z.B. festzuhalten. Die Inverwahrungsmaßnahme selbst ist hingegen ein Realakt, der seine rechtliche Grundlage alleine in den Vorschriften über die Sicherstellung findet[778]. Die Gewahrsamsbegründung durch die Polizei ist dementsprechend in Nordrhein-Westfalen auf § 43 nrw.PolG, die anschließende Verwahrung auf § 44 nrw.PolG zu stützen. Die Verwahrung ist dabei zwingende Rechtsfolge aus § 44 I nrw.PolG, so daß ein Belassen sichergestellter Gegenstände im Gewahrsam des Betroffenen ausscheidet[779].

Das Hauptproblem im Zusammenhang mit § 43 nrw.PolG stellt sich hinsichtlich des eigentlich entscheidenden Teilaktes, nämlich hinsichtlich der Gewahrsamsaufhebung beim Berechtigten, d.h. konkret bei der Wegnahme der Sache.

Fraglich ist, ob die Ermächtigung hierzu auch noch unmittelbar in § 43 nrw.PolG enthalten ist, oder ob hierzu ein Rückgriff auf die Zwangsmittelvorschriften erforderlich ist.

1. Meinungsstand

Einigkeit bezüglich des Vorgehens nach § 43 nrw.PolG besteht alleine dahingehend, daß die Polizei auf diese Vorschrift gestützt grundsätzlich nicht einfach bei einem anwesenden Pflichtigen eine Sache ergreifen darf, sondern vorher in kommunikativen Kontakt zu diesem zu treten hat[780]. Das Gebot, vor dem tat-

---

776 Vgl. etwa *H. Wüstenbecker*, JA-Übbl. 1987, S. 33 (34).

777 Siehe dazu *F. Rachor*, in: Lisken/Denninger, Hdb. d. PolR, F Rn. 422; vgl. auch die im Strafrecht im Rahmen des Merkmals „Wegnahme" bei § 242 StGB geläufige Differenzierung zwischen dem Bruch fremden und der Begründung neuen Gewahrsams, siehe etwa *H. Tröndle*, in: Tröndle/Fischer, StGB, § 242 Rn. 13.

778 So zu Recht *F. Rachor*, in: Lisken/Denninger, Hdb. d. PolR, F Rn. 422.

779 *P. J. Tettinger*, Bes. VerwR/1, Rn. 413.

780 Vgl. *G. Nagel*, Probleme der polizeilichen Sicherstellung, S. 22 m.w.N. in Fn. 1.

sächlichen Zugriff zunächst eine Verfügung zu erlassen, ergibt sich, wie schon mehrfach angedeutet, aus dem Verhältnismäßigkeitsgrundsatz. Konkret in Zusammenhang mit § 43 nrw.PolG kommt dabei eine auf Herausgabe der Sache gerichtete Verfügung in Betracht[781]. Anders verhält es sich freilich, wenn eine vorherige Verfügung den Gefahrenabwehrerfolg gefährden würde[782].

Ein großer Teil der Literatur[783] und ein Teil der Rechtsprechung[784] sehen jedoch in der Vorschrift über die Sicherstellung ausschließlich die Ermächtigung zum Erlaß einer Verfügung, nicht dagegen die Befugnis, durch tatsächliche Handlungen den Gewahrsam des Betroffenen aufzuheben. Der Vorschrift des § 43 nrw.PolG sollen danach bezüglich der Gewahrsamsaufhebung beim Betroffenen keine Vollzugselemente immanent sein. Zur Durchsetzung einer auf § 43 nrw.PolG gestützten Herausgabeverfügung bedarf es danach eines Rückgriffs auf § 50 I nrw.PolG. Bei abwesendem Pflichtigen wird von dieser Meinungsgruppe folgerichtig auf die Vorschrift über den Sofortvollzug nach § 50 II nrw.PolG verwiesen, wobei die „hypothetische“ Grundverfügung auf die Sicherstellungsvorschrift gestützt wird[785].

Heise etwa führt zur inhaltsgleichen Sicherstellungsvorschrift im ersten nordrhein-westfälischen Polizeigesetz von 1969 aus:

„Die Vorschriften über die Sicherstellung geben der Polizei die Befugnis, von dem Betroffenen die Herausgabe der Sache zu verlangen. Folgt der Betroffene dieser Aufforderung nicht, so kann sie zwangsweise durchgesetzt werden. (...) Die Beschlagnahme ist (...) die Durchsetzung der Sicherstellungsanordnung durch Zwang, in der Regel durch die Anwendung unmittelbaren Zwangs. (...) Befindet sich die Sache nicht im Gewahrsam einer Person, so kann sie auf der Grundlage des § 55 II nrw.VwVG sichergestellt werden.“[786]

---

781 *Schliesky/Hansen*, JuS 1998, S. 49 (51) gehen hingegen auch bei der Sicherstellungsnorm von einer Duldungsverfügung aus.

782 Vgl. dazu die Beispiele bei *F. Rachor*, in: Lisken/Denninger, F Rn. 422.

783 Vgl. *V. Götz*, Allg. POR, Rn. 309; *Kilian/Meinel*, JuS 1997, S. 440 (442); *D. Kottmann*, DÖV 1983, S. 493 (498); *J. Vahle*, Die Polizei 1981, S. 101 (102); siehe ferner die Nachweise bei *G. Nagel*, Probleme der polizeilichen Sicherstellung, S. 22, Fn. 3 und bei *F. Rachor*, in: Lisken/Denninger, Hdb. d. PolR, F Rn. 422, Fn. 623; *Schmidbauer/Steiner/Roese*, Bay. PAG, Art. 25 Rn. 18.

784 Vgl. etwa OVG Münster, DVBl. 1991, S. 1373.

785 OVG Münster, DVBl. 1973, S. 924 (926); NJW 1982, S. 2277 (2278); vgl. auch *F. Rachor*, in : Lisken/Denninger, Hdb. d. PolR, F Rn. 422; in einem neueren Beschluß des OVG Münster, NWVBl. 2000, S. 216 (217), ist hingegen nicht von Sofortvollzug, sondern von adressatneutraler Sicherstellung nach § 43 nrw.PolG die Rede.

786 *G. Heise*, in: Rietdorf/Heise/Böckenförde/Strehlau, Ordnungs- und PolR in NRW, Vorbem. §§ 32-37 Rn. 3.

Aber auch solche Stimmen, die an sich bei Standardmaßnahmen mit entsprechendem Wortlaut immanente Vollzugselemente anerkennen, sehen sich bei der Sicherstellung zu einer anderen Sichtweise veranlaßt. Namentlich *Habermehl* spricht sich insoweit explizit gegen Vollzugselemente aus:

„Der Regelungsgehalt der Sicherstellung besteht darin, vom Inhaber der tatsächlichen Gewalt die Herausgabe der Sache zu verlangen. Den vorübergehenden Ausschluß von der tatsächlichen Einwirkungsmöglichkeit hat der Berechtigte zu dulden. Die Sicherstellung ist von ihrer Struktur her also eine auf ein Handeln, Dulden oder Unterlassen gerichtete Verfügung, die wie eine Polizeiverfügung nach der Generalermächtigung primär darauf gerichtet ist, dem Pflichtigen ein bestimmtes Tun, die Herausgabe, aufzuerlegen.

Der Sicherstellung ist jedoch nicht etwa die Befugnis immanent, die Sache wegzunehmen oder sonstwie an sich zu bringen. Ihre Durchsetzung erfolgt vielmehr durch rechtlich davon zu unterscheidende und gesondert auf ihre Rechtmäßigkeit zu prüfende Maßnahmen:

Kommt ein präsenter Adressat seiner Herausgabepflicht nicht nach, wird diese nach Maßgabe des Vollstreckungsrechts vollstreckt. Ist ein Verantwortlicher nicht oder nicht rechtzeitig erreichbar, kann die Sicherstellung unmittelbar ausgeführt[787] werden“.[788]

Einerseits überrascht dieser Befund *Habermehls* nicht, da er die Sicherstellung ausdrücklich von den Standardmaßnahmen im engeren Sinne ausgrenzt und ihren Regelungsgehalt selbständig, entsprechend der polizeirechtlichen Generalklausel, bestimmt[789]. Andererseits verwundert es jedoch, wenn Habermehl die Vorschrift über die Sicherstellung, die ihrem Wortlaut nach die Polizei ebenfalls ermächtigt, nicht nur Verfügungen zu erlassen, sondern auch tatsächliche Handlungen vorzunehmen, dennoch dem „herkömmlichen“ Verfügungs-/Vollstreckungsschema unterlegt. Er gerät dabei in einen gewissen Widerspruch zu seinen eigenen Aussagen. Als Standardmaßnahmen im engeren Sinne bezeichnet er nämlich die Vorschriften, die der Polizei die Befugnis einräumen, die Maßnahmen selbst durchzuführen. Bei diesen Standardermächtigungen ermächtige das Gesetz zu einer Eigenhandlung der Polizei[790]. Seine divergierende Beurteilung der Sicherstellung vermag von diesem Blickwinkel aus betrachtet nicht einzuleuchten, sondern stellt sich vielmehr als inkonsequent dar.

Nagel widmet in ihrer Arbeit über die polizeiliche Sicherstellung der Frage des Ermächtigungsumfangs besondere Aufmerksamkeit. Dabei trifft sie die hier

---

787 In Nordrhein-Westfalen ist mangels einer Normierung dieses Instituts auf die Vorschrift über den Sofortvollzug (§ 50 II nrw.PolG) zurückzugreifen.

788 *K. Habermehl*, POR, Rn. 635.

789 Vgl. *K. Habermehl*, POR, Rn. 509, 512.

790 *K. Habermehl*, POR, Rn. 512, siehe schon oben S. 99 ff.

schon oftmals kritisierte Differenzierung zwischen anwesendem und abwesendem Pflichtigen[791]. Bei Anwesenheit des Betroffenen könne die Polizei auf der Grundlage des § 43 nrw.PolG eine Verfügung, allerdings keine Herausgabeverfügung, sondern eine Sicherstellungsanordnung erlassen. Durch diese Anordnung werde festgestellt, daß dem Betroffenen ab sofort die Verfügungsmacht über die Sache entzogen sei. Sie beinhalte weiterhin das Gebot, die Wegnahme der Sache zu dulden[792]. Der Erlaß einer Herausgabeverfügung in Zusammenhang mit § 43 nrw.PolG sei deswegen unzweckmäßig, da sie den Adressaten zur Vornahme einer bestimmten Handlung verpflichte, aber keine unmittelbare Wirkung im Hinblick auf den Entzug der Verfügungsmacht an der Sache entfalte. Diese Wirkung werde jedoch mit der feststellenden Erklärung, die Sache sei ab sofort sichergestellt, erreicht, denn von diesem Moment an habe sich der Verpflichtete jeglicher Verfügung über die Sache zu enthalten[793]. Nur eine derartige Sicherstellungsanordnung sei mit Sinn und Zweck des Sicherstellungsbegriffs zu vereinbaren[794]. Leiste der Betroffene Widerstand, so sei diese Verfügung nach den Regeln des Vollstreckungsrechts durchzusetzen[795].

Bei abwesendem Störer ermächtige § 43 nrw.PolG dagegen unmittelbar zur Begründung der Sachgewalt durch die Polizei selbst; auf die Vorschriften über den Sofortvollzug müsse daher nicht zurückgegriffen werden[796].

Neben den zuvor dargestellten Auffassungen wird jedoch auch der Standpunkt vertreten, daß die Vorschrift über die Sicherstellung die Polizei sowohl bei anwesendem als auch bei abwesendem Pflichtigen zum unmittelbaren Zugriff auf die Sache ermächtige[797].

Namentlich *Schwabe*[798] ist der Meinung, daß sich die Auslegung, die nordrhein-westfälische Vorschrift über die Sicherstellung ermächtige nur zum Erlaß einer Verfügung, insbesondere zum Erlaß einer Herausgabeverfügung, aus meh-

791 *G. Nagel*, Probleme der polizeilichen Sicherstellung, S. 20 f.
792 *G. Nagel*, Probleme der polizeilichen Sicherstellung, S. 27.
793 *G. Nagel*, Probleme der polizeilichen Sicherstellung, S. 23 f.
794 *G. Nagel*, Probleme der polizeilichen Sicherstellung, S. 25.
795 *G. Nagel*, Probleme der polizeilichen Sicherstellung, S. 26.
796 *G. Nagel*, Probleme der polizeilichen Sicherstellung, S. 32.
797 *J. Schwabe*, NJW 1983, S. 369 (370); *A. Schmitt-Kammler*, NWVBl. 1995, S. 166 (170); *P. J. Tettinger*, Bes. VerwR/1, Rn. 411; vgl. auch die ebenfalls in diese Richtung weisende Kategorisierung von *R. Steinhilber*, NJW 1983, S. 2429, wonach bei der Sicherstellung, ebenso wie bei den anderen Standardmaßnahmen im engeren Sinne, „Eigenhandeln der Polizei" vorliege; *Schliesky/Hansen*, JuS 1998, S. 49 (51) sprechen in Zusammenhang mit der Durchführung der Sicherstellung von einem auf eine Duldungsverfügung folgenden Realakt, der keine Verwaltungsvollstreckung, sondern eine eigenständige Maßnahme der Gefahrenabwehr darstelle.
798 *J. Schwabe*, NJW 1983, S. 369 (370).

reren Gründen verbiete. Schon der Wortlaut erlaube eindeutig mehr, nämlich die Bewirkung der Sicherstellung durch tatsächliches Handeln, konkret durch Begründung polizeilichen Gewahrsams. Auch der Wortlaut der Vorschriften über die Verwahrung und über die Kosten der Sicherstellung spreche für eine solche Auslegung. Sichergestellte Sachen seien in Verwahrung zu nehmen, nicht etwa von Herausgabeverfügungen betroffene Sachen. Und auch wenn von Kosten der Sicherstellung die Rede sei, seien damit die Kosten eines Realaktes und nicht einer bloßen Herausgabeverfügung gemeint. Unmittelbar als Realakt von der Vorschrift des § 43 nrw.PolG gedeckt sei neben der Gewahrsamsbegründung und der Verwahrung auch das Verbringen der Sache an einen geeigneten Verwahrungsort. Es spiele auch keine Rolle, wenn sich die Polizei dabei eines privaten Unternehmers, z.B. eines Abschleppunternehmers[799], bediene[800].

Auch wenn nach *Schwabe* die polizeiliche Sicherstellungsnorm sowohl bei Anwesenheit als auch bei Abwesenheit des Pflichtigen zum tatsächlichen Zugriff auf die Sache ermächtigt, räumt er ein, daß im Falle der Anwesenheit grundsätzlich zunächst eine Sicherstellungsanordnung zu ergehen habe, und zwar aus den oben schon angesprochenen Gründen. Diese Anordnung habe feststellenden Charakter und könne gleichzeitig als Duldungsgebot gedeutet werden. Es bestehe jedoch nicht die Notwendigkeit, bei Abwesenheit des Betroffenen eine solche Verfügung zu konstruieren oder zu fingieren, sondern in diesen Fällen handele es sich bei der Sicherstellung nur um einen Realakt[801]. Ansonsten stehe man, wie die h.M., vor dem Problem, wie das Vorgehen der Polizei in Abwesenheit des Störers zu bewerten sei: Realakt oder zunächst adressatloser Verwaltungsakt bei der unmittelbaren Ausführung (in Nordrhein-Westfalen: Sofortvollzug), kostenpflichtige Vollstreckung auch bei nachträglicher Bestimmung des Störers etc.[802]?

Für das Verhältnis der Sicherstellungsnorm zu den Zwangsmittelnormen gelte damit insgesamt folgendes:

Soweit die Polizei eine Sache schlicht an sich nehme, handele es sich um eine unmittelbare körperliche Einwirkung auf Sachen und damit um eine Form des unmittelbaren Zwangs im Sinne des § 36 nrw. PolG (a.F.). Ermächtigungsnorm für diese Art der Zwangsanwendung sei jedoch nicht etwa § 28 nrw.PolG (a.F.), sondern die Vorschrift über die Sicherstellung selbst. Den dadurch aufkommenden Konflikt im Verhältnis dieser Standardmaßnahme zum Vollstreckungsrecht

---

799 Siehe zur Problematik der Abschleppfälle noch später S. 195 ff.
800 *J. Schwabe*, NJW 1983, S. 369 (370).
801 *J. Schwabe*, NJW 1983, S. 369 (370).
802 *J. Schwabe*, NJW 1983, S. 369 (370); ausführlich zu diesem Problemkreis vgl. OVG Münster, DVBl. 1973, S. 924 (926 ff.).

könne man nur dadurch lösen, daß man die Sicherstellungsnorm als Spezialregelung begreife[803].

Soweit der Polizei bei der Sicherstellung Widerstand entgegengesetzt werde, handele es sich beim Brechen desselben um die Durchsetzung des in der Sicherstellungsanordnung liegenden Duldungsgebotes durch unmittelbaren Zwang, so daß sich die Rechtmäßigkeit dieses Vorgehens nach den Zwangsmittelvorschriften bestimme[804].

Damit zieht *Schwabe*, wie ein großer Teil der Literatur bei den anderen Standardmaßnahmen im engeren Sinne, auch bei der Sicherstellung die Grenze immanenter Vollzugselemente dort, wo ein Widerstand des Betroffenen gebrochen werden muß und wo der begriffsnotwendig in der Sicherstellung liegende unmittelbare Zwang (gegen Sachen) überschritten wird.

2. Stellungnahme

Die lebhafte und ausgiebige Diskussion im Hinblick auf Vollzugselemente bei der Sicherstellung nach § 43 nrw.PolG läßt sich letztlich wohl auf die große praktische Relevanz dieser Vorschrift zurückführen. Angesichts dessen bedarf es speziell bei der Vorschrift des § 43 nrw.PolG einer sorgfältigen Analyse und Auslegung, wobei es zentral um die Frage geht, ob ein Abweichen von den bisher zu den Standardmaßnahmen im engeren Sinne gefundenen Ergebnissen tatsächlich gerechtfertigt ist.

a) Grammatische Auslegung

Um den Ermächtigungsumfang dieser Norm zu bestimmen, ist zunächst wiederum auf den Wortlaut abzustellen. Wie die Formulierungen bei den anderen Standardermächtigungen im engeren Sinne, vermittelt auch der Begriff „sicherstellen“ den Eindruck, er eröffne die Befugnis zur Vornahme tatsächlicher Handlungen, nämlich zum Zugriff auf die Sache, und damit zur Anwendung unmittelbaren Zwangs gegen Sachen. Komplizierter gestaltet sich die Auslegung jedoch dadurch, daß sich gerade mit diesem Begriff auch die Ermächtigung zum Erlaß eines Verwaltungsaktes assoziieren läßt, und zwar nicht etwa in Form einer konstruiert wirkenden Duldungsverfügung, sondern in Form einer durchaus in den Zusammenhang mit einer Sicherstellung passenden Herausgabeverfügung oder auch Sicherstellungsanordnung.

803 *J. Schwabe*, NJW 1983, S. 369 (371).
804 *J. Schwabe*, NJW 1983, S. 369 (371).

Dies ändert jedoch zunächst nichts an dem Befund, daß der Wortlaut des § 43 nrw.PolG jedenfalls auch die Befugnis zum tatsächlichen Handeln, d.h. konkret zum Zugriff auf die Sache und zur Inbesitznahme derselben, erfaßt.

b) Systematische Auslegung

Fraglich ist, ob systematische Überlegungen das nach dem Wortlaut gefundene Resultat erschüttern oder aber vielleicht stützen können.

§ 44 I 1 nrw.PolG etwa regelt, was im Anschluß an die Sicherstellung nach § 43 nrw.PolG zu geschehen hat:

„Sichergestellte Sachen sind in Verwahrung zu nehmen."

Diese Formulierung legt, wie auch von *Schwabe* betont wird[805], eher den Schluß nahe, daß damit „real sichergestellte Sachen" gemeint sind und nicht solche, auf die sich lediglich eine Herausgabeverfügung erstreckt. § 44 I 1 nrw.PolG geht offenbar davon aus, daß die Polizei sich schon aufgrund des § 43 nrw.PolG den Besitz an der Sache gesichert hat.

Auch die Vorschrift des § 46 III 1 nrw.PolG spricht für den zuvor gekennzeichneten Ermächtigungsumfang des § 43 nrw.PolG:

„Die Kosten der Sicherstellung und Verwahrung fallen den nach den §§ 4 oder 5 nrw.PolG Verantwortlichen zur Last."

Kosten in Zusammenhang mit der Sicherstellung entstehen zum einen durch die Aufbewahrung einer Sache, sei es bei der Behörde selbst, sei es bei einer beauftragten Privatperson. § 46 III 1 nrw. PolG spricht jedoch nicht nur von den Kosten der Verwahrung, sondern auch von denen der Sicherstellung. Die separate Aufführung der Sicherstellung in diesem Zusammenhang wäre jedoch sinnlos, wenn man § 43 nrw.PolG nur als Befugnis zum Erlaß einer Verfügung deuten würde, da dann im Falle ihrer Durchsetzung nach Vollstreckungsrecht die vollstreckungsrechtlichen Kostenregelungen zum Zuge kämen[806] und § 46 III 1 nrw.PolG insoweit leerlaufen würde. Nur, wenn man § 43 nrw.PolG das Recht der Polizei entnimmt, sich einer Sache selbst oder unter Hinzuziehung eines Dritten zu bemächtigen, gelangt man zu einem kostenträchtigen polizeilichen Vorgang, durch den die Regelung des § 46 III 1 nrw.PolG dann ihre vollständige Daseinsberechtigung erhält[807].

Die der Sicherstellungsnorm nachfolgenden Vorschriften der §§ 44 ff. nrw.PolG stützen also letztlich ebenfalls den Befund, daß § 43 nrw.PolG bereits selbst zum unmittelbaren Zugriff auf die Sache und damit zur Aufhebung des Gewahrsams beim Berechtigten ermächtigt.

---

805 *J. Schwabe*, NJW 1983, S. 369 (370).
806 Siehe § 52 I 2 nrw.PolG i.V.m. § 77 I 1 nrw.VwVG i.V.m. § 11 II Nr. 7 nrw.KostO.
807 So auch *J. Schwabe*, NJW 1983, S. 369 (370).

Bedenken gegen das aufgrund der grammatischen Auslegung gefundene Ergebnis ergeben sich damit zwar nicht aus einer systematischen Betrachtung der Vorschriften der §§ 43 ff. nrw.PolG, dafür jedoch aus einer vergleichenden Betrachtung der Parallelvorschriften in der StPO. Dort wird in Zusammenhang mit der Sicherstellung ein weiterer Begriff verwendet, nämlich der der Beschlagnahme. So wird in § 94 II StPO die Notwendigkeit einer Beschlagnahme vorgesehen, wenn sich Gegenstände im Gewahrsam einer Person befinden und von dieser nicht freiwillig herausgegeben werden. Das Beschlagnahmeverfahren im einzelnen regeln die §§ 98 ff. StPO. Wenn es um Zwangsanwendung geht, wird also in der StPO von Beschlagnahme gesprochen, nicht von Sicherstellung[808]. Dies könnte zu dem Gedanken verleiten, daß durch die Wahl des Begriffs „Sicherstellung" in § 43 nrw.PolG eben keinerlei Befugnisse zum unmittelbaren Zugriff auf eine Sache oder gar zur Zwangsanwendung eingeräumt, sondern daß lediglich das Recht der Polizei begründet wird, die Herausgabe einer Sache zu verlangen.

c) Genetische und teleologische Auslegung

Ausgeräumt werden die im Rahmen der vergleichenden Betrachtung der Sicherstellung nach dem nrw.PolG und der Sicherstellung nach der StPO aufgekommenen Bedenken jedoch durch einen Blick auf die Entstehungsgeschichte des jetzigen § 43 nrw.PolG, und zwar vor allem durch einen Blick auf den in diesem Zusammenhang ebenfalls zu berücksichtigenden Alternativentwurf zum Musterentwurf des Polizeigesetzes[809].

§ 32 AE PolG, der sich mit dem Thema der polizeilichen Sicherstellung befaßt, hat folgenden Wortlaut:

„Die Beschlagnahme wird, soweit es unter den gegebenen Umständen möglich ist, gegenüber dem Inhaber der tatsächlichen Gewalt verfügt. Der Inhaber der tatsächlichen Gewalt hat die beschlagnahmte Sache unverzüglich herauszugeben. In anderen Fällen wird die Sache durch Begründung der tatsächlichen Gewalt beschlagnahmt."

Diese Vorschrift spricht also anders als die entsprechenden Normen der StPO nur noch von Beschlagnahme, ohne den Terminus „Sicherstellung" zu verwenden. Gemeint ist damit zum einen die Verfügung, die auf Herausgabe der Sache

---

808 Auch in §§ 26 f. bw. PolG und §§ 26 f. sächs.PolG werden die Begriffe „Sicherstellung" und „Beschlagnahme" verwendet, jedoch wiederum mit anderem Bedeutungsgehalt als in der StPO, vgl. *U. Stephan*, PolR, in: O. Bretzinger, StVwR für BW., Rn. 95.

809 AE PolG, abgedruckt bei *E. Denninger* u.a., AE PolG; vgl. dazu *H.-W. Alberts*, NVwZ 1983, S. 585 ff.

gerichtet ist, zum anderen aber auch die Begründung der tatsächlichen Sachherrschaft. So ließe sich auch für § 43 nrw.PolG behaupten, daß der Begriff „Sicherstellung" nicht nur eine Verfügung, sondern auch den tatsächlichen Zugriff auf die Sache im Auge habe. Diese begriffliche Differenzierung führt also bei der Problemlösung nicht weiter, da lediglich deutlich wird, daß die Termini „Sicherstellung" und „Beschlagnahme" mit verschiedenen Inhalten belegt werden können und auch belegt werden.

§ 32 AE PolG ist aber auch aus einem anderen Blickwinkel für die Bestimmung des Ermächtigungsumfangs des § 43 nrw.PolG interessant. So weist *Nagel* zu Recht darauf hin, daß § 32 AE PolG zwischen der Situation bei Anwesenheit und der bei Abwesenheit des Gewahrsamsinhabers unterscheide. Komme der Betroffene der durch die Beschlagnahmeverfügung entstandenen Herausgabepflicht nicht nach, so bestehe die Möglichkeit, Zwangsmittel anzuwenden[810].

Ergehe hingegen keine Beschlagnahmeverfügung, weil der Betroffene nicht anwesend sei, ermächtige § 32 I 2 AE PolG dazu, die Beschlagnahme durch unmittelbare Verschaffung der tatsächlichen Sachherrschaft durchzuführen[811].

Nagel sieht allerdings in § 32 AE PolG keinen alternativen Regelungsentwurf zu § 21 ME PolG (und damit zum inhaltsgleichen § 43 nrw.PolG), sondern lediglich eine Konkretisierung dieser Regelung. Daraus sei zu folgern, daß § 43 nrw.PolG auch in seiner heutigen Fassung einen unterschiedlichen Ermächtigungsumfang habe, je nachdem, ob der Pflichtige anwesend sei oder nicht. Im ersten Fall begründe die Vorschrift das Recht, eine Verfügung zu erlassen, im zweiten dagegen, unmittelbar auf die Sache zuzugreifen[812].

Die Schlußfolgerung, § 32 AE PolG stelle gegenüber § 21 ME PolG keinen inhaltlich abweichenden Regelungsentwurf dar, ist allerdings keinesfalls zwingend. Dagegen sprechen vor allem die Wahl einer völlig anderen Terminologie und die deutlich divergierende Formulierung des § 32 AE PolG[813].

Auch aus den Materialien zur Entstehungsgeschichte des § 32 nrw.PolG vom 28. Oktober 1969 ergeben sich keine Anhaltspunkte, die für eine vom Wortlaut abweichende Auslegung sprechen.

Eine spezielle Vorschrift über die Sicherstellung wurde in erster Linie deshalb bereits in das nrw.PolG vom 28. Oktober 1969 aufgenommen, da man für eine Maßnahme, die so erheblich in die Verfügungsmacht des Berechtigten ein-

---

810 *G. Nagel*, Probleme der polizeilichen Sicherstellung, S. 32; vgl. *E. Denninger u.a.*, AE PolG, § 32 Rn. 2.

811 *G. Nagel*, Probleme der polizeilichen Sicherstellung, S. 31.

812 *G. Nagel*, Probleme der polizeilichen Sicherstellung, S. 31.

813 Vgl. *E. Denninger u.a.*, AE PolG, § 32 Rn. 1, wo von einer inhaltlichen Umstellung die Rede ist.

greift, eine gesonderte Regelung für angebracht hielt. Man wollte verhindern, daß auf der Grundlage der Generalklausel Sachen sichergestellt werden konnten[814].

Diese Zweckbestimmung kann durchaus auch für die heutige Fassung des § 43 nrw.PolG Geltung beanspruchen. Für einen so grundrechtsintensiven Eingriff wie die Sicherstellung muß der Polizei eine spezielle, darauf zugeschnittene Befugnisnorm zur Seite stehen. Dieser Zweckbestimmung kann jedoch letztlich für die hier im Mittelpunkt stehende Fragestellung nichts abgewonnen werden.

Die Frage, ob die Vorschrift über die Sicherstellung nun zum Erlaß von Verfügungen oder zum tatsächlichen Zugriff befugt, wurde dagegen bei der Einführung dieser Vorschrift in das nrw.PolG vom 28. Oktober 1969 nicht erörtert[815], so daß sich auch hieraus keine neuen Erkenntnisse ergeben.

d) Schlußfolgerung

Eine abweichende Beurteilung des § 43 nrw.PolG im Verhältnis zu den übrigen Standardmaßnahmen im engeren Sinne hinsichtlich ihres Ermächtigungsumfanges, wie sie von einem Großteil der Literatur vorgenommen wird, erscheint nach alldem nicht angebracht. Sowohl bei Anwesenheit als auch bei Abwesenheit des Pflichtigen ermächtigt diese Vorschrift nicht nur zur Gewahrsamsbegründung durch die Polizei, sondern auch zur Aufhebung des Gewahrsams beim Berechtigten durch tatsächliches Handeln. Sie berechtigt damit selbst zum unmittelbaren Zugriff auf die Sache[816], und damit zur mit einer Sicherstellung begriffsnotwendig verbundenen Zwangsanwendung. Lediglich bei zu überwindendem Widerstand des Betroffenen ist auf das Vollstreckungsrecht zurückzugreifen.

3. Einzelfälle zur Veranschaulichung

Zur Veranschaulichung des gefundenen Ergebnisses sollen im folgenden einige Einzelfälle skizziert werden:

---

814 Eine Sicherstellung sollte nur bei gegenwärtiger Gefahr oder bereits eingetretener Störung zulässig sein; siehe den Gesetzesentwurf (Landesregierung) zur Änderung des Gesetzes über die Organisation und die Zuständigkeit der Polizei im Lande Nordrhein-Westfalen, LT-Dr. 285, Begründung zu § 16 n, S. 23.

815 Vgl. den Gesetzesentwurf (Landesregierung) zur Änderung des Gesetzes über die Organisation und die Zuständigkeit der Polizei, LT-Dr. 285, Begründung zu § 16 n, S. 23; siehe außerdem LT-Prot., Sechste Wahlperiode, Bd. 1, S. 471 A ff.; LT-Prot., Sechste Wahlperiode, Bd. 3, S. 2287 A ff.; Protokoll über die 20. Sitzung des Ausschusses für Innere Verwaltung, Nr. 348/67, S. 7 f.

816 Im Falle der Anwesenheit ist freilich das Gebot des Erlasses einer vorherigen Verfügung zu beachten, vorausgesetzt, daß die Gefahrensituation dies erlaubt.

Führt eine Person ein gefährliches Tier mit sich, von dem eine gegenwärtige Gefahr ausgeht, so ist die Polizei nach dem Gebot der Verhältnismäßigkeit zunächst gehalten, eine Herausgabeverfügung zu erlassen. Trifft sie dabei auf keine Gegenwehr, so kann sie sich des Tieres ohne weiteres bemächtigen. Leistet die Person hingegen Widerstand, z.B. durch Festhalten des Tieres oder durch sonstige Gegenwehr, so kann die Polizei nunmehr die erlassene, auf § 43 nrw.PolG gestützte Begleitverfügung zwangsweise durchsetzen, vornehmlich durch Anwendung unmittelbaren Zwangs (§ 50 I i.V.m. §§ 55 ff. nrw.PolG).

In anderen Fällen kann eine Verfügung trotz des Verhältnismäßigkeitsgrundsatzes entbehrlich sein, weil der Gefahrenabwehrerfolg ansonsten gefährdet wäre, oder weil eine Verfügung aufgrund der Abwesenheit des Betroffenen nicht möglich ist. Würde etwa in dem oben beschriebenen Fall das gefährliche Tier in einem vielbesuchten Park unangeleint umherlaufen, so könnte die Polizei es unmittelbar einfangen, ohne zuvor eine Verfügung an den, unter Umständen nur wenige Meter entfernten Besitzer zu richten. Genauso verhält es sich, wenn die Polizei einen schlafenden Terroristen entwaffnet. Auch hier kann die Polizei unmittelbar auf § 43 nrw.PolG gestützt handeln, ohne etwa den Terroristen aufwekken und zur Herausgabe der Waffe auffordern zu müssen.

Ebenso kann die Polizei einen verwaisten Koffer, in dem sie eine Bombe vermutet, in Besitz nehmen, ohne daß es eines Rückgriffs auf das Vollstreckungsrecht, insbesondere auf die Regelung des Sofortvollzuges bedarf[817]. In beiden Fällen wird lediglich die begriffsnotwendig in § 43 nrw.PolG enthaltene Gewalt gegen Sachen angewendet.

Anders wiederum verhält es sich, wenn ein Bankräuber zunächst mit Betäubungsmitteln bewußtlos gemacht und dann entwaffnet wird. Diese Zwangsanwendung überschreitet den Ermächtigungsrahmen des § 43 nrw.PolG, so daß nunmehr ein Rückgriff auf das Vollstreckungsrecht erforderlich ist[818].

4. Insbesondere: „Abschleppfälle“

Besondere Aufmerksamkeit sowohl in der Praxis als auch in der Wissenschaft genießen nach wie vor die sogenannten „Abschleppfälle“[819]. Demzufolge unter-

---

817 Die letzten beiden Beispiele übernommen von *F. Rachor*, in: Lisken/Denninger, Hdb. d. PolR, F Rn. 422, wobei er diese Konstellationen allerdings abweichend an der Bestimmung über den Sofortvollzug (§ 50 II nrw.PolG) mißt.

818 In diesem Fall zu Recht auch *F. Rachor*, in: Lisken/Denninger, Hdb. d. PolR, F Rn. 422.

819 Vgl. dazu den Überblick über verschiedene Konstellationen mit entsprechenden Rechtsprechungs- und Literaturhinweisen bei *G. Nagel*, Probleme der polizeilichen Sicherstellung, S. 40 f.; *B. Schieferdecker*, Die Entfernung von Kraftfahrzeugen, S. 90 ff.

liegen sie auch umfangreichen Erörterungen in Rechtsprechung und Literatur, wobei immer wieder versucht wird, eine systematische und einheitliche Erfassung diverser Fallkonstellationen zu erreichen. Im folgenden soll allerdings keine umfassende Analyse der einzelnen in diesem Zusammenhang auftauchenden Fragestellungen vorgenommen werden. Vielmehr soll lediglich ein kurzer Überblick über die Problematik der Abschleppfälle gegeben und die Verbindung, wenn sie denn besteht, zur Frage der Vollzugselemente bei der Vorschrift des § 43 nrw.PolG untersucht werden.

a) Meinungsübersicht zur rechtlichen Qualifikation der „Abschleppfälle"

Einem unbefangenen Betrachter könnte sich eine an sich recht simple Lösung für das Abschleppen von Fahrzeugen anbieten:

Nach § 43 Nr. 1 nrw.PolG kann die Polizei eine Sache sicherstellen, um eine gegenwärtige Gefahr abzuwehren. Da es in diesen Fällen in der Regel um die Abwehr einer solchen Gefahr gehen wird, könnte man die Polizei aufgrund des § 43 Nr. 1 nrw.PolG für befugt halten, das Fahrzeug selbst oder durch einen beauftragten privaten Unternehmer sicherzustellen, d.h. also Gewahrsam an dem Fahrzeug zu begründen und es anschließend in Verwahrung zu nehmen[820]. Dieser Befund wird gestützt durch die VV 43.01 zu § 43 nrw.PolG[821], die folgenden Wortlaut hat:

„Unter § 43 Nr. 1 fällt auch die Sicherstellung von Fahrzeugen. Einzelheiten über die Durchführung ergeben sich aus dem Runderlaß über die Sicherstellung von Fahrzeugen durch die Polizei."

Dennoch bestehen hinsichtlich der rechtlichen Einordnung der Abschleppfälle, insbesondere soweit es um verbotswidrig abgestellte Fahrzeuge geht, zahlreiche kontroverse Aufassungen[822].

Neben der zuvor angesprochenen Meinung[823] wird zum Teil vertreten, daß die Sicherstellungsbefugnis in den Fällen verbotswidrig geparkter Fahrzeuge zwar anwendbar sei, aber nicht zum unmittelbaren Zugriff auf das Fahrzeug berechtige. Hierfür sei vielmehr auf das Vollstreckungsrecht und bei abwesendem

---

820 So die Idee und der Lösungsvorschlag von *J. Schwabe*, NJW 1983, S. 369 (373); in diesem Sinne ferner *P. J. Tettinger*, Bes. VerwR/1, Rn. 412; vgl. auch VG Kassel, NVwZ 1985, S. 212.

821 Abgedruckt z.B. bei *H. Tegtmeyer*, PolG NRW.

822 Vgl. *G. Nagel*, Probleme der polizeilichen Sicherstellung, S. 41; zum Meinungsstand vgl. auch *G. C. Biletzki*, NZV 1996, S. 303 (303 f.); *J.-P. Gaul*, VBl.BW 1996, S. 1 ff.; *R. Jahn*, JuS 1989, S. 969 (969 f.); *B. Janssen*, JA 1996, S. 165 (167 f.); *B. Schieferdecker*, Die Entfernung von Kraftfahrzeugen, S. 90 ff.; *Schmidbauer/ Steiner/Roese*, Bay. PAG, Art. 25 Rn. 46 f.

823 Vgl. Fn. 820.

Fahrzeugbesitzer auf den Sofortvollzug bzw. in Bundesländern mit entsprechender Regelung auf die unmittelbare Ausführung[824] zurückzugreifen[825]. Dabei wird das Abschleppen überwiegend als eine im Wege der Ersatzvornahme durchgeführte Sicherstellung begriffen, wobei die Grundverfügung oder im Falle des Sofortvollzuges (bzw. der unmittelbaren Ausführung) die hypothetische Verfügung auf die Sicherstellungsnorm zu stützen sei[826]. Dieser Standpunkt korrespondiert mit der bereits oben dargestellten Auffassung, die die Sicherstellungsnorm lediglich als Ermächtigung zum Erlaß einer Verfügung, nicht aber zum tatsächlichen Zugriff auf die Sache begreift.

Nach anderer Ansicht wird danach differenziert, ob ein verbotswidrig geparktes Fahrzeug lediglich auf einen freien Stellplatz in der Nähe versetzt oder ob es auf einen speziellen, dafür vorgesehenen Verwahrplatz gebracht wird. Im ersten Fall handele es sich um eine atypische Maßnahme nach der Generalklausel; im zweiten Fall solle hingegen die Sicherstellungsbefugnis eingreifen, allerdings wiederum nicht alleine, sondern in Verbindung mit Vollstreckungsrecht bzw. mit dem Rechtsinstitut der unmittelbaren Ausführung[827]. Ob die Polizei nun ein Fahrzeug lediglich zu versetzen habe oder in Verwahrung nehmen müsse, richte sich dabei nach dem Grundsatz der Verhältnismäßigkeit. Sei der Fahrer des Fahrzeugs abwesend, stelle ein Versetzen des Fahrzeugs in unmittelbare Nähe die am wenigsten beeinträchtigende Maßnahme dar. Wenn ein solcher Parkplatz

---

824 In der Regel handelt es sich um Fälle, bei denen der Fahrzeugbesitzer nicht anwesend ist, so daß überwiegend die Rechtsinstitute Sofortvollzug bzw. unmittelbare Ausführung zum Zuge kommen. In Bundesländern mit nur jeweils einer der beiden Normierungen ist dann auf die jeweils vorhandene abzustellen; in Bundesländern mit beiden Regelungen stellt sich die Frage der Abgrenzung beider Rechtsinstitute; vgl. dazu den Meinungsüberblick bei *K. Habermehl*, POR, Rn. 636; siehe auch schon S. 62 ff.; in Nordrhein-Westfalen nimmt das OVG Münster, DVBl. 1983, S. 1074 eine im Wege des Sofortvollzuges durchgeführte Ersatzvornahme an.

825 OVG Münster, NJW 1982, S. 2277 (2278); *H. Geiger*, BayVBl. 1983, S. 10 (11); *V. Götz*, NVwZ 1998, S. 679 (688); *K. Habermehl*, POR, Rn. 636; *E. Schleberger*, POR, S. 168.

826 Vgl. OVG Münster, NJW 1982, S. 2277 (2278); DVBl. 1983, S. 1074; anders noch OVG Münster, DVBl. 1975, S. 588 (589); offengelassen (Sicherstellungsvorschrift oder Generalklausel) in OVGE 42, S. 109 (110) und NWVBl. 1993, S. 351.

827 VGH München, BayVBl. 1984, S. 559 (560); NVwZ 1988, S. 657 (658); NVwZ 1990, S. 180 (181); *W. Bouska*, DAR 1983, S. 147 (149); *K. Geppert*, DAR 1988, S. 12 (15); *V. Götz*, Allg. POR, Rn. 313, 424; *K. Habermehl*, POR, Rn. 636; *G. Hiltl*, Die Entfernung von Kraftfahrzeugen auf Veranlassung der Polizei nach dem Recht der Gefahrenabwehr in Bayern, S. 55 ff.; *R. Jahn*, JuS 1989, S. 969 (970); *Prümm/Thieß*, Allg. POR, S. 76 f., 81; *J. Vahle*, Die Polizei 1981, S. 101 (102 f.); *Würtenberger/Görs*, JuS 1981, S. 597 (599); zur Frage der Abgrenzung von Sofortvollzug und unmittelbarer Ausführung vgl. *K. Habermehl*, Fn. 824; siehe außerdem bereits S. 62 ff.

nicht auffindbar sei, so sei die Inverwahrungsnahme durch die Polizei oder einen beauftragten Unternehmer das am wenigsten belastende Mittel, da beim Abstellen des Fahrzeugs an einem weit entfernten Stellplatz die Gefahr einer Beschädigung oder einer Wegnahme der Sache möglicherweise in größerem Maße bestehe[828].

Zum Teil wird schließlich in Zusammenhang mit dem Abschleppen verbotswidrig geparkter Fahrzeuge die Heranziehung der Sicherstellungsbefugnis schlechthin verneint. Entscheidendes Merkmal des Sicherstellungsbegriffs sei nämlich, daß der Zweck einer Maßnahme gerade darauf gerichtet sei, amtlichen Gewahrsam bzw. Gewahrsam eines beauftragten Unternehmers zu begründen. Von einer Sicherstellung könne hingegen keine Rede sein, wenn sich die Verwahrung lediglich als mehr oder minder lästige Nebenfolge des eigentlich beabsichtigten Handelns ergebe. Da es bei den hier in Rede stehenden Abschleppfällen vordergründig darum gehe, die Gefahr durch Entfernung des Fahrzeugs und nicht durch die anschließende Inverwahrungnahme zu beseitigen, könne eine Sicherstellung folglich schon begrifflich nicht vorliegen[829]. Das Abschleppen wird von dieser Meinungsgruppe als Zwangsmittel zur Durchsetzung eines (unter bestimmten Umständen auch entbehrlichen) Verwaltungsaktes verstanden[830]. Ein solcher Verwaltungsakt soll beispielsweise einem Halteverbotszeichen innewohnen, und zwar in Form des Gebots, das Fahrzeug unverzüglich wegzufahren[831]. Zum Teil wird im regelwidrigen Parken auch eine Gefahr für die

---

828 So *R. Jahn*, JuS 1989, S. 969 (970); *G. C. Biletzki*, NZV 1996, S. 303 (304).

829 *Grünning/Möller*, VR 1984, S. 156 (159); *B. Janssen*, JA 1996, S. 165 (167); *R. Klenke*, NWVBl. 1994, S. 288; *F.-L. Knemeyer*, POR, Rn. 252 m.w.N. in Fn. 64; *R. Steinhilber*, NJW 1983, S. 2429 (2430); in diesem Zusammenhang fragt *K. Habermehl*, POR, Rn. 636 kritisch, woraus sich dann das in der Praxis häufig geltend gemachte Zurückbehaltungsrecht am Kraftfahrzeug bis zur Begleichung der Kosten ergebe, da dies jedenfalls positiv nur für die Herausgabe sichergestellter Sachen geregelt sei; vgl. etwa § 46 III 4 nrw.PolG; zur Meinungsübersicht bezüglich der Frage, inwieweit die Verwahrung Zweck der Sicherstellung sein muß vgl. bereits Fn. 743 und 744.

830 *R. Steinhilber*, NJW 1983, S. 2429 (2430); vgl. auch BVerwG, NJW 1982, S. 348; VGH Mannheim, NJW 1990, S. 2270 (2271).

831 BVerwG, NJW 1978, S. 656 (657); NJW 1982, S. 348 (für Halteverbot); BVerwG, NVwZ 1988, S. 623 f. (für Parkuhr); VGH Kassel, NVwZ-RR 1999, S. 23 (24) (für Parkscheinautomat); VGH München, NJW 1989, S. 245 (246) (für Behindertenparkplatz); OVG Koblenz, NVwZ 1988, S. 658 (659) (für Fußgängerzone); vgl. zu dieser Thematik aus der Lit. *G. C. Biletzki*, NZV 1996, S. 303 (304 f.); *V. Götz*, NVwZ 1990, S. 725 (732); *R. Jahn*, JuS 1989, S. 969 (970); *B. Janssen*, JA 1996, S. 165 (166); *D. Kottmann*, DÖV 1983, S. 493 (495); kritisch gegenüber dieser „sog. Verkehrszeichen-Rechtsprechung“ *V. Götz*, NVwZ 1998, S. 679 (688) m.w.N; siehe auch *B. Remmert*, NVwZ 2000, S. 642 (644).

öffentliche Sicherheit gesehen, die ein Einschreiten aufgrund der Generalklausel rechtfertige[832].

b) Rechtliche Qualifikation der „Abschleppfälle" nach der hier zugrundeliegenden Konzeption

Wie sich nun die hier vertretene Konzeption hinsichtlich der Vollzugselemente bei § 43 nrw.PolG[833] auf die Problematik der Abschleppfälle übertragen läßt, hängt zunächst davon ab, inwieweit man die Sicherstellungsnorm in diesem Zusammenhang für anwendbar hält.

Stellt man sich auf den Standpunkt, daß eine Sicherstellung bei den beschriebenen Abschleppfällen schon begrifflich nicht gegeben ist, da die Inverwahrungnahme vorschriftswidrig abgestellter Fahrzeuge nicht der Zweck der Abschleppmaßnahme ist, stellt sich freilich die Frage nicht mehr, ob § 43 nrw.PolG neben dem Erlaß einer Herausgabeverfügung auch den tatsächlichen Zugriff der Polizei auf das abzuschleppende Fahrzeug erlaubt.

Anders verhält es sich allerdings, wenn man die Sicherstellungsbefugnis, wie etwa auch das *OVG Münster*[834], in den Abschleppfällen anwendet. Dann gilt es wiederum, den Ermächtigungsumfang des § 43 nrw. PolG festzulegen. Nach der hier vertretenen Wortlautinterpretation bedeutet das, daß § 43 nrw.PolG die Polizei nicht nur zum Erlaß einer an den Fahrzeugführer bzw. -halter gerichteten Herausgabeverfügung, sondern zur Inbesitznahme des Fahrzeuges selbst ermächtigt.

Für den in der Praxis wichtigsten Fall eines abwesenden (Zustands-) Störers ergibt sich daraus die Schlußfolgerung, daß nicht auf den Sofortvollzug nach § 50 II nrw.PolG zurückzugreifen ist, sondern daß auch hier § 43 nrw.PolG als Ermächtigungsgrundlage ausreicht[835].

Abschließend sei noch bemerkt, daß sich diese Frage in der Praxis deswegen nicht entscheidend auswirkt, und wohl auch aus diesem Grund in den Urteilsbegründungen keine besondere Beachtung erfährt, weil die Kostenerstattung unabhängig von der Klärung dieses Problems gewährleistet ist. Begreift man den Abschleppvorgang als Sicherstellung, so greift § 46 III nrw.PolG zugunsten der Polizei ein; geht man hingegen von einer Ersatzvornahme aus, sei es im gestreckten Verfahren, sei es im Wege des Sofortvollzugs, so finden die §§ 52 I 2 nrw.PolG, 77 I 1 nrw.VwVG, 11 II Nr. 7 nrw.KostO Anwendung.

---

832 OVG Münster, DVBl. 1975, S. 588 (589).

833 Vgl. oben S. 190 ff.

834 Siehe Fn. 825 f.

835 So zu Recht auch *J. Schwabe*, NJW 1983, S. 369 (373).

H. Standardmaßnahmen im engeren Sinne in den Polizeigesetzen anderer Bundesländer

Die soeben anhand der Vorschriften des nrw.PolG dargestellten Standardmaßnahmen im engeren Sinne existieren auch in den Polizeigesetzen der anderen Bundesländer[836].

Dabei sind, bedingt durch die Vorgaben des ME PolG, überwiegend vergleichbare Regelungsstrukturen vorhanden; daneben gibt es jedoch einige erörterungsbedürftige Abweichungen auf Tatbestands- und vor allem auf Rechtsfolgenebene.

I. Vergleichende Betrachtung der Tatbestandsvoraussetzungen (Überblick)

Hinsichtlich der Tatbestands- bzw. Zulässigkeitsvoraussetzungen gibt es zahlreiche, oft allerdings nur subtile Unterschiede zwischen den in den einzelnen Ländern geregelten Standardermächtigungen[837].

So werden in einigen Ländern Zulässigkeitsvoraussetzungen umschrieben, die man in den übrigen Polizeigesetzen ganz vermißt.

Beispiele, in denen manche Bundesländer zusätzliche Tatbestände normieren, lassen sich dabei zu jeder Standardbefugnis im engeren Sinne präsentieren[838].

In diesem Zusammenhang ist einmal mehr auf die Sicherstellungsnorm einzugehen.

Während die drei in § 43 Nr. 1 bis 3 nrw.PolG niedergelegten Tatbestände auch in allen Sicherstellungsvorschriften der anderen Polizeigesetze[839] aufgegriffen werden, enthalten die §§ 29 Nr. 4 brand. PolG, 40 Nr. 4 hess.SOG und 45 Nr. 4 s.anh.SOG darüber hinaus die Befugnis zur Sicherstellung von Gegenständen, „wenn tatsächliche Anhaltspunkte die Annahme rechtfertigen, daß sie zur Begehung einer Straftat oder Ordnungswidrigkeit gebraucht oder verwertet werden“

---

836 Vgl. Fn. 427, 487, 520, 589, 636, 670, 733.

837 Zur Gegenüberstellung der Standardbefugnisse in den neuen Bundesländern etwa siehe *S. Esser*, Das PolR in den neuen Bundesländern, S. 60 ff.

838 Vgl. dazu die ausführliche Darstellung der Zulässigkeitsvoraussetzungen der Standardmaßnahmen in den Polizeigesetzen der einzelnen Bundesländer bei *F. Rachor*, in: Lisken/Denninger, Hdb. d. PolR, F Rn. 199 ff. (Identitätsfeststellung), Rn. 236 ff. (erkennungsdienstliche Maßnahmen), Rn. 282 ff. (Ingewahrsamnahme), Rn. 349 ff. (Durchsuchung von Personen), Rn. 364 ff. (Durchsuchung von Sachen), Rn. 400 ff. (Betreten und Durchsuchen von Wohnungen), Rn. 423 ff. (Sicherstellung).

839 Vgl. Fn. 733.

sollen, wodurch einmal mehr die bedenkliche Tendenz zur Vorverlegung der Gefahrenschwelle zum Ausdruck kommt[840].

Aber auch bei der Formulierung vergleichbarer Tatbestände ergeben sich in den unterschiedlichen Gesetzen häufig Abweichungen.

So ist etwa in allen Bundesländern die Identitätsfeststellung an sogenannten gefährlichen Orten geregelt[841]. Divergenzen zwischen den einzelnen Vorschriften treten allerdings hinsichtlich der konkreten Bestimmung dieser Orte auf. Während die Identitätsfeststellung an Orten, an denen Personen Straftaten verabreden, vorbereiten oder verüben bzw. an denen sich Straftäter verbergen, überall normiert ist[842], ist diese Maßnahme an Orten, an denen sich Personen ohne die erforderliche Aufenthaltserlaubnis treffen[843] oder an Orten, an denen Personen der Prostitution nachgehen[844], nur partiell zulässig.

Durch § 181 I Nr. 1 s.h.LVwG wird die Identitätsfeststellung an gefährlichen Orten zusätzlich dadurch eingeschränkt, daß zum Zeitpunkt der Maßnahme Tatsachen dafür sprechen müssen, daß Straftäter bzw. potentielle Straftäter sich dort aufhalten. Nach den Vorschriften der anderen Bundesländer reicht es hingegen aus, wenn allgemein „Tatsachen die Annahme rechtfertigen"[845], wodurch die Ereignisunabhängigkeit des polizeilichen Einschreitens gekennzeichnet wird[846].

840 Siehe dazu *F. Rachor*, in: Lisken/Denninger, Hdb. d. PolR, F Rn. 439 f.

841 Vgl. § 26 I Nr. 2 bw.PolG; Art. 13 I Nr. 2 bay.PAG; § 21 II Nr. 1 berl.ASOG; § 12 I Nr. 2 brand.PolG; § 11 I Nr. 2 brem.PolG; § 4 I Nr. 2 hamb.DVPolG; § 18 II Nr. 1 hess.SOG; § 29 I Nr. 1 mv.SOG; § 13 I Nr. 2 nds.GefAG; § 12 I Nr. 2 nrw.PolG; § 10 I Nr. 1 rp.POG; § 9 I Nr. 2 saarl.PolG; § 19 I Nr. 2 sächs.PolG; § 20 II Nr. 1 s.anh.SOG; § 181 I Nr. 1 sh.LVwG; § 14 I Nr. 2 thür.PAG.

842 § 26 I Nr. 2, 1. u. 2. Alt. bw.PolG; Art. 13 I Nr. 2 a), aa), cc) bay.PAG; § 21 II Nr. 1 a), aa), cc) berl.ASOG; § 12 I Nr. 2 a), c) brand.PolG; § 11 I Nr. 2 a), b) brem.PolG; § 4 I Nr. 2 a), c) hamb. DVPolG; § 18 II Nr. 1 a), b) hess.SOG; § 29 I Nr. 1 a), aa), bb) mv.SOG; § 13 I Nr. 2 a), c) nds.GefAG; § 10 I Nr. 1 a), aa), cc) rp.POG; § 9 I Nr. 2 a), b) saarl.PolG; § 19 I Nr. 2, 1. und 2. Alt. sächs.PolG; § 20 II Nr. 1 a), b), s.anh.SOG; § 181 I Nr. 1 a), b), sh.LVwG; § 14 I Nr. 2 a), aa), cc) thür.PAG.

843 Von der Mehrheit der Polizeigesetze in Anlehnung an § 9 I Nr. 2 a), bb) ME PolG geregelt; vgl. § 26 I Nr. 2, 3. Alt. bw.PolG; Art. 13 I Nr. 2 a), bb) bay.PAG; § 21 II Nr. 1 a), bb) berl.ASOG; § 12 I Nr. 2 b) brand.PolG; § 4 I Nr. 2 b) hamb.DVPolG; § 29 I Nr. 1 a), cc) mv.SOG: § 13 I Nr. 2 b) nds.GefAG; § 12 I Nr. 2 b) nrw.PolG; § 10 I Nr. 1 a), bb) rp.POG; § 19 I Nr. 2, 3. Alt. sächs.PolG; § 14 I Nr. 2 a), bb) thür.PAG.

844 Nur von einer Minderheit der Bundesländer in Anlehnung an § 9 I Nr. 2 b) ME PolG normiert; vgl. § 26 I Nr. 2, 4. Alt. bw.PolG; Art. 13 I Nr. 2 b) bay.PAG; § 21 II Nr. 1 b) berl.ASOG; § 29 I Nr. 1 b) mv.SOG; § 10 I Nr. 1 b) rp.POG; § 19 I Nr. 2, 4. Alt. sächs. PolG; § 14 I Nr. 2 b) thür.PAG.

845 So wörtlich § 12 I Nr. 2 nrw.PolG; Formulierungen mit gleichem oder vergleichbarem Inhalt in: § 26 I Nr. 2 bw.PolG; Art. 13 I Nr. 1 a) bay.PAG; § 21 II Nr. 1 a) berl.ASOG; § 12 I Nr. 2 brand.PolG; § 11 I Nr. 2 brem.PolG; § 4 I Nr. 2

Den divergierenden Formulierungen und Fassungen hinsichtlich der Identitätsfeststellung an gefährlichen Orten kommt dabei wiederum nur beispielhafter Charakter für zahlreiche Unterschiede zwischen den Standardermächtigungen in den einzelnen Polizeigesetzen zu.

II. Vollzugselemente bei den Standardmaßnahmen in anderen Polizeigesetzen

Was nun die Vollzugselemente und deren Umfang bei den Standardbefugnissen im engeren Sinne in den Polizeigesetzen der anderen Länder betrifft, so läßt sich an das zu den entsprechenden Vorschriften des nrw.PolG Gesagte anknüpfen.

Auch in den anderen Bundesländern ermächtigen diese Normen vom Wortlaut her zu tatsächlichen Handlungen, etwa zum Durchsuchen von Personen und Sachen, zum Betreten und Durchsuchen von Wohnungen, zur Ingewahrsamnahme etc. und nicht lediglich zum Erlaß von Verfügungen. Dennoch gibt es einige erwähnenswerte Abweichungen.

Zum einen geht es dabei wiederum um die, anhand des § 43 nrw. PolG schon ausführlich diskutierte, Sicherstellungsvorschrift.

In den Bundesländern Baden-Württemberg und Sachsen wird in diesem Zusammenhang neben dem Begriff der Sicherstellung der auch aus der StPO bekannte Terminus der Beschlagnahme verwendet[847], während in den anderen Polizeigesetzen ausschließlich von Sicherstellung die Rede ist. Durch diese Unterscheidung soll allerdings lediglich zum Ausdruck gebracht werden, daß mit der Sicherstellung gemäß § 32 bw.PolG bzw. § 26 sächs.PolG nur der Schutz privater Belange bezweckt wird, während die Beschlagnahme nach § 33 bw.PolG bzw. § 27 sächs.PolG zur Abwehr solcher Gefahren dient, die das öffentliche Interesse tangieren[848]. Aus diesen Vorschriften ergibt sich dagegen nicht, daß etwa zwischen Sicherstellungsanordnung oder Herausgabeverfügung einerseits und deren faktischen Durchsetzung andererseits differenziert werden soll. Sowohl Sicherstellung als auch Beschlagnahme sind vielmehr als Begriffe zu verstehen, die

---

hamb.DVPolG; § 18 II Nr. 1 hess.SOG; § 29 I Nr. 1 a) mv.SOG; § 13 I Nr. 2 nds.GefAG; § 10 I Nr. 1 a) rp.POG; § 9 I Nr. 2 saarl. PolG; § 19 I Nr. 2 sächs.PolG; § 20 II Nr. 1 s.anh.SOG; § 14 I Nr. 2 a thür.PAG.

846 *F. Rachor*, in: Lisken/Denninger, Hdb. d. PolR, F Rn. 210.

847 Vgl. §§ 32 f. bw.PolG; §§ 26 f. sächs.PolG; siehe dazu außerdem schon oben S. 178 f.

848 Vgl. *A. Dittmann*, PolR, in: Maurer/Hendler, Bw. StVwR, S. 303; *Kohl/Schenk*, PolR, in: R. Stober, Hdb. d. sächs. StVwR, Rn. 90 ff.; *Reiff/Wöhrle*, PolG für BW., § 26 Rn. 1; *U. Stephan*, PolR, in: O. Bretzinger, StVwR für BW., Rn. 95 ff.; die übrigen Bundesländer fassen dagegen alle Tatbestände in der Sicherstellungsvorschrift zusammen.

der Polizei bei Vorliegen der jeweiligen Voraussetzungen den unmittelbaren Zugriff auf die Sache eröffnen.

Für die Frage nach immanenten Vollzugselementen ergeben sich damit keine Unterschiede gegenüber den Normen, die nur die Sicherstellung regeln.

Der Befund, daß der Sicherstellungsvorschrift Vollzugselemente immanent sind, wird in einigen Bundesländern durch damit zusammenhängende Verfahrensvorschriften zusätzlich gestützt. So regeln die §§ 62 I mv.SOG und 211 I sh.LVwG, daß die Polizei eine herauszugebende Sache dem Betroffenen wegnehmen kann. Hierdurch wird klar festgelegt, daß die Sicherstellung nicht nur zum Erlaß einer Herausgabeverfügung, sondern unmittelbar zum tatsächlichen Akt der Wegnahme ermächtigt. Deutlicher läßt sich der Ermächtigungsumfang durch das Gesetz kaum bezeichnen.

Bei anderen Standardermächtigungen gehen die eingeräumten Befugnisse über den durch die entsprechende Vorschrift des nrw.PolG festgesetzten Ermächtigungsrahmen sogar noch hinaus. Während § 39 nrw.PolG lediglich zur Durchsuchung von Personen ermächtigt, regeln die §§ 38 V 1 hess.SOG und 41 V 1 s.anh.SOG im Wortlaut übereinstimmend:

„Bei Gefahr für Leib, Leben oder Freiheit einer Person kann diese körperlich untersucht werden."

Auch hierdurch wird die Polizei zur körperlichen Untersuchung[849] durch tatsächliches Eigenhandeln berechtigt, ohne daß es eines Rückgriffs auf die vollstreckungsrechtlichen Regeln der §§ 47 ff. hess.SOG bzw. 53 ff. s.anh.SOG bedarf. Nur im Falle aktiven Widerstandes des Betroffenen kommen diese Normen zur Durchsetzung von Begleitverfügungen zur Anwendung. Bei einem Bewußtlosen bedürfte es daher keines Umwegs über § 47 II hess.SOG bzw. § 53 II s.anh.SOG, um die körperliche Untersuchung vorzunehmen.

In ähnlicher Weise erweitern die Polizeigesetze einiger Länder die Befugnisse der Polizei gegenüber dem nrw.PolG, wenn z.B. das Absperren des Kontrollortes bei der Identitätsfeststellung[850] oder das Verbringen zur Wache zum Zwecke der Identitätsfeststellung[851] ausdrücklich zugelassen wird. Es handelt sich in diesen Fällen ebenfalls um Ermächtigungen zum realen Handeln[852].

Ebenfalls auf Tathandlungen gerichtet ist die zum Teil explizit vorgesehene Ermächtigung zur Anfertigung von Tonaufzeichnungen im Rahmen erkennungs-

---

849 Zum Begriff vgl. S. 154 f.

850 Vgl. § 11 II Nr. 2 brem.PolG; § 18 III 2, 2. Alt. hess.SOG; § 20 III 2, 2. Alt. s.anh.SOG.

851 § 20 IV s.anh.SOG.

852 *Kilian/Meinel*, JuS 1997, S. 440 (442) gehen jedoch davon aus, daß in der tatsächlichen Mitnahme zur Wache eine entsprechende Duldungsanordnung enthalten sei.

dienstlicher Maßnahmen[853]. Allerdings ist diese Maßnahme auch ohne ausdrückliche Erwähnung auf der Grundlage des § 14 IV nrw.PolG[854] denkbar[855], zumindest, wenn man darin keinen wesentlich intensiveren Eingriff gegenüber den ausdrücklich genannten Maßnahmen sieht.

III. Zusammenfassung

Die Standardermächtigungen im engeren Sinne in den Polizeigesetzen der anderen Bundesländer zeichnen sich insgesamt auf Tatbestandsseite dadurch aus, daß sie ein Handeln der Polizei nicht durchweg an einheitliche Eingriffsvoraussetzungen knüpfen, sondern neben vielen Gemeinsamkeiten auch zahlreiche Unterschiede hinsichtlich der geregelten Tatbestandsvoraussetzungen aufweisen.

Im Hinblick auf die Rechtsfolgenseite dieser Normen, also bezüglich der Bestimmung des Ermächtigungsumfangs, ergeben sich hingegen kaum Besonderheiten gegenüber den entsprechenden Vorschriften im nrw.PolG. Insoweit läßt sich also auf die zuvor gewonnenen abstrakten Erkenntnisse zu den Standardmaßnahmen im engeren Sinne[856] bzw. hinsichtlich des Umfangs der Vollzugselemente auf die im Rahmen der Einzelanalyse der Standardmaßnahmen im nrw.PolG gefundenen Ergebnisse[857] verweisen.

Wenn also in anderen Landespolizeigesetzen vom Anhalten und Festhalten in Zusammenhang mit einer Identitätsfeststellung die Rede ist, wenn erkennungsdienstliche Maßnahmen, die Maßnahmen des Durchsuchens von Sachen und Personen bzw. das Betreten und Durchsuchen von Wohnungen, die Ingewahrsamnahme und die Sicherstellung von Sachen normiert sind, so beinhalten diese Begriffe Ermächtigungen zu den damit konkret umschriebenen Handlungsweisen, gegebenenfalls in Verbindung mit dem damit jeweils konkret zusammenhängenden Zwang. Es gelten also auch hinsichtlich der Reichweite der Vollzugselemente keinerlei Besonderheiten im Vergleich zu den im nrw.PolG niedergelegten Standardermächtigungen im engeren Sinne.

---

853 Vgl. § 31 II Nr. 5 mv.SOG; § 183 II Nr. 5 sh.LVwG.

854 Vgl. auch § 10 III ME PolG; § 36 II bw.PolG; Art. 14 III bay.PAG; § 23 III berl.ASOG; § 13 I brand.PolG; § 31 I brem.PolG; § 31 II mv.SOG; § 15 III nds.GefAG; § 11 III rp.POG; § 10 III saarl.PolG; § 20 II sächs.PolG; § 16 III thür.PAG.

855 Dies ergibt sich daraus, daß der Katalog der genannten Vorschriften aufgrund der Formulierung „und andere vergleichbare Maßnahmen" in § 15 III nds.GefAG bzw. aufgrund des Begriffes „insbesondere" in den übrigen Vorschriften nicht enumerativ zu verstehen ist; vgl. dazu bereits S. 140.

856 Siehe oben S. 116 ff.

857 Siehe oben S. 125 ff.

Soweit die Befugnisse gegenüber den nordrhein-westfälischen Vorschriften erweitert werden, also z.B. ein Recht zur körperlichen Untersuchung eingeräumt wird[858], ist anhand einer am Wortlaut orientierten Auslegung zu ermitteln, inwieweit die Polizei hierdurch zur Vornahme tatsächlicher Handlungen und gegebenenfalls zum Zwangsmitteleinsatz ermächtigt wird, inwieweit es sich also um Standardermächtigungen im engeren Sinne handelt.

858 Siehe hierzu und zu weiteren Beispielen oben S. 203 f.

4. Teil: Spezialgesetzlich normierte Standardbefugnisse

Die Bekämpfung von Gefahren hat, aufgrund der seit den letzten Jahrzehnten zunehmenden Komplexität in verschiedenen Gefahrenbereichen, eine immer größere Ausdifferenzierung hinsichtlich spezifischer Bekämpfungsmethoden erfahren, die mit einer zunehmenden Spezialisierung der Gefahrenabwehrbehörden korrespondiert[859].

Aus diesem Umstand ergibt sich, daß sogenannte Standardmaßnahmen bzw. Vorschriften, die mit den polizeigesetzlich normierten Standardmaßnahmen vergleichbar sind, nicht nur in den allgemeinen Polizeigesetzen der einzelnen Bundesländer, sondern auch in zahlreichen anderen Bundes- und Landesgesetzen niedergelegt sind. Vergleichbar mit den Standardmaßnahmen des nrw.PolG sind viele spezialgesetzliche Ermächtigungen deswegen, weil sie in ähnlicher Weise einen starken Grundrechtsbezug aufweisen und häufig eine Konkretisierung der jeweiligen Schrankenvorbehalte darstellen[860].

Auch bei diesen Befugnisnormen stellt sich freilich die Frage nach ihrer Regelungsstruktur und ihrem Ermächtigungsumfang.

Da es unmöglich ist, eine umfassende und abschließende Analyse aller in Betracht kommenden Normen vorzunehmen, kann im folgenden nur die Darstellung einiger Beispiele und allgemeiner Grundsätze[861] erfolgen. Dabei soll sich die Untersuchung auf das sogenannte Sonderordnungsrecht, d.h. auf Gesetze, die primär der Bekämpfung spezifischer Gefahren dienen[862], beschränken, obwohl Befugnisse, die mit den Standardermächtigungen des nrw.PolG vergleichbar sind, nicht nur dort, sondern auch in anderen Gesetzen[863] zu finden sind.

Der entscheidende Aspekt wird dabei sein, ob sich die zu den Standardermächtigungen des nrw.PolG erarbeiteten Ergebnisse auf Eingriffsbefugnisse in Spezialgesetzen übertragen lassen.

---

859 So *E. Denninger*, in: Lisken/Denninger, Hdb. d. PolR, E Rn. 178.

860 Vgl. dazu mit näheren Ausführungen *F. Schoch*, JuS 1994, S. 479 (482).

861 In dieser Hinsicht gilt es vor allem, das Verhältnis der speziellen Standardmaßnahmen zu denen des nrw.PolG zu klären.

862 Zum Begriff des Sonderordnungsrechts siehe noch S. 208.

863 Siehe vor allem §§ 81 a ff., 94 ff., 112 ff., 164 StPO; siehe aber auch §§ 63, 64, 66 StGB, obwohl diese Vorschriften dem Bereich der Gefahrenabwehr zuzuordnen sind, ist die im StGB geregelte Materie Bestandteil der repressiven polizeilichen Tätigkeit.

A. Spezielle landes- und bundesrechtliche Gesetze zum Bereich der Gefahrenabwehr

Das Recht der Gefahrenabwehr nimmt einen breiten Raum im Regelungsgeflecht öffentlich-rechtlicher Vorschriften ein. In zahlreichen Gesetzen auf Bundes- und Landesebene ist diese Materie normiert[864], so daß ein zusammenhängender, systematischer Überblick über diesen Bereich des öffentlichen Rechts schwer zu erhalten ist[865]. Dies liegt vor allem daran, daß das GG in den Art. 73 bis 75 keine umfassende und generelle Gesetzgebungsbefugnis für die Sachmaterie „öffentliche Sicherheit und Ordnung" bzw. „allgemeine Gefahrenabwehr" statuiert. Dementsprechend fehlt dem Bund die Kompetenz zur Schaffung eines einheitlichen Polizei- und Ordnungsrechts. Andererseits liegt die Gesetzgebungszuständigkeit für diesen Bereich nicht ausschließlich bei den Ländern, da bestimmte Gefahrenabwehraufgaben unter einzelne, dem Bund zugewiesene Kompetenztitel fallen[866].

Gesetze, sowohl auf Bundes- als auch auf Landesebene, die nicht auf Gefahrenabwehr allgemein gerichtet sind, sondern einen bestimmten Sachbereich aufgreifen und dabei, quasi als Annex, durch besondere Vorschriften die Bekämpfung von spezifischen Gefahren in diesem Bereich reglementieren, werden gemeinhin als sogenanntes Sonderordnungsrecht bezeichnet. Die ausführenden Behörden werden dementsprechend Sonderordnungsbehörden genannt[867].

I. Gefahrenabwehrrecht auf Bundesebene

Auf der Grundlage der in den Art. 73 bis 75 GG geregelten einzelnen Kompetenztitel hat der Bund eine Reihe von speziellen Gesetzen erlassen, die sich mit dem Bereich der Gefahrenabwehr befassen[868].

Aufgrund der ausschließlichen Gesetzgebungskompetenz des Bundes gemäß Art. 73 sind z.B. das Paßgesetz (PaßG)[869], das Bundesgrenzschutzgesetz

864 Vgl. *F. Schoch*, JuS 1994, S. 479 (482).

865 Grober Überblick über spezielle Gesetze zum Bereich der Gefahrenabwehr aber bei *Drews/Wacke/Vogel/Martens*, Gefahrenabwehr, S. 156 ff.; *T. Würtenberger*, POR in: Achterberg/Püttner, Bes. VerwR; Bd. II, Rn. 100 ff.

866 *F. Schoch*, JuS 1994, S. 391 (394); vgl. dort auch den Überblick in Schaubild 1.

867 Vgl. dazu *F. Rachor*, in: Lisken/Denninger, Hdb. d. PolR, C Rn. 2; vgl. außerdem § 12 I nrw.OBG, § 35 I nrw.AbfG v. 21.6.1988 (GV.NRW S. 250/SGV.NRW 74), zul. geänd. d. Ges. v. 9.5.2000 (GV.NRW S. 439).

868 Vgl. dazu Schaubild 1 bei *F. Schoch*, JuS 1994, S. 391 (394).

869 Vgl. Art. 73 Nr. 3 GG; PaßG v. 19.4.1986 (BGBl. I S. 537), zul. geänd. d. Ges. v. 1.5.2000 (BGBl. I S. 626).

(BGSG)[870], das Luftverkehrsgesetz (LuftVG)[871], das Bundeskriminalamtgesetz (BKAG)[872] und das Verfassungsschutzgesetz (VerfSchG)[873] erlassen worden.

Bundessonderordnungsrecht im Bereich der konkurrierenden Gesetzgebung nach Art. 74 I GG befindet sich u.a. im Versammlungsgesetz (VersG)[874], im Vereinsgesetz (VereinsG)[875], im Ausländergesetz (AuslG)[876], in der Gewerbeordnung (GewO)[877], im Gaststättengesetz (GastG) [878], im Atomgesetz (AtG)[879], im Lebensmittel- und Bedarfsgegenständegesetz (LMBG)[880], im Straßenverkehrsgesetz (StVG)[881], dort vor allem in der auf der Grundlage des § 6 I StVG erlassenen Straßenverkehrsordnung (StVO)[882], im Kreislaufwirtschafts- und Abfallgesetz (KrW-/AbfG)[883] und im Bundesimmissionsschutzgesetz (BImSchG)[884].

Aus dem Bereich der Rahmengesetzgebung nach Art. 75 I GG sind etwa zu nennen das Wasserhaushaltsgesetz (WHG)[885] und das Melderechtsrahmengesetz (MRRG)[886].

---

870 Vgl. Art. 73 Nr. 5 GG; zur Aufgabenerweiterung des Bundesgrenzschutzes durch Gesetz vom 1.4.1992 (BGBl. I, 178) siehe *H.-J. Papier*, DVBl. 1992, S. 1 ff; *W. Schreiber*, DVBl. 1992, S. 589 ff.

871 Vgl. Art. 73 Nr. 6 GG; LuftVG i.d.F. d. Bek. v. 27.3.1999 (BGBl. I S. 550).

872 Vgl. Art. 73 Nr. 10 GG.

873 Vgl. Art. 73 Nr. 10 GG; BVerfSchG v. 20.12.1990 (BGBl. I S. 2954), zul. geänd. d. Ges. v. 2.8.2000 (BGBl. I S. 1253); zur Neufassung des BVerfSchG vgl. *C. Gusy*, DVBl. 1991, S. 1288 ff.; siehe außerdem die Übersicht zum novellierten Geheimdienstrecht des Bundes bei *H. Bäumler*, NVwZ 1991, S. 643 ff.

874 Vgl. Art. 74 I Nr. 3 GG.

875 Vgl. Art. 74 I Nr. 3 GG; VereinsG v. 5.8.1964 (BGBl. I S. 593), zul. geänd. d. Ges. v. 3.5.2000 (BGBl. I S. 632).

876 Vgl. Art. 74 I Nr. 4 GG; AuslG v. 9.7.1990 (BGBl. I S. 1354), zul. geänd. d. Ges. v. 2.8.2000 (BGBl. I S. 1253).

877 Vgl. Art. 74 I Nr. 11 GG; GewO i.d.F. d. Bek. v. 22.2.1999 (BGBl. I S. 202), zul. geänd. d. Ges. v. 21.12.2000 (BGBl. I S. 1983).

878 Vgl. Art. 74 I Nr. 11 GG; GastG i.d.F. d. Bek. v. 20.11.1998 (BGBl. I S. 3418).

879 Vgl. Art. 74 I Nr. 11 a GG; AtG i.d.F. d. Bek. v. 15.7.1985 (BGBl. I S. 1565), zul. geänd. d. Ges. v. 21.12.2000 (BGBl. I S. 1956).

880 Vgl. Art. 74 I Nr. 20 GG; LMBG i.d.F. d. Bek. v. 9.9.1997 (BGBl. I S. 2296), zul. geänd. d. Ges. v. 20.7.2000 (BGBl. I S. 1045).

881 Vgl. Art. 74 I Nr. 22 GG; StVG v. 19.12.1952 (BGBl. I S. 837), zul. geänd. d. Ges. v. 28.4.1998 (BGBl. I S. 810).

882 StVO v. 16.11.1970 (BGBl. I S. 1565, ber. 1971 S. 38), zul. geänd. d. VO v. 11.12.2000 (BGBl. I S. 1690).

883 Vgl. Art. 74 I Nr. 24; KrW-/AbfG v. 27.9.1994 (BGBl. I S. 2705), zul. geänd. d. Ges. v. 3.5.2000 (BGBl. I S. 632).

884 Vgl. Art. 74 I Nr. 24 GG; BImmSchG i.d.F. d. Bek. v. 14.5.1990 (BGBl. I S. 880), zul. geänd. d. Ges. v. 3.5.2000 (BGBl. I S. 632).

885 Vgl. Art. 75 I Nr. 4 GG; WHG i.d.F. d. Bek. v. 12.11.1996 (BGBl. I S. 1695), zul. geänd. d. Ges. v. 3.5.2000 (BGBl. I S. 632).

II. Gefahrenabwehrrecht auf Landesebene

Fehlt es an einer Gesetzgebungskompetenz des Bundes, so sind die Länder für den Bereich der Gefahrenabwehr zuständig.

Die einzelnen Bundesländer haben dabei die Materie nicht nur in den allgemeinen Polizeigesetzen[887] geregelt, sondern auf einigen speziellen Sachgebieten auch besonderes Gefahrenabwehrrecht normiert.

In Nordrhein-Westfalen sind dabei u.a. zu erwähnen die Landesbauordnung (nrw.BauO)[888], das Landeswassergesetz (nrw.WassG)[889], das Landesimmissionsschutzgesetz (nrw.ImmSchG)[890], das Landesabfallgesetz (nrw.AbfG)[891], das Feiertagsgesetz (nrw.FeiertG)[892] und das Meldegesetz (nrw.MeldG)[893]. Vergleichbare Spezialgesetze weisen auch die übrigen Bundesländer auf.

B. Standardmaßnahmen in Sonderordnungsgesetzen des Bundes und des Landes Nordrhein-Westfalen

I. Überblick über vorhandene Normierungen[894]

Die einzelnen Sonderordnungsgesetze auf Bundes- und auf Landesebene enthalten einerseits eine Fülle von Standardmaßnahmen, die denen des nrw.PolG entsprechen oder zumindest einen vergleichbaren Regelungsgehalt aufweisen.

---

886 Vgl. Art. 75 I Nr. 5 GG; MRRG i.d.F. d. Bek. v. 24.6.1994 (BGBl. I S. 1430), zul. geänd. d. Ges. v. 28.8.2000 (BGBl. I S. 1302).

887 In einigen Ländern, wie Brandenburg, Nordrhein-Westfalen und Thüringen, existieren jeweils zwei allgemeine Gesetze zum Gefahrenabwehrrecht, nämlich zum einen für die Polizei, zum anderen für die Ordnungsbehörden: brand.PolG bzw. brand.OBG i.d.F. d. Bek. v. 21.8.1996 (GVBl. I S. 266); nrw.PolG bzw. nrw.OBG; thür.PAG bzw. thür.OBG v. 18.6.1993 (GVBl. S. 323); zum sog. „Trennungssystem" vgl. *E. Denninger*, in: Lisken/Denninger, Hdb. d. PolR, E Rn. 177 b ff.

888 Nrw.BauO i.d.F. d. Bek. v. 1.3.2000 (GV.NRW S. 255/SGV.NRW 232), zul. geänd. d. Ges. v. 9.5.2000 (GV.NRW S. 439).

889 Nrw.WassG i.d.F. d. Bek. v. 25.6.1995 (GV.NRW S. 926/SGV.NRW 77), zul. geänd. d. Ges. v. 9.5.2000 (GV.NRW S. 439).

890 Nrw.ImmSchG v. 18.3.1975 (GV.NRW S. 232/SGV.NRW 7129), zul. geänd. d. Ges. v. 15.12.1993 (GV.NRW S. 987).

891 Siehe Fn. 867.

892 Nrw.FeiertG i.d.F. d. Bek. v. 23.4.1989 (GV.NRW S. 222/SGV.NRW 113), zul. geänd. d. Ges. v. 20.12.1994 (GV.NRW S. 1114).

893 Nrw.MeldG i.d.F. d. Bek. v. 16.9.1997 (GV.NRW S. 332/SGV.NRW 210, ber. GV.NRW 1997 S. 386).

894 Vgl. *K. Habermehl*, POR, Rn. 335; *A. Voßkuhle*, DVBl. 1994, S. 611.

Das BGSG etwa, ein Sonderordnungsgesetz des Bundes, enthält wie das nrw.PolG einen ganzen Katalog von Standardermächtigungen, die dem des nrw.PolG stark ähneln. So weist das BGSG wie das nrw.PolG Regelungen zur Datenerhebung[895], zur Datenverarbeitung und Datennutzung[896] auf und normiert vor allem auch die „klassischen" Standardmaßnahmen, wie Identitätsfeststellung[897], erkennungsdienstliche Behandlung[898], Vorladung[899], Platzverweisung[900], Gewahrsam[901], Durchsuchung von Personen und Sachen[902], Betreten und Durchsuchen von Wohnungen[903] und nicht zuletzt die Sicherstellung[904]. Aufgrund des Verweises in § 9 III 1 BKAG stehen diese Befugnisse auch dem Bundeskriminalamt zur Verfügung.

Daneben existieren diverse Gesetze, die zwar nicht über einen solch umfangreichen Katalog verfügen, die jedoch einzelne mit denen des nrw.PolG vergleichbare Standardbefugnisse aufweisen.

Hervorzuheben sind in diesem Zusammenhang die dort niedergelegten behördlichen Betretungs- und Besichtigungsrechte, die Parallelen zu der allgemeinen Vorschrift des § 41 nrw.PolG aufweisen, soweit sie das Eindringen in Wohn- oder Geschäftsräume und die dortige Nachschau gestatten. Zur Sicherung der Einhaltung öffentlich-rechtlicher Vorschriften sind die zuständigen Behörden immer wieder gezwungen, Überprüfungen vor Ort durchzuführen. Betroffen sind dabei vornehmlich Geschäfts- und Betriebsräume[905]. Entsprechende Befugnisse ergeben sich dabei u.a. aus dem Gewerbe-[906], Umwelt-[907] und Steuerrecht[908] so-

---

895 §§ 21 bis 28 BGSG.
896 §§ 29 bis 37 BGSG.
897 § 23 BGSG.
898 § 24 BGSG.
899 § 25 BGSG.
900 § 38 BGSG.
901 § 39 BGSG.
902 §§ 43 und 44 BGSG.
903 § 45 BGSG.
904 § 47 BGSG.
905 *A. Voßkuhle*, DVBl. 1994, S. 611.
906 Vgl. etwa § 139 b VI, § 139 g II GewO, § 22 II 1 GastG, § 17 II HandwerksO i.d.F. d. Bek. v. 24.9.1998 (BGBl. I S. 3074), § 54 a I PBefG i.d.F. d. Bek. v. 8.8.1990 (BGBl. I S. 1690), zul. geänd. d. Ges. v. 26.8.1998 (BGBl. I S. 2521), § 22 I Nr. 3 BtMG i.d.F. d. Bek. v. 1.3.1994 (BGBl. I S. 358), zul. geänd. d. Ges. v. 28.3.2000 (BGBl. I S. 302), § 41 III LMBG.
907 Siehe z.B. § 11 IV 2 AbfG, § 52 II BImmSchG, § 16 nrw.ImmSchG, § 19 II AtG, § 7 II GerSiG i.d.F. d. Bek. v. 23.10. 1992 (BGBl. I S. 1793), zul. geänd. d. Ges. v. 27.12.2000 (BGBl. I S. 2048); § 23 BNatSchG i. d.F.d. Bek. v. 21.9.1998 (BGBl. I S. 2994).
908 Vgl. z.B. § 99 AO v. 16.3.1976 (BGBl. I S. 613, ber. 1977 I S. 269, zul. geänd. d. Ges. v. 20.12.2000 (BGBl. I S. 1850).

wohl auf Bundes- als auch auf Landesebene. Bisweilen erstreckt sich das Betretungs- und Nachschaurecht der Sonderordnungsbehörden dabei auch auf private Wohnräume bzw. befriedetes Besitztum[909].

Eine der Sicherstellung ähnliche Befugnis normieren z.B. die §§ 40 II I WaffG[910], 22 BNatSchG.

Neben den zuvor genannten Befugnissen gibt es vereinzelt auch Ermächtigungsgrundlagen, welche Regelungsgehalte aufweisen, die keine direkte Entsprechung bei den Standardmaßnahmen im nrw. PolG finden, die jedoch aufgrund ihrer Struktur, d.h. insbesondere aufgrund der Normierung spezifischer, besonders grundrechtsrelevanter Maßnahmen, ebenfalls als Standardbefugnisse angesehen werden können. Zu nennen sind in diesem Zusammenhang etwa die Befugnisse zur Entnahme von (Stich-) Proben in §§ 42 LMBG, 38 II Nr. 2 PflSchG[911], 52 III 2 BImmSchG[912]. Ebenso läßt sich § 13 VersG, der die Auflösung von Versammlungen unter freiem Himmel regelt, als spezialgesetzliche Standardmaßnahme charakterisieren.

II. Verhältnis der spezialgesetzlichen Ermächtigungen zu den Standardmaßnahmen des nrw.PolG

Die speziellen Ermächtigungen im besonderen Gefahrenabwehrrecht wurden geschaffen, um den zunehmend differenzierter werdenden Gefahrenbereichen Rechnung zu tragen, die aus der sich weiterentwickelnden, zunehmend technisierenden Gesellschaft resultieren[913].

Diese Intention gibt bereits Aufschluß über das Verhältnis zwischen Sonderordnungsrecht einerseits und dem im nrw.PolG bzw. nrw. OBG geregelten allgemeinen Polizei- und Ordnungsrecht andererseits.

Es besteht ein Spezialitätsverhältnis zwischen dem besonderen, auf ein bestimmtes Sachgebiet zugeschnittenen, und dem allgemeinen Gefahrenabwehrrecht mit der Folge, daß bei Anwendbarkeit der spezielleren Materie das allgemeine Recht aus rechtssystematischen und teleologischen Gründen zurück-

---

909 Vgl. § 61 VI nrw.BauO, § 21 I Nr. 2 und Nr. 3 WHG, § 117 I nrw.WassG; vgl. zu den vorgenannten Nachschaubefugnissen *M. Sachs*, NVwZ 1987, S. 560 ff.

910 WaffG i.d.F. d. Bek. v. 8.3.1976 (BGBl. I S. 432), zul. geänd. d. Ges. v. 21.11.1996 (BGBl. I S. 1779).

911 PflSchG i.d.F. d. Bek. v. 14.5.1998 (BGBl. I S. 971, ber. S. 1527 u. S. 3512).

912 Wobei diese Ermächtigungen zumindest eine gewisse Ähnlichkeit zur Sicherstellung aufweisen, vgl. *K. Habermehl*, POR, Rn. 335.

913 So *Wolffgang/Hendricks/Merz*, POR in NRW, Rn. 50; vgl. auch *K. Habermehl*, POR, Rn. 14.

zustehen hat. Es handelt sich dabei um einen anerkannten Grundsatz der Rechtsanwendung: Lex specialis derogat legi generali[914]. Einer positivrechtlichen Absicherung bedarf dieses Prinzip an sich nicht, so daß Regelungen wie § 1 II 1 nrw.OBG lediglich deklaratorische Bedeutung beizumessen ist[915].

Dieser Spezialitätsgedanke hat Auswirkungen in zweierlei Hinsicht, und zwar zum einen für die Frage nach der Zuständigkeit[916], zum anderen in materiellrechtlicher Hinsicht für die Wahl der Ermächtigungsgrundlage[917], wobei im folgenden letzteres im Blickpunkt stehen soll:

Danach scheidet ein Rückgriff auf Standardermächtigungen[918] und auch auf die Generalklausel[919] des allgemeinen Polizei- und Ordnungsrechts bei Eingreifen spezialgesetzlicher Befugnisnormen grundsätzlich aus[920]. Überschneiden sich also die Regelungsbereiche der allgemeinen und der spezialgesetzlich geregelten Vorschrift, so gilt der Grundsatz der verdrängenden Spezialität. Für den erfaßten Sachverhalt ist die speziellere Norm abschließend und verdrängt die allgemeine Vorschrift[921].

Einige Spezialgesetze weisen selbst eine Generalermächtigung auf, die mit denen des allgemeinen Polizei- und Ordnungsrechts inhaltlich vergleichbar ist[922]. Kennzeichnend für die spezielle Ermächtigungsgrundlage ist jedoch meistens, daß die Grundelemente im Gefahrenabwehrrecht, nämlich die Begriffe „Gefahr“, „öffentliche Sicherheit und Ordnung“ sowie die dadurch zugelassenen „Maß-

914 *F. Bydlinski*, Juristische Methodenlehre und Rechtsbegriff, S. 465; *D. Schmalz*, Methodenlehre, Rn. 78; *R. Zippelius*, Juristische Methodenlehre, § 7 c); vgl. auch *K. Engisch*, Einführung in das juristische Denken, S. 210; *Larenz/Canaris*, Methodenlehre, S. 87 ff.

915 *Drews/Wacke/Vogel/Martens*, Gefahrenabwehr, S. 154.

916 Dazu, insbesondere zu der Frage, welche Befugnisnormen die Polizei anzuwenden hat, wenn sie aufgrund ihrer Eilfallkompetenz in spezialgesetzlich geregelten Sachgebieten tätig wird, vgl. *K. Habermehl*, POR, Rn. 134 ff.

917 *K. Habermehl*, POR, Rn. 113.

918 §§ 9 ff. nrw.PolG; für die allgemeinen Ordnungsbehörden siehe den Verweis in § 24 nrw.OBG.

919 § 8 I nrw.PolG bzw. § 14 I nrw.OBG.

920 Vgl. *H.-G. König*, Bay. PolR, S. 41; *Wolffgang/Hendricks/Merz*, POR in NRW, Rn. 51; siehe auch *W.-R. Schenke*, POR, in: *U. Steiner*, Bes. VerwR, Rn. 134; *F. Schoch*, JuS 1994, S. 479 (480).

921 *F. Bydlinski*, Juristische Methodenlehre und Rechtsbegriff, S. 465; *D. Schmalz*, Methodenlehre, Rn. 78; *R. Zippelius*, Juristische Methodenlehre, § 7 c); vgl. auch den ausdrücklichen Hinweis in § 8 I, letzter Hlbs. nrw.PolG.

922 *Drews/Wacke/Vogel/Martens*, Gefahrenabwehr, S. 154; siehe auch *W. Brohm*, Öff. BauR, § 29 Rn. 17 mit Hinweis auf die bauordnungsrechtliche Generalklausel des § 61 I 2 nrw.BauO.

nahmen“ im Hinblick auf ein bestimmtes Sachgebiet konkretisiert, verengt oder erweitert werden[923].

Vor allem im letzteren Fall stellt sich dann die Frage, inwieweit ein Rückgriff auf die Ermächtigungen des allgemeinen Gesetzes zulässig ist, wenn die Voraussetzungen der speziellen Norm nicht erfüllt sind oder wenn die spezielle Vorschrift die gesuchte Rechtsfolge nicht enthält[924].

Es geht dabei also um die Frage der Grenze des oben genannten Spezialitätsgrundsatzes. Diese befindet sich dort, wo die Auslegung des Spezialgesetzes ergibt, daß der erfaßte Sachverhalt eben nicht abschließend geregelt werden soll, sondern daß subsidiär die Befugnisnormen des allgemeinen Polizei- und Ordnungsrechts zur Anwendung kommen können[925].

Wenn die Spezialvorschrift also etwa an dem Grundelement der Gefahr ansetzt und nur eine spezifische Gefahr erfassen will, so reicht die Sperrwirkung nur soweit, als es um die Bekämpfung dieser spezifischen Gefahr geht[926]. So erfaßt die Spezialität des Versammlungsgesetzes nach h.M. nur gezielte Eingriffe in das Versammlungsrecht[927]. Unspezifische Regelungen und Maßnahmen, die mitunter zum Schutz der Versammlungsteilnehmer vor anderweitigen „atypi-

---

923 Vgl. dazu *K. Habermehl*, POR, Rn. 13; dies gilt im übrigen nicht nur für die Abgrenzung einer spezialgesetzlich geregelten Norm gegenüber den im allgemeinen Polizei- und Ordnungsrecht normierten Generalklauseln, sondern auch im Hinblick auf die Abgrenzung der Generalklausel gegenüber den Standardermächtigungen innerhalb eines Gesetzes, z.B. des nrw.PolG.

924 *Drews/Wacke/Vogel/Martens*, Gefahrenabwehr, S. 154; vgl. auch *F. Schoch*, JuS 1994, S. 479 (480); *T. Würtenberger*, POR, in: Achterberg/Püttner, Bes. VerwR, Bd. II, Rn. 99.

925 Vgl. *F. Schoch*, JuS 1994, S. 479 (480) mit weiteren Erläuterungen zur Auslegung; *P. J. Tettinger*, Bes. VerwR/1, Rn. 416; aus der Rspr. vgl. BVerwGE 28, S. 310 (312 f.) zur Frage der Spezialität von Vorschriften aus der StVO; dazu auch BVerfGE 32, S. 319 ff; siehe außerdem § 1 II 2 nrw.OBG; § 17 II 2 berl.ASOG; § 1 II 2 brand.OBG; § 2 II 2 mv.SOG; § 9 II 2 rp.POG; § 8 II 2 saarl.PolG; § 4 I 3 s.anh.SOG; § 163 II 2 sh.LVwG; § 12 III 2 thür.PAG, § 5 II 2 thür.OBG; die subsidiäre Anwendung des allgemeinen Polizei- und Ordnungsrechts ist dabei vor allem auch dann von Bedeutung, wenn im Spezialgesetz z.B. keine Adressatenregelung getroffen wird oder wenn sich dort keine Aussage bezüglich der Frage, ob es sich um eine gebundene oder um eine Ermessensentscheidung der Behörde handeln soll, finden läßt; zur Ausfüllung dieser Lücken ist es unentbehrlich, auf die allgemeinen Vorschriften zurückzugreifen, vgl. *Drews/Wacke/Vogel/Martens*, Gefahrenabwehr, S. 155.

926 *K. Habermehl*, POR, Rn. 123 f. mit Beispielen.

927 Vgl. BVerwGE 80, S. 158 (159); VGH Mannheim, NVwZ-RR 1990, S. 602 (603); vgl. auch *Dietel/Gintzel/Kniesel*, Demonstrations- und Versammlungsfreiheit, § 1 Rn. 188; *M. Kniesel*, DÖV 1992, S. 470 (473).

schen Gefahren“ ergehen, sollen durch das Versammlungsgesetz nicht ausgeschlossen sein[928].

Eine Ausnahme vom Spezialitätsgrundsatz hat auch dort zu gelten, wo eine spezielle Norm nur einzelne bestimmte Rechtsfolgen vorsieht und durch Anwendung allgemeiner Ermächtigungsgrundlagen im Einzelfall mildere Ergebnisse erzielt werden können. In diesem Fall gilt die Spezialität nur hinsichtlich der Eingriffsvoraussetzungen, nicht aber hinsichtlich der im Spezialgesetz nicht geregelten, jedoch milderen Rechtsfolgen (sog. Minusmaßnahmen)[929]. So sieht z.B. § 15 II VersG als Rechtsfolge lediglich die Auflösung einer Versammlung vor. Auch wenn das Versammlungsgesetz als in sich geschlossenes, abschließendes Regelwerk zu betrachten ist[930], rechtfertigen es die zuvor genannten Erwägungen, daß die Polizei auf die Standardermächtigungen des allgemeinen Polizeirechts gestützt Maßnahmen gegen einzelne Versammlungsteilnehmer ergreift (z.B. Durchsuchung einer Person und anschließende Sicherstellung einer Waffe), wenn diese im konkreten Fall zu einem milderen Ergebnis führen als die ultimative Auflösung der gesamten Versammlung[931]. Konstruktiv geschieht dies, indem die Formulierung „oder von bestimmten Auflagen abhängig machen“ in § 15 I VersG aufgegriffen wird und darin ein Verweis „auf den Katalog der dieser Behörde zur Abwehr unmittelbarer Gefahren zustehenden - auch landesrechtlichen - Befugnisse“ gesehen wird[932].

Auch wenn demnach die allgemeinen Standardbefugnisse angewendet werden dürfen, ist stets die von § 15 I und II, 3. Alt. VersG geforderte, erhöhte Gefahrenschwelle in Form einer „unmittelbaren Gefahr für die öffentliche Sicherheit und

928 *C. Gusy*, JuS 1993, S. 555 (556); *R. Jahn, JuS 1997*, S. 1027 (1031); *R. Krüger*, DÖV 1993, S. 658 (659); *K. H. Ladeur*, in: Ridder/Breitbach/Rühl/Steinmeier, VersR, Art. 8 GG Rn. 42; *F. Schoch*, JuS 1994, S. 479 (480); *T. Würtenberger*, POR, in: Achterberg/Püttner, Bes. VerwR, Bd. II, Rn. 111; ausführlich zum Verhältnis des Versammlungsgesetzes zum allgemeinen Polizei- und Ordnungsrecht, insbesondere zur Frage der Anwendbarkeit des VersG bei nichtöffentlichen Versammlungen, vgl. *F. Schoch*, JuS 1994, S. 479 (481).

929 *K. Habermehl*, POR, Rn. 125.

930 Vgl. BVerwGE 80, S. 158 (159); BVerwG, NJW 1989, S. 2411 (2412); VG Bremen, NVwZ 1990, S. 895 (898); *H.-U. Gallwas*, JA 1986, S. 484 (487 f.); daher wird auch von „Polizeifestigkeit“ der Versammlung gesprochen, vgl. *Dietel/Gintzel/Kniesel*, Demonstrations- und Versammlungsfreiheit, § 1 VersG, Rn. 188; *W.-D. Drosdzol*, JuS 1983, S. 409 (412); *M. Quilisch*, Die demokratische Versammlung, S. 173.

931 Vgl. BVerwGE 64, S. 55 (57 f.), BVerwG, NVwZ 1988, S. 250; OVG Bremen, DVBl. 1990, S. 1048 (1049); VGH Stuttgart, NVwZ 1989, S. 163; VG Bremen, NVwZ 1989, S. 895 (896); *V. Götz*, NVwZ 1990, S. 725 (731).

932 So BVerwGE 64, S. 55 (58); vgl. auch *Dietel/Gintzel/Kniesel*, Demonstrations- und Versammlungsfreiheit, § 15 VersG Rn. 66; *K. Habermehl*, POR, Rn. 149.

Ordnung“ zu beachten[933]. Die Voraussetzungen für eine Auflösung der Versammlung müssen also prinzipiell vorliegen[934].

Speziell im Hinblick auf das nrw.PolG ist es also ebenfalls immer eine Frage der Auslegung, ob die spezialgesetzlich geregelte Materie den Rückgriff auf die im nrw.PolG niedergelegten Befugnisse, allen voran die hier im Mittelpunkt stehenden Standardmaßnahmen, zuläßt oder aber als abschließend zu verstehende Materie ausschließt[935].

III. Ermächtigungsumfang bei spezialgesetzlichen Regelungen

Nach den vorhergehenden allgemeinen Ausführungen zu spezialgesetzlich normierten Eingriffsbefugnissen gilt es nun, auch hier die Frage nach ihrem Ermächtigungsumfang zu beantworten.

Zuvor wurde bereits gezeigt, daß viele Spezialbefugnisse insoweit eine vergleichbare Regelungsstruktur wie die Standardmaßnahmen des nrw.PolG haben, als sie einen besonderen Grundrechtsbezug aufweisen und in näher ausgestalteten Tatbeständen die jeweiligen Gesetzesvorbehalte ausfüllen. Diese Parallelen legen die Vermutung nahe, daß sich auch hinsichtlich des Ermächtigungsumfangs, konkret im Hinblick auf immanente Vollzugselemente, Gemeinsamkeiten finden lassen.

1. Anwendung des Verfügungs-/Vollstreckungsmodells

Viele spezialgesetzliche Maßnahmen sind nach dem vertrauten Verfügungs-/Vollstreckungsmodell konzipiert. An den Erlaß einer auf die Spezialnorm gestützen Verfügung knüpft das „reguläre“ Vollstreckungsverfahren nach den dafür jeweils einschlägigen Vorschriften an. Zum Teil befinden sich diese vollstreckungsrechtlichen Vorschriften in dem konkreten Gesetz selbst, so wie in den §§ 50 ff. nrw.PolG. Für die Polizei des Landes Nordrhein-Westfalen sind diese Normen auch dann anwendbar, wenn sie im spezialgesetzlich normierten Gefahrenabwehrbereich tätig wird[936] und die spezialgesetzliche Norm eine lex imperfecta ist.

---

933 Siehe BVerwGE 64, S. 55 (58); vgl. ferner *V. Götz*, NVwZ 1990, S. 725 (731).

934 VG Bremen, NVwZ 1989, S. 895 (898).

935 Die Problematik der Auslegung in diesem Zusammenhang verdeutlichen die häufig bestehenden Meinungsdivergenzen; vgl. zum Verhältnis des BImmSchG zum allgemeinen Polizei- und Ordnungsrecht BVerwGE 55, S. 118 (121); *W. Martens*, DVBl. 1981, S. 597 (609); *R. Meixner*, NVwZ 1997, S. 127 (129).

936 Vgl. § 11 nrw.POG i.d.F. d. Bek. v. 22.10.1994 (GV.NRW S. 852/SGV.NRW 205); siehe auch *H. Tegtmeyer*, PolG NRW, § 57 Rn. 1.

Ansonsten müssen die Sonderordnungsbehörden auf die allgemeinen Vollstreckungsgesetze zurückgreifen. Für Sonderordnungsbehörden des Bundes gilt insoweit das Bundesverwaltungsvollstreckungsgesetz (VwVG)[937], Sonderordnungsbehörden des Landes müssen ihre Vollstreckungsmaßnahmen auf das Landesverwaltungsvollstreckungsgesetz (nrw.VwVG) stützen[938].

Auf das Verfügungs-/Vollstreckungsschema ausgerichtet sind nun beispielsweise solche Ermächtigungen, die unter Berücksichtigung des Wortlauts und von Sinn und Zweck der Vorschrift nur auf den Erlaß einer Verfügung gerichtet sein können.

Dazu gehören Maßnahmen wie die Vorladung oder die Platzverweisung nach § 25 bzw. § 38 BGSG, also Maßnahmen, die bereits aus dem nrw.PolG bekannt sind und an die entsprechenden Vorschriften des nrw.PolG stark angelehnt sind.

Zu erwähnen sind jedoch auch Maßnahmen, die einen vollkommen anderen Regelungsgehalt aufweisen, wie z.B. das Verbot oder die Auflösung einer Versammlung gemäß § 15 I bzw. II VersG[939]. Auch bei diesen Vorschriften ist das Verfügungs-/Vollstreckungsmodell zugrunde zu legen, was vor allem aus dem Begriff „verbieten“ in § 15 I VersG, der eindeutig den Erlaß einer Verbotsverfügung im Auge hat, zu folgern ist. Die Terminologie „auflösen“ könnte hingegen zunächst durchaus so zu verstehen sein, daß hierdurch die Polizei zur Auflösung der Versammlung durch tatsächliches Handeln ermächtigt wird, daß also dieser Ermächtigung Vollzugselemente immanent sind[940]. Dagegen sprechen allerdings mehrere Umstände:

Allein durch den Begriff „auflösen“ wäre nicht hinreichend bestimmt, welche tatsächlichen Maßnahmen dadurch erfaßt sein sollten. Insbesondere ließe sich schwerlich sagen, welcher Zwang begriffsnotwendig darin enthalten sein sollte. Es könnte sich dabei primär um eine Form des unmittelbaren Zwangs gegen die Versammlungsteilnehmer handeln. In jedem Fall würde es sich um schwerwiegende Eingriffe handeln, die man nicht allein auf den Terminus „auflösen“ stützen dürfte, ohne Gefahr zu laufen, gegen die rechtsstaatlichen Gebote der Bestimmtheit und des Gesetzesvorbehalts zu verstoßen. Gegen die Annahme im-

---

937 VwVG v. 27.4.1953 (BGBl. I S. 157), zul. geänd. d. Ges. v. 17.12.1997 (BGBl. I S. 3039).

938 Vgl. *F. Schoch*, JuS 1995, S. 307 (308) mit Überblick über den Standort vollstreckungsrechtlicher Vorschriften in den anderen Bundesländern.

939 Für Versammlungen in geschlossenen Räumen ist die Auflösung in § 13 VersG geregelt.

940 Andeutungen in diese Richtung bei *A. Werbke*, NJW 1970, S. 1 (2): „Die Auflösung ist kein selbständiger Handlungsbefehl, sondern eine Vollzugsmaßnahme. Ihr muß ein gesetzlicher oder behördlicher Befehl, der auf dieselbe tatsächliche Folge hinausläuft, - zumindest ‘logisch’ - vorangehen.“

manenter Vollzugselemente spricht aber vor allem der Wortlaut des § 13 II VersG:

„Sobald eine Versammlung für aufgelöst erklärt ist, haben alle Teilnehmer sich sofort zu entfernen."

Mit dem Terminus „erklären" kann ausschließlich eine auf die Auflösung der Versammlung gerichtete Verfügung gemeint sein.

Auch wenn diese Vorschrift unmittelbar nur für Versammlungen in geschlossenen Räumen anwendbar ist, kann für die Auflösung von Versammlungen unter freiem Himmel nach § 15 II VersG letztlich nichts anderes gelten, so daß auch hier nur die Ermächtigung zum Erlaß einer Auflösungsverfügung eingeräumt wird[941].

Letztlich handelt es sich also auch bei der Auflösung einer Versammlung um einen Verwaltungsakt, und zwar in der Regel um einen mündlichen Verwaltungsakt in Form einer Allgemeinverfügung im Sinne des § 35 I 2, 1. Alt. VwVfG[942].

Bei der Auflösung handelt es sich weiterhin um einen gestaltenden Verwaltungsakt, der einer Vollstreckung im eigentlichen Sinne nicht zugänglich ist[943]. Mit Erlaß der Auflösungsverfügung entsteht vielmehr eine gesetzliche Entfernungspflicht[944]. Kommen die Versammlungsteilnehmer dieser nicht nach, kann – weil das VersG nicht mehr gilt - eine Platzverweisung auf der Grundlage des allgemeinen Polizeirechts ergehen[945]. Diese kann dann wiederum bei Nichtbefolgung nach dem herkömmlichen Schema unter Hinzuziehung der allgemeinen Regeln vollstreckt werden[946].

Zu spezialgesetzlichen Vorschriften, die lediglich auf den Erlaß einer Verfügung gerichtet sind, gehören schließlich solche Normen, deren Wortlaut zwar mit den Standardmaßnahmen im engeren Sinne vergleichbar ist, bei denen der Gesetzgeber allerdings explizit hervorgehoben hat, daß sie auf Verwaltungsakte

---

941 Vgl. BVerfG, DVBl. 1993, S. 150 (151 f.); BVerwG, NVwZ 1988, S. 250 (251); OVG Bremen, NVwZ 1987, S. 235 (236); VG Hamburg, NVwZ 1987, S. 829 (831); *Breitbach/Deiseroth/Rühl*, in: Ridder/Breitbach/Rühl/Steinmeier, VersR, § 15 Rn. 268 ff., die ausdrücklich betonen, daß es sich bei der Auflösung um keine Vollzugsmaßnahme handelt; siehe ferner *S. Zeitler*, VersR, Rn. 580.

942 Vgl. *S. Zeitler*, VersR, Rn. 582.

943 *S. Zeitler*, VersR, Rn. 603.

944 Vgl. § 13 II VersG.

945 OVG Bremen, NVwZ 1987, S. 235 (236); *Breitbach/Deiseroth/Rühl*, in: Ridder/Breitbach/Rühl/Steinmeier, VersR, § 15 VersG Rn. 268; *S. Zeitler*, VersR, Rn. 591.

946 Vgl. *Dietel/Gintzel/Kniesel*, Demonstrations- und Versammlungsfreiheit, § 15 VersG Rn. 51; *S. Zeitler*, VersR, Rn. 604; zur in diesem Zusammenhang häufig auftretenden Problematik des sog. „Verbringungsgewahrsams" siehe aaO, Rn. 594 ff.; siehe dazu außerdem schon oben S. 144 f.

ausgerichtet sind, bei denen der Gesetzgeber insoweit also den Ermächtigungsumfang bewußt festgelegt hat[947].

Als Beispiel sei die Regelung des § 13 PaßG genannt, dessen Formulierungen in Absatz 1, abgesehen von anderen Tatbestandsvoraussetzungen, stark denen des § 43 nrw.PolG ähneln, so daß der Schluß gerechtfertigt sein könnte, daß § 13 PaßG in vergleichbarer Weise Vollzugselemente umfaßt. Diese Vermutung wird jedoch widerlegt durch einen Blick auf § 14 PaßG, der auf diese Vorschrift Bezug nimmt. In § 14 PaßG wird festgelegt, daß Widerspruch und Anfechtungsklage gegen die Sicherstellung des Passes keine aufschiebende Wirkung haben. Damit gibt der Gesetzgeber bei dieser konkreten Vorschrift zu verstehen, daß er sie in erster Linie als Befugnis zum Erlaß von Verwaltungsakten begreifen will, etwa in Form einer Sicherstellungsanordnung. Durch § 14 PaßG wird damit eine primär auf die Vornahme von Tathandlungen gerichtete Deutung des § 13 I PaßG ausgeschlossen und der Weg zur Annahme immanenter Vollzugselemente, jedenfalls in der bei § 43 nrw.PolG festgelegten Form, verbaut.

Insgesamt ist also eine spezialgesetzliche Ermächtigung dann dem Verfügungs-/Vollstreckungsschema zu unterlegen, wenn ihre Auslegung[948] ergibt, daß sie nur auf das Aussprechen eines Ge- bzw. Verbotes gerichtet sein kann, welches dann nach den allgemeinen vollstreckungsrechtlichen Vorschriften durchzusetzen ist.

2. Spezialermächtigungen mit Vollzugselementen

Bei einer Reihe von spezialgesetzlichen Eingriffsermächtigungen legt der Wortlaut hingegen, wie bei den im nrw.PolG und in den Polizeigesetzen der anderen Bundesländer geregelten Standardmaßnahmen im engeren Sinne, den Schluß nahe, daß sie die Sonderordnungsbehörden eo ipso zur Vornahme tatsächlicher Handlungen bzw. zur Anwendung von Verwaltungszwang berechtigen. Bei diesen Vorschriften spricht, insbesondere aufgrund der mit den Standardmaßnahmen vergleichbaren Regelungsstruktur, nichts dagegen, die anhand des nrw.PolG entwickelten Grundsätze anzuwenden, es sei denn, aus dem jeweiligen Spezialgesetz ergibt sich ausdrücklich etwas Abweichendes[949]. Gerade deshalb verwundert allerdings der Umstand, daß diese Problematik in Zusammenhang mit den speziellen Befugnisnormen in Literatur und Rechtsprechung so gut wie gar nicht thematisiert wird.

---

947 Vgl. hierzu *A. Schmitt-Kammler*, NWVBl.1995, S. 166 (169).

948 Wie am Beispiel des § 13 und des § 15 II VersG gezeigt.

949 Wie zuvor bei § 13 I PaßG gesehen.

a) Spezialermächtigungen mit Vollzugselementen im weiteren Sinne

Auch in Spezialgesetzen sind Maßnahmen geregelt, die bereits denknotwendig nur auf die Vornahme tatsächlicher Handlungen gerichtet sein können, weil sie entweder geradezu ins Leere laufen würden, wenn man zunächst den Erlaß einer Verfügung an den Adressaten der Maßnahme fordern würde, oder weil dies offensichtlich nicht dem eigentlichen Sinn der Vorschrift entspricht.

Dazu gehören vor allem viele spezialgesetzlich geregelte Maßnahmen der Datenverarbeitung, insbesondere der verdeckten Datenerhebung, die sich in ähnlicher Form auch im nrw.PolG finden[950]. Zu nennen sind in diesem Zusammenhang z.B. die §§ 26 bis 28 BGSG, die u.a. die Datenerhebung mittels Anfertigung von Bild- und Tonaufzeichnungen[951] oder die Durchführung von Observationen[952] normieren, aber auch die §§ 29 ff. BGSG, die sich mit der anschließenden Datenverarbeitung und -nutzung beschäftigen[953].

Für diese Vorschriften gilt das zu den vergleichbaren Befugnissen des nrw.PolG Gesagte entsprechend[954]:

Hier geht es also nicht um den Erlaß von Verfügungen, wenn auch z.B. bei einer Observation eine vorherige Ankündigung in Form einer Verfügung durchaus denkbar ist. Hier geht es vielmehr in allererster Linie um Befugnisse, die die Polizei zu eigenem, tatsächlichen Handeln ermächtigen, und zwar in den meisten Fällen ohne Wissen und ohne unmittelbare Involvierung des Betroffenen.

Die Anwendung von Verwaltungszwang kommt bei Maßnahmen wie der Observation, der Anfertigung von Bild- und Tonaufnahmen oder der Verarbeitung solcher Daten freilich nicht in Betracht, so daß es sich um Spezialermächtigungen mit Vollzugselementen lediglich im weiteren Sinne handelt[955].

b) Spezialermächtigungen mit Vollzugselementen im weiteren und im engeren Sinne

Schließlich lassen sich im speziellen Gefahrenabwehrrecht auch Ermächtigungsgrundlagen finden, die ihrer Struktur nach den aus den Polizeigesetzen bekannten Standardmaßnahmen im engeren Sinne gleichen. Es handelt sich also um solche

---

950 Vgl. oben S. 93 f.

951 Vgl. § 26 I 1 BGSG; siehe auch § 12 a VersG.

952 Besonderes Mittel der Datenerhebung gemäß § 28 II Nr. 1 BGSG.

953 Über § 9 III 1 BKAG stehen diese Befugnisse wiederum dem Bundeskriminalamt zur Verfügung; vgl. zum Bereich der Datenverarbeitung und -nutzung auch §§ 9, 17, 22 PaßG, §§ 3, 30-33 nrw.MeldG.

954 Vgl. S. 93 f.

955 Siehe dazu schon ausführlich S. 93 f.

Vorschriften, deren Wortlaut zwar die Vornahme von Tathandlungen und in gewissem Rahmen auch die Anwendung von Zwang umfaßt, bei denen jedoch nach großen Teilen der Rechtsprechung und Literatur der primäre Ermächtigungsumfang auf den Erlaß von Verfügungen, insbesondere von Duldungsverfügungen, gerichtet sein soll.

Dies gilt etwa für die in zahlreichen Gesetzen niedergelegten Betretungs- und Besichtigungsrechte[956].

Exemplarisch sei insoweit auf die Vorschrift des § 61 VI 1 nrw. BauO verwiesen, die folgenden Wortlaut hat:

„Die mit dem Vollzug dieses Gesetzes beauftragten Personen sind berechtigt, in Ausübung ihres Amtes Grundstücke und bauliche Anlagen einschließlich der Wohnungen zu betreten."

Wie bei der Vorschrift des § 41 nrw.PolG ist auch hier der Wortlaut auf polizeieigenes Tathandeln in Form des Betretens ausgerichtet, so daß es verwundert, daß die Rechtsprechung und Literatur, die sich auf diese Vorschrift beziehen, dieser Frage nahezu keine Aufmerksamkeit schenken.

Wenn es um die Durchsetzung geht, so wird betont, daß sich diese nach den vollstreckungsrechtlichen Vorschriften zu richten habe. Das Betreten als Realakt sei die Vollziehung eines Verwaltungsakts, der die Duldung des Betretens anordne[957]. Gegen den Willen des Betroffenen dürfe der Verwaltungsakt grundsätzlich nicht sofort vollzogen werden. Nach den allgemeinen Regeln des Verwaltungszwangs sei das Betreten nur bei Beachtung der Anforderungen des § 6 I VwVG (§ 55 I nrw.VwVG) gestattet. Nur unter den besonderen Voraussetzungen des Sofortvollzugs gemäß § 6 II VwVG (§ 55 II nrw.VwVG) könne die zuständige Behörde „uno actu" vorgehen und das Grundstück oder die bauliche Anlage ohne vorausgehenden Verwaltungsakt betreten[958]. Von immanenten Vollzugselementen ist dabei insgesamt keine Rede.

Im Hinblick auf § 61 VI 1 nrw.BauO besteht allerdings keine Veranlassung, von den anhand der im nrw.PolG geregelten Standardmaßnahmen im engeren Sinne entwickelten Grundsätzen abzuweichen. Es sind keinerlei Erwägungen ersichtlich, das anhand des Wortlauts ermittelte Ergebnis, daß § 61 VI 1 nrw.BauO

---

956 Siehe dazu bereits die Aufzählung oben S. 211 f.

957 VGH Kassel, NuR 1993, S. 393; *K.-M. Ortloff*, in: Finkelnburg/Ortloff, Öff. BauR, Bd. II, § 11 S. 158.

958 *K.-M. Ortloff*, in: Finkelnburg/Ortloff, Öff. BauR, Bd. II, § 11 S. 158; auch *D. Bökkenförde*, in: Gädtke/Böckenförde/Temme/Heintz, BauO NRW, § 61 Rn. 77 verweist zur Durchsetzung ausschließlich auf die Vorschriften des Vollstreckungsrechts, vgl. ferner OVG Berlin, NVwZ 1988, S. 844 und OVG Bremen, NVwZ-RR 1993, S. 288 zu den einschlägigen Vorschriften der Länder Berlin bzw. Bremen; *E. Rasch*, BauR 1988, S. 266 (271 f.).

zum tatsächlichen Betreten, also zum Eindringen, Verweilen und zur Nachschau auf Grundstücken oder in baulichen Anlagen berechtigt, zu revidieren. Ein Rückgriff auf die §§ 55 ff. nrw.VwVG ist diesbezüglich also entbehrlich.

Hinsichtlich der Zwangsanwendung läßt sich ebenfalls auf schon Gesagtes zurückgreifen. Soweit die Anwendung unmittelbaren Zwangs begriffsnotwendig in dem Terminus „betreten" enthalten ist, bedarf es keiner Anwendung der §§ 55 ff. nrw.VwVG. Begreift man also etwa das körperliche Eindringen in einen Raum bereits als unmittelbaren Zwang, so ist dieser unmittelbar von § 61 VI 1 nrw.BauO gedeckt. Im Falle der Abwesenheit des Eigentümers oder unmittelbaren Besitzers ist dann auch die Anwendung des § 55 II nrw.VwVG obsolet. Etwas anderes gilt freilich, wenn z.B. aktiver Widerstand seitens des anwesenden Betroffenen geleistet wird, oder wenn sich die zuständige Behörde aufgrund dessen Abwesenheit zunächst gewaltsam Zugang verschaffen muß. Dann handelt es sich nicht mehr um den begriffsnotwendig enthaltenen Zwang, sondern um die zwangsweise Durchsetzung entsprechender Begleitverfügungen[959].

Bei § 61 VI 1 nrw.BauO und auch bei anderen Betretungsrechten ergibt sich jedoch gegenüber der Vorschrift des § 41 nrw.PolG eine Besonderheit. Es fragt sich nämlich, inwieweit die zuständige Behörde im Vorfeld gehalten ist, ihr Vorgehen dem Betroffenen rechtzeitig anzukündigen, und zwar unter Umständen durch den Erlaß einer vorherigen Duldungsverfügung[960].

Nr. 61.6 VV nrw.BauO sieht in diesem Sinne vor, daß die Bauaufsichtsbehörden den Zeitpunkt der Ortsbesichtigung dem Eigentümer oder dem unmittelbaren Besitzer dann rechtzeitig mitteilen sollen, wenn sie das Grundstück und bauliche Anlagen einschließlich der Wohnungen nach Bauzustandsbesichtigung oder nach abschließender Fertigstellung betreten wollen.

Die Meinungen bezüglich der Notwendigkeit einer vorherigen Duldungsanordnung sind geteilt[961].

Zum Teil wird eine solche grundsätzlich für erforderlich gehalten[962], wobei eine konkrete Begründung allerdings nicht erfolgt.

Nach Meinung des *OVG Berlin* dagegen ist eine vorherige Duldungsverfügung jedenfalls dann entbehrlich, wenn ansonsten, aufgrund der zügigen Errichtung baulicher Anlagen, vollendete Tatsachen geschaffen würden. Das unangekündigte Betreten richte sich dann nach der Vorschrift über den Sofortvollzug[963].

---

959 Siehe dazu schon S. 176 f.

960 Siehe allgemein dazu *A. Voßkuhle*, DVBl. 1994, S. 611 (619 f.); vgl. auch OVG Münster, OVGE 42, S. 397 (398).

961 Zum Meinungsstand siehe *Bork/Köster*, BauO NRW, § 58 Rn. 7.

962 Siehe etwa VGH München, BayVBl. 1987, S. 21 (22) in Bezug auf § 83 bay.BauO.

963 So OVG Berlin, DÖV 1988, S. 385.

Ohne diese Diskussion abschließend zu bewerten, wird doch deutlich, daß sich das Betretungsrecht nach § 61 VI 1 nrw. BauO von dem nach § 41 nrw.PolG insoweit unterscheidet, als es im letztgenannten Fall zumeist um unaufschiebbare Eilmaßnahmen geht, während das Betreten nach § 61 VI 1 nrw.BauO meistens der allgemeinen Kontrolle dient, und damit häufig nicht von vergleichbarem Zeitdruck begleitet ist. Diese Tatsache rechtfertigt es, daß die Bauaufsichtsbehörde in der Regel[964] ihre Ortsbesichtigung vorher ankündigt, und zwar zweckmäßigerweise im Wege einer rechtsverbindlichen Duldungsanordnung[965], jedenfalls dann, wenn dadurch der Zweck der Besichtigung nicht gefährdet wird[966]. Insoweit ist also auch der Erlaß einer Duldungsverfügung im Vorfeld der Maßnahme neben dem tatsächlichen Betreten wichtiger Bestandteil des Ermächtigungsumfangs des § 61 VI 1 nrw.BauO, während dies in Zusammenhang mit § 41 nrw.PolG nicht der Fall ist.

Das Beispiel des § 61 VI 1 nrw.BauO macht damit auch deutlich, daß zwar die zu den Standardmaßnahmen des nrw.PolG entwickelten Grundsätze Anwendung finden, daß aber andererseits die jeweiligen Besonderheiten, die sich aus Inhalt, Sinn und Zweck des Spezialgesetzes ergeben, stets zu beachten sind und gegebenenfalls eine andere Beurteilung des Ermächtigungsumfangs erfordern.

Das anhand des § 61 VI 1 nrw.BauO Dargestellte läßt sich nicht nur auf die in anderen Gesetzen niedergelegten Betretungs- und Besichtigungsrechte, sondern auch auf andere Spezialbefugnisse, die hinsichtlich des Ermächtigungsinhalts eine den Standardmaßnahmen im engeren Sinne vergleichbare Struktur aufweisen, übertragen. Dies gilt vor allem für die im BGSG normierten Befugnisse, die weitestgehend den Standardmaßnahmen im engeren Sinne der einzelnen Polizeigesetze entsprechen, wie die Identitätsfeststellung, erkennungsdienstliche Maßnahmen, Ingewahrsamnahme, Durchsuchung von Personen oder Sachen, das Betreten und Durchsuchen von Wohnungen und die Sicherstellung.

Aber auch bei anderen Vorschriften, die ihrem Wortlaut nach auf die Vornahme von Tathandlungen gerichtet sind, wie z.B. die Probeentnahme nach § 42 I 1 LMBG, sind diese Grundsätze anzuwenden. Stets zu beachten ist jedoch, ob im Einzelfall nicht teleologische oder systematische Erwägungen doch zu der

---

964 So der amtliche Leitsatz im Urteil des VGH München, BayVBl. 1987, S. 21 (22).

965 *Bork/Köster*, BauO NRW, § 58 Rn. 7 merken dazu an, daß dies „guter Verwaltungsübung“ entspreche; vgl. in diesem Sinne auch VV nrw.BauO 61.6 zu § 61, abgedruckt z.B.bei *Fickert/Bork*, Landesbauordnung Nordrhein-Westfalen.

966 Bei der Vorschrift des § 22 II GastG wird aus diesem Grunde eine vorherige Ankündigung für nicht erforderlich gehalten, da ansonsten der Zweck der Norm, eine effektive Überwachung des Gaststättengewerbes zu gewährleisten, vereitelt würde; vgl. dazu *D. Meinicke*, JA-Übbl. 1994, S. 565 (572).

Annahme zwingen, daß die jeweilige Ermächtigung nur zum Erlaß von Verfügungen ermächtigt[967].

3. Fazit

Im Hinblick auf die Frage nach regelungsimmanenten Vollzugselementen bei Vorschriften im speziellen Gefahrenabwehrrecht lassen sich insgesamt die im 2. Teil ausgearbeiteten Erkenntnisse heranziehen und übertragen. Nur auf diese Weise läßt sich auch eine - zumindest gewisse - Einheitlichkeit bei der Berurteilung der Struktur der Befugnisnormen innerhalb der zersplitterten Materie des Gefahrenabwehrrechts herstellen. Auch bei den Spezialbefugnissen gibt es also solche, die sich nach dem Verfügungs-/Vollstreckungsmodell richten, solche, die Vollzugselemente im weiteren Sinne beinhalten und schließlich Vorschriften, denen Vollzugselemente im weiteren und im engeren Sinne immanent sind.

Da sich jedoch aus Sinn und Zweck der jeweiligen Spezialermächtigungen Abweichungen ergeben können, muß gerade hier, wie im 3. Teil in Bezug auf die im nrw.PolG normierten Standardmaßnahmen im engeren Sinne geschehen, der konkrete Ermächtigungsumfang jeweils anhand von Einzelanalysen bestimmt werden.

967 Vgl. in diesem Zusammenhang § 15 II VersG; dazu schon oben S. 217 f.

5. Teil: Schlußbetrachtung

A. Zusammenfassung der zentralen Ergebnisse

Als zentrales Ergebnis läßt sich nach den vorangegangenen Erörterungen festhalten, daß die Standardmaßnahmen des nrw.PolG zum Teil regelungsimmanente Vollzugselemente aufweisen, daß also das für die Generalklausel des § 8 I nrw.PolG grundsätzlich anzuwendende Modell einer Verfügung mit gegebenenfalls anschließender Durchsetzung nach den vollstreckungsrechtlichen Regeln der §§ 50 ff. nrw.PolG nicht durchweg greift.

Zur Bestimmung des Ermächtigungsumfangs bedarf es dabei einer differenzierten Betrachtungsweise.

Die nachfolgend zusammengefaßten Grundsätze lassen sich dabei auf die Standardbefugnisse in den Polizeigesetzen anderer Bundesländer[968] und auf vergleichbare Regelungen in bereichsspezifischen Gesetzen zur Gefahrenabwehr übertragen, wobei freilich die dort jeweils geltenden Besonderheiten zu beachten sind[969].

I. Standardmaßnahmen ohne Vollzugselemente

Relativ problemlos gestaltet sich die Einordnung solcher Standardbefugnisse, deren Rechtsfolge sowohl nach der Wortlautkonzeption als auch aufgrund teleologischer, systematischer und genetischer Erwägungen nur auf den Erlaß von Verfügungen gerichtet sein kann und somit keinerlei Vollzugselemente aufweist[970]. Ihre Durchsetzung richtet sich „in regulärer Weise“ nach den §§ 50 ff. nrw.PolG.

---

968 Vgl. S. 200 ff.

969 Siehe dazu S. 207 ff.

970 Befragung gem. § 9 I 1 nrw.PolG bzw. 12 II 2, 2. Alt. nrw.PolG, Vorladung gem. § 10 I nrw.PolG, Herausgabeverlangen gem. § 12 II 2, 3. Alt. nrw.PolG, Platzverweisung gem. § 34 nrw.PolG; vgl. dazu S. 89 ff.

II. Standardmaßnahmen mit Vollzugselementen im weiteren Sinne

Keine nennenswerten Schwierigkeiten bereiten auch die Vorschriften, die ebenfalls aufgrund ihrer Regelungsstruktur von vornherein auf die Vornahme von Tathandlungen gerichtet sind und bei denen der Erlaß von Verfügungen nicht ihrem Normzweck entspricht, zuweilen diesem sogar entgegensteht. Da Zwangsanwendung in Zusammenhang mit ihnen nicht in Betracht kommt, handelt es sich nach der hier eingeführten Terminologie um Vorschriften mit Vollzugselementen im weiteren Sinne[971].

III. Standardbefugnisse mit Vollzugselementen im weiteren und im engeren Sinne (Standardmaßnahmen im engeren Sinne)

Im Mittelpunkt dieser Ausarbeitung standen schließlich solche Standardmaßnahmen, deren Wortlaut ebenfalls auf tatächliches Handeln gerichtet ist, bei denen jedoch auch mit der Verfügungskonstruktion gearbeitet werden kann und häufig auch gearbeitet wird[972].

Für diese Standardbefugnisse im engeren Sinne lassen sich hier zwei wesentliche Schlußfolgerungen festhalten:

Die Vorschriften räumen der Polizei primär das Recht ein, einer Gefahr durch tatsächliches Eigenhandeln entgegenzuwirken, wobei allerdings der Erlaß begleitender Verfügungen häufig sinnvoll oder sogar aus Verhältnismäßigkeitsgesichtspunkten geboten sein kann.

Darüber hinaus berechtigen sie zur Anwendung des begriffsnotwendig in ihnen enthaltenen Verwaltungszwangs, so daß erst bei Überschreitung desselben ein Rückgriff auf das Vollstreckungsrecht erforderlich ist.

Es handelt sich dementsprechend um Standardmaßnahmen mit Vollzugselementen im weiteren Sinne und - in beschränktem Umfang - mit Vollzugselementen im engeren Sinne[973].

---

971 So bei den meisten Maßnahmen der Datenverarbeitung und der verdeckten Datenerhebung; vgl. dazu S. 93 f.

972 Anhalten, Festhalten und Durchsuchen zur Identitätsfeststellung gem. § 12 II 2, 1. Alt., S. 3 bzw. S. 4 nrw.PolG, erkennungsdienstliche Maßnahmen gem. § 14 nrw.PolG, Ingewahrsamnahme gem. § 35 nrw. PolG, Durchsuchung von Personen und Sachen gem. § 39 bzw. § 40 nrw.PolG, Betreten und Durchsuchen von Wohnungen gem. § 41 nrw. PolG und Sicherstellung gem. § 43 nrw.PolG; vgl. dazu S. 95 ff.

973 Vgl. dazu S. 122.

Zur genauen Ermittlung des Ermächtigungsumfangs einer konkreten Norm bedarf es dabei einer sorgfältigen Analyse, bei der vor allem zu untersuchen ist, welche Tathandlungen und welches Maß an Zwangsanwendung jeweils noch von der einschlägigen Standardermächtigung gedeckt wird und wann der Ermächtigungsrahmen überschritten ist mit der Folge, daß nunmehr die §§ 50 ff. nrw.PolG eingreifen[974].

B. Konsequenzen

Aus dem Gesagten ergeben sich rechtliche Konsequenzen, insbesondere hinsichtlich des Verhältnisses der Standardmaßnahmen zu den vollstreckungsrechtlichen Regeln, hinsichtlich des Kostenersatzes und bezüglich der Rechtsnatur der Standardmaßnahmen[975].

I. Konsequenzen für das Verhältnis der Standardmaßnahmen zu den vollstrekkungsrechtlichen Regeln[976]

Bei den Standardmaßnahmen, die sich, wie die Generalklausel, nach dem herkömmlichen Verfügungs-/Vollstreckungsmodell richten, ergeben sich mit Blick auf die vollstreckungsrechtlichen Vorschriften keine Besonderheiten. Die Regelungen der §§ 50 ff. nrw.PolG sind im Rahmen der Vollstreckung dieser Standardbefugnisse anzuwenden; insbesondere sind die in § 50 nrw.PolG geregelten Zulässigkeitsvoraussetzungen für die Anwendung polizeilichen Zwangs zu beachten.

Ohne Relevanz sind die §§ 50 ff. hingegen bei solchen Standardmaßnahmen, die nur auf Tathandlungen gerichtet sind, ohne daß dabei Zwangsanwendung überhaupt in Betracht kommt. Bei ihnen richtet sich die Durchführung ausschließlich nach den jeweiligen Befugnisnormen selbst.

Bei den Standardmaßnahmen im engeren Sinne schließlich sind die Befugnisnormen nur insoweit einschlägig und damit spezieller im Verhältnis zu den allgemeinen Vollstreckungsregeln, als es um den begriffsnotwendig erfaßten Zwang geht. Für die zwangsweise Durchsetzung von Begleitverfügungen ist hingegen stets auf die §§ 50 ff. nrw.PolG zurückzugreifen. Für die Art und Weise der Anwendung unmittelbaren Zwangs gelten durchweg die §§ 57 ff. nrw.PolG, unab-

974 Zur Einzelanalyse der Standardmaßnahmen im engeren Sinne siehe S. 125 ff.
975 Siehe dazu bereits ausführlich S. 60 ff.
976 Siehe dazu S. 61 ff.

hängig davon, ob sich die Zulässigkeit seiner Anwendung aus der Standardermächtigung oder aus § 50 nrw.PolG ergibt.

II. Konsequenzen für die Kostentragung[977]

Grundsätzlich gilt, daß eine Kostenerstattungspflicht des Bürgers für polizeiliches Handeln zur Gefahrenabwehr nur auf der Grundlage einer geschriebenen Norm in Betracht kommt. Auch bei Maßnahmen auf der Grundlage der Standardermächtigungen scheiden daher Rechtsinstitute wie eine öffentlich-rechtliche Geschäftsführung ohne Auftrag oder der öffentlich-rechtliche Erstattungsanspruch zur Begründung einer Kostentragungspflicht aus[978].

Für die Standardmaßnahmen, deren Durchsetzung sich grundsätzlich nach Vollstreckungsrecht bemißt, ist der Weg zur Erstattung der polizeilichen Kosten über § 52 I 2 nrw.PolG i.V.m. § 77 I nrw.VwVG i.V.m. § 11 II Nr. 7 nrw.KostO geebnet. Allerdings kommt eine Ersatzvornahme, für die allein durch die genannten Vorschriften eine Kostentragungspflicht des Bürgers vorgesehen ist, in Zusammenhang etwa mit einer Platzverweisung, einer Befragung oder einer Vorladung, nicht in Betracht. Sowohl das Sichentfernen nach einer Platzverweisung als auch das persönliche Erscheinen und die Erteilung einer Auskunft sind unvertretbare Handlungen, so daß eine Ersatzvornahme i.S.d. § 52 I 1 nrw.PolG schon aus diesem Grunde ausscheidet[979] mit der Folge, daß auch der darauf aufbauende Kostenanspruch nicht zum Zuge kommt.

Die Standardbefugnisse der verdeckten Datenerhebung und der anschließenden Datenverarbeitung in Form des Speicherns, Übermittelns etc. sind nicht mit polizeilicher Zwangsanwendung verbunden und führen damit folgerichtig auch nicht zum Erstattungsanspruch für das Zwangsmittel der Ersatzvornahme.

Soweit es bei den Standardermächtigungen im engeren Sinne um den begriffsnotwendig enthaltenen Zwang geht, scheidet auch bei ihnen ein Erstattungsanspruch auf der Grundlage des § 52 I 2 nrw.PolG i.V.m. § 77 I nrw.VwVG i.V.m. § 11 II Nr. 7 nrw.KostO aus. Betritt die Polizei etwa in Abwesenheit des Inhabers zur Gefahrenabwehr dessen Wohnung, so handelt es sich nicht etwa um eine im Sofortvollzug durchgeführte Ersatzvornahme, sondern um eine von § 41 nrw.PolG gedeckte Eigenhandlung[980]. Ebenso verhält es sich freilich, wenn der

---

977 Siehe dazu S. 68 ff.
978 Siehe dazu S. 69 ff.
979 *K. Habermehl*, POR, Rn. 769.
980 Allein § 46 III nrw.PolG ermöglicht es der Polizei, die Kosten der tatsächlichen (nicht zwangsweise im Wege der Ersatzvornahme durchgeführten) Sicherstellung ersetzt zu bekommen.

Wohnungsinhaber zwar anwesend ist, aber der Polizei keinen Widerstand entgegensetzt.

Wird allerdings wiederum der begriffsnotwendig umfaßte Zwang überschritten, so greifen die §§ 50 ff. nrw.PolG, und damit auch die Verweisungsnorm des § 52 I 2 nrw.PolG, ein.

Läßt die Polizei also in dem gewählten Beispiel die Tür vor dem Betreten durch einen Schlüsseldienst öffnen, weil der Inhaber der Wohnung sich weigert, der Polizei nach entsprechender Aufforderung den Zugang zu ermöglichen, so handelt es sich nicht mehr um eine allein auf § 41 nrw.PolG gestützte Tathandlung bzw. um den in der Maßnahme nach § 41 nrw.PolG begriffsnotwendig enthaltenen Zwang, sondern um die zwangsweise Durchsetzung der auf das Öffnen der Tür gerichteten Begleitverfügung im Wege der Ersatzvornahme[981], so daß eine Erstattung der Kosten des Schlüsseldienstes auf § 52 I 2 nrw.PolG i.V.m. § 77 I nrw. VwVG i.V.m. § 11 II Nr. 7 nrw.KostO gestützt werden kann.

III. Konsequenzen für die Rechtsnatur der Standardmaßnahmen[982]

Die oben formulierten Ergebnisse haben schließlich auch Konsequenzen für die Beurteilung der Rechtsnatur der Standardmaßnahmen.

Soweit sie lediglich zum Erlaß von Verfügungen in Form von Ge- bzw. Verboten ermächtigen, lassen sie sich unproblematisch als Verwaltungsakte charakterisieren.

Ebenso fällt die rechtliche Einordnung bei den Befugnisnormen nicht schwer, die lediglich auf die Vornahme von Tathandlungen gerichtet sind. Bei diesen Standardmaßnahmen handelt es sich um Realakte.

Aber auch die Bewertung der Rechtsnatur der Standardmaßnahmen im engeren Sinne stellt sich letztlich nicht übermäßig kompliziert dar, wenn man zwischen der Durchführung der Maßnahme einerseits und etwaigen Begleitverfügungen andererseits differenziert.

Die tatsächliche Durchführung ist auch hier als Realakt zu qualifizieren, bei dem es keiner Korrektur oder Fiktion in dem Sinne bedarf, daß ein Verwaltungsakt in ihm enthalten sei oder eine Regelung ersetzt werde. Ausreichenden Rechtsschutz hiergegen bietet die allgemeine Leistungsklage oder die allgemeine Feststellungsklage.

---

981 Würde die Polizei das Schloß hingegen aufbrechen, müßte man diesen Vorgang wohl eher als Anwendung unmittelbaren Zwangs bezeichnen, vgl. *K. Habermehl*, POR, Rn. 617.

982 Siehe dazu S. 72 ff.

Ist das tatsächliche Vorgehen der Polizei - wie im Falle der Anwesenheit des Pflichtigen sinnvoll oder sogar geboten - von Verfügungen begleitet, so sind diese wiederum als Verwaltungsakte zu begreifen, gegen die Rechtsschutz durch die Anfechtungsklage und die Fortsetzungsfeststellungsklage gewährt wird.

Die Unterscheidung beider Akte führt damit auch zu keinerlei Einbußen auf Rechtsschutzebene.

C. Ausblick

Trotz der vorgenannten rechtlichen Auswirkungen der Frage nach immanenten Vollzugselementen bei Standardmaßnahmen ist insbesondere seitens der Rechtsprechung nicht zu erwarten, daß darüber künftig eingehender reflektiert werden wird. Es handelt sich in erster Linie um ein dogmatisches Problem, das - trotz der zuvor dargestellten Konsequenzen - in den seltensten Fällen das Endergebnis einer Fallösung beeinflussen wird.

So gelangt man z.B. zu dem in der Praxis überaus bedeutsamen Kostenanspruch für das Abschleppen von Kraftfahrzeugen unabhängig davon, ob man darin nun eine allein auf § 43 nrw.PolG gestützte Sicherstellung, eine im Wege der Ersatzvornahme durchgeführte Sicherstellung, oder um ein im Wege der Ersatzvornahme durchgesetztes, auf ein Verkehrsschild oder auf die Generalklausel gestütztes Wegfahrgebot sieht. Wenn die Polizei in Abwesenheit des Wohnungsinhabers zur Gefahrenabwehr dessen Wohnung betritt, so tut sie dies meistens in akuten Gefahrensituationen, so daß die von § 50 II nrw.PolG geforderte gegenwärtige Gefahr in den überwiegenden Fällen vorliegen wird. Der Frage, ob diese Maßnahme allein auf § 41 nrw.PolG zu stützen ist oder ob zusätzlich die Voraussetzungen des Sofortvollzuges nach § 50 II nrw.PolG zu beachten sind, kommt damit in der Praxis keine entscheidende Bedeutung mehr zu.

Und auch die Beurteilung der Rechtsnatur ist insoweit von untergeordneter Bedeutung, als die VwGO sowohl gegenüber einem Verwaltungs- als auch gegenüber einem Realakt ausreichenden Rechtsschutz gewährt, wobei allerdings auf die zum Teil abweichenden Verfahrensvoraussetzungen hinzuweisen ist[983].

Praktische Irrelevanz kann jedoch letztlich keine Rechtfertigung für das Unterlassen einer klaren rechtlichen Bewertung und Einordnung der Standardmaßnahmen bilden, so daß eine deutlichere Stellungnahme seitens der Rechtsprechung wünschenswert ist.

---

983 Siehe bereits S. 76 f.

Ob in diesem Zusammenhang auch der Gesetzgeber gefordert ist, etwa in dem Sinne, die Wortlautkonzeption, insbesondere der Standardbefugnisse im engeren Sinne, zu überdenken, erscheint indes zweifelhaft.

Folgt man der Prämisse, daß Maßnahmen mit intensivem Grundrechtsbezug individuell darauf zugeschnittener Befugnisnormen bedürfen, so muß man sich mit den daraus resultierenden Problemen bei der Strukturbestimmung und damit auch bei der Festlegung des Ermächtigungsumfangs dieser Normen abfinden. Individuell gefaßte Vorschriften führen auch zu individuellen und damit auch zu voneinander abweichenden Strukturen und nicht zuletzt zu Konkurrenzlagen mit anderen Normen, hier konkret mit den vollstreckungsrechtlichen Regeln. Die zuvor gefundenen Ergebnisse ermöglichen jedoch in dieser Hinsicht aufgrund der vorgenommenen differenzierten Betrachtung eine klare Bestimmung des Ermächtigungsumfangs der Standardermächtigungen und eine deutliche Abgrenzung gegenüber den §§ 50 ff. nrw.PolG, so daß ein Bedürfnis zur Neuregelung insofern zu verneinen ist.

Überlegungen in dieser Richtung könnte man allerdings hinsichtlich einer speziellen Norm zur Erfassung der Abschleppfälle anstellen.

Zwar besteht die Möglichkeit, die verschiedenen Konstellationen des Abschleppens mit Hilfe der vorhandenen Vorschriften zu erfassen, die starken Meinungsdivergenzen in Rechtsprechung und Literatur verdeutlichen jedoch letztlich die herrschende Unzufriedenheit mit der gegebenen Normsubstanz[984].

So hält *Bouska* das Regelungsbedürfnis für eine spezielle „Abschleppnorm" zwar nicht für zwingend gegeben, da der Regelungsbestand in den Ländern im wesentlichen übereinstimme und ausreiche. Eine besondere Vorschrift sei jedoch insbesondere aufgrund der „Massenhaftigkeit" der Vorgänge, des relativ einschneidenden Charakters der Maßnahme und der rechtlichen Unsicherheit hinsichtlich einiger wesentlicher Punkte sinnvoll[985].

Angesichts der mittlerweile anerkannten Notwendigkeit, für spezielle grundrechtsintensive Maßnahmen besondere Vorschriften zu normieren, erscheint es auch für das Abschleppen von Fahrzeugen aufgrund des besonderen Bezuges zum Grundrecht des Art. 14 GG konsequent, eine spezielle Befugnisnorm zu schaffen.

---

984 Vgl. dazu bereits S. 195 ff.

985 *W. Bouska*, DAR 1983, S. 147 (150); vgl. zu dieser Forderung auch *R. Steinhilber*, NJW 1983, S. 2429 (2430), der insbesondere die Sicherstellungsnorm nicht als geeignete Antwort ansieht; im gleichen Zusammenhang verweist *R. Steinhilber*, aaO, auf eine entsprechende Empfehlung des Arbeitskreises VI „Abschleppen von Kraftfahrzeugen" des 21. Deutschen Verkehrsgerichtstages 1983.

Auch dabei müßte dann freilich wieder - vor dem Hintergrund regelungsimmanenter Vollzugselemente - der Wortlautkonzeption besondere Aufmerksamkeit geschenkt werden.

Es spräche jedenfalls nichts dagegen, eine solche Norm nach dem Vorbild der Standardmaßnahmen im engeren Sinne zu gestalten, so daß der Polizei bereits durch die Vorschrift selbst der unmittelbare Zugriff auf das Fahrzeug ermöglicht würde[986] und erst bei aktiver Gegenwehr seitens eines anwesenden Betroffenen auf das Vollstreckungsrecht zurückgegriffen werden müßte.

---

986 In diesem Falle bedürfte es freilich auch einer besonderen Anspruchsgrundlage für die Erstattung der Abschleppkosten und, falls man dies als notwendig erachtet, der Regelung eines Zurückbehaltungsrechts, angelehnt etwa an die Vorschrift des § 46 III nrw. PolG.

FSC
www.fsc.org
MIX
Papier | Fördert
gute Waldnutzung
FSC® C083411

Kolibri 360 GmbH
Ferdinand-Jühlke-Straße 7
99095 Erfurt, Deutschland
produktsicherheit@kolibri360.de

Druck:
CPI Druckdienstleistungen GmbH
im Auftrag der
Kolibri 360 GmbH
Ferdinand-Jühlke-Str. 7
99095 Erfurt